应用型本科高校"十四五"规划经济管理类专业数字化精品教材

编 委 会

顾 问

潘 敏

主任委员

张捍萍

副主任委员

黄其新　　王 超　　汪朝阳

委 员（以姓氏拼音为序）

何 静　李 燕　刘 勋
肖华东　邹 蔚

FUNDAMENTALS AND APPLICATIONS OF INSURANCE

保险学基础与应用

主　编　◎　王贞琼　邓亚妮
副主编　◎　余　昊　尚　越

华中科技大学出版社
http://www.hustp.com
中国·武汉

内容简介

本书立足地方高校应用型本科人才培养的发展目标,结合保险业发展现状与保险学科发展前沿,将保险专业知识和技能应用相结合,力求通过保险基础理论与实务应用教学,提高应用型保险人才实践能力和综合决策能力。全书共分为12章,第一部分介绍保险基础理论,包括风险与风险管理、保险制度、保险合同、保险的基本原则等内容;第二部分介绍保险市场与监管,包括保险市场、保险经营、保险投资、保险监管等内容;第三部分介绍保险实务与应用,包括财产保险、人身保险、再保险等内容;第四部分介绍社会保险相关内容。本书除以上各章节具体教学内容外,还附有导入案例、学习目标和学习重点、知识链接、案例分析,并根据近年保险政策法规的变化和保险行业的新发展,挑选了与课堂教学高度契合的拓展资源和在线答题,方便读者进行自学和巩固。

本书既可作为高等院校经济管理类学生的教学用书,也可作为保险相关从业人士的参考书目,还可作为对保险感兴趣广大读者的知识读本。

图书在版编目(CIP)数据

保险学基础与应用/王贞琼,邓亚妮主编. —武汉:华中科技大学出版社,2022.9
ISBN 978-7-5680-8468-0

Ⅰ.①保⋯ Ⅱ.①王⋯ ②邓⋯ Ⅲ.①保险学-高等学校-教材 Ⅳ.①F840

中国版本图书馆 CIP 数据核字(2022)第 170489 号

保险学基础与应用
Baoxianxue Jichu yu Yingyong

王贞琼 邓亚妮 主编

策划编辑:	周晓方 宋 焱
责任编辑:	林珍珍 庹北麟
装帧设计:	廖亚萍
责任校对:	张汇娟
责任监印:	周治超
出版发行:	华中科技大学出版社(中国·武汉) 电话:(027)81321913
	武汉市东湖新技术开发区华工科技园 邮编:430223
录 排:	华中科技大学出版社美编室
印 刷:	武汉市籍缘印刷厂
开 本:	787mm×1092mm 1/16
印 张:	21 插页:2
字 数:	498 千字
版 次:	2022 年 9 月第 1 版第 1 次印刷
定 价:	59.90 元

本书若有印装质量问题,请向出版社营销中心调换
全国免费服务热线:400-6679-118 竭诚为您服务
版权所有 侵权必究

总 序

在"ABCDE＋2I＋5G"(人工智能、区块链、云计算、数据科学、边缘计算＋互联网和物联网＋5G)等新科技的推动下,企业发展的外部环境日益数字化和智能化,企业数字化转型加速推进,互联网、大数据、人工智能与业务深度融合,商业模式、盈利模式的颠覆式创新不断涌现,企业组织平台化、生态化与网络化,行业将被生态覆盖,产品将被场景取代。面对新科技的迅猛发展和商业环境的巨大变化,江汉大学商学院根据江汉大学建设高水平城市大学的定位,大力推进新商科建设,努力建设符合学校办学宗旨的江汉大学新商科学科、教学、教材、管理、思想政治工作人才培养体系。

教材具有育人功能,在人才培养体系中具有十分重要的地位和作用。教育部《关于加快建设高水平本科教育 全面提高人才培养能力的意见》提出,要充分发挥教材的育人功能,加强教材研究,创新教材呈现方式和话语体系,实现理论体系向教材体系转化、教材体系向教学体系转化、教学体系向学生知识体系和价值体系转化,使教材更加体现科学性、前沿性,进一步增强教材的针对性和时效性。教育部《关于深化本科教育教学改革 全面提高人才培养质量的意见》指出,鼓励支持高水平专家学者编写既符合国家需要又体现个人学术专长的高水平教材。《高等学校课程思政建设指导纲要》指出,高校课程思政要落实到课程目标设计、教学大纲修订、教材编审选用、教案课件编写各方面。《深化新时代教育评价改革总体方案》指出,完善教材质量监控和评价机制,实施教材建设国家奖励制度。

为了深入贯彻习近平总书记关于教育的重要论述,认真落实上述文件精神,也为了推进江汉大学新商科人才培养体系建设,江汉大学商学院与华中科技大学出版社开展战略合作,规划编著应用型本科高校"十四五"规划经济管理类数字化精品系列教材。江汉大学商学院组织骨干教师在进行新商科课程体系和教学内容改革的基础上,结合自己的研究成果,分工编著了本套教材。本套教材涵盖大数据管理与应用、工商管理、物流管理、金融学、国际经济与贸易、会计学和旅游管理7个专业的20门核心课程教材,具体包括《大数据概论》《运营管理》《国家税收》《品牌管理:战略、方法与实务》《现代物流管理》《供应链管理理论与案例》《国际贸易实务》《房地产金融与投资》《保险学基础与应用》《证券投资学精讲》《成本会计学》《管理会计学:理论、实务与案例》《国际财务管理理论与实务》《大数据时代的会计信息化》《管理会计信息化:架构、运维与整合》《旅游市场营销:项目与方法》《旅游学原理、方法与实训》《调酒项目策划与实践》《茶文化与茶艺:方法与操作》《旅游企业公共关系理论、方法与案例》。

  本套教材的编著力求凸显如下特色与创新之处。第一,针对性和时效性。本套教材配有数字化和立体化的题库、课件PPT、知识活页以及课程期末模拟考试卷等教辅资源,力求实现理论体系向教材体系转化、教材体系向教学体系转化、教学体系向学生知识体系和价值体系转化,使教材更加体现科学性、前沿性,进一步增强教材针对性和时效性。第二,应用性和实务性。本套教材在介绍基本理论的同时,配有贴近实际的案例和实务训练,突出应用导向和实务特色。第三,融合思政元素和突出育人功能。本套教材为了推进课程思政建设,力求将课程思政元素融入教学内容,突出教材的育人功能。

  本套教材符合城市大学新商科人才培养体系建设对数字化精品教材的需求,将对江汉大学新商科人才培养体系建设起到推动作用,同时可以满足包括城市大学在内的地方高校在新商科建设中对数字化精品教材的需求。

  本套教材是在江汉大学商学院从事教学的骨干教师团队对教学实践和研究成果进行总结的基础上编著的,体现了新商科人才培养体系建设的需要,反映了学科动态和新技术的影响和应用。在本套教材编著过程中,我们参阅了国内外学者的大量研究成果和实践成果,并尽可能在参考文献和版权声明中列出,在此对研究者和实践者表示衷心感谢。

  编著一套教材是一项艰巨的工作。尽管我们付出了很大的努力,但书中难免存在不当和疏漏之处,欢迎读者批评指正,以便在修订、再版时改正。

丛书编委会
2022年3月2日

前　言

随着教育领域人才供给侧结构性改革的深入，推动一批普通本科高校向应用型转变，培养具有创新能力的应用型人才，既是党中央、国务院做出的重大决策部署，也是国家教育发展规划的主要内容，更符合高校"双一流"建设与学科"双一流"培育工作的要求。保险学是一门实践性较强的应用经济学学科，也是普通高等教育经济管理类本科专业开设的基础课程。随着智能化时代的到来，互联网技术不断发展，保险行业人才培养面临新的机遇与挑战。因此，急需培养一批能将保险专业知识与技能应用于所从事的专业社会实践中的应用型人才，同时支持应用型本科高校发展。

经过多年的实践探索和经验积累，目前市场上不乏畅销的高水平保险学教材，但鲜有立足保险业发展现状与保险学科发展前沿，特别是契合地方高校应用型本科人才培养发展目标的保险学教材。为满足新形势下保险教学的新要求，我们立足地方高校应用型本科人才培养的发展目标，结合保险业发展现状与保险学科发展前沿，编写了这本将保险专业知识和技能应用相结合的《保险学基础与应用》，力求通过保险基础理论与实务应用教学，提高应用型保险人才培养比重，推动应用型本科高校发展。全书由四大部分组成，从风险与风险管理开始，阐述保险学基础理论、保险市场与监管、保险实务与应用以及社会保险相关内容。全书紧密结合2015年修订的《保险法》条款，突出保险应用性，注重激发学生的学习兴趣，强化学生的学习效果。

本书由王贞琼、邓亚妮任主编，余昊、尚越任副主编。其中第二、三、四、十二章由王贞琼编写；第一、六、八、九章由邓亚妮编写；第七、十章由余昊编写；第五、十一章由尚越编写。本教材的编写团队具有多年的保险理论和实践教学经验，长期从事保险学相关教学科研工作。团队的理论功底扎实、实践经验

i

丰富。本书立足保险业发展现状与保险学科发展前沿,在借鉴已有优秀教材编写体例的基础上,结合编者多年教学经验编写。本书内容上具有较强的可读性,内容编排上安排了丰富的案例及习题,有助于读者强化保险基础理论知识,理解保险实务规则。

目 录

第一章 风险与风险管理　1
第一节 风险的概念及特征　3
第二节 风险的分类　6
第三节 风险管理　9
第四节 风险管理与保险　13

第二章 保险制度　16
第一节 保险的本质内涵　17
第二节 保险的一般分类　25
第三节 保险制度的产生与发展　32
第四节 保险的职能与作用　44
第五节 保险制度的社会价值　53

第三章 保险合同　56
第一节 保险合同的特征与形式　57
第二节 保险合同的要素　62
第三节 保险合同的订立与生效　71
第四节 保险合同的履行、中止与复效　75
第五节 保险合同的变更、解除与终止　79
第六节 保险合同争议的处理　84

第四章 保险的基本原则　88
第一节 最大诚信原则　90
第二节 保险利益原则　101
第三节 损失补偿原则　109
第四节 近因原则　121

第五章 保险市场　126
第一节 保险市场概述　127
第二节 保险市场的组织形式　133
第三节 保险需求与供给　141

第六章　保险经营 — 146
- 第一节　保险经营的特征 — 147
- 第二节　保险经营的原则 — 149
- 第三节　保险经营的主要环节 — 154
- 第四节　保险订费 — 162

第七章　保险投资 — 172
- 第一节　保险投资概述 — 174
- 第二节　保险投资的形式 — 182

第八章　保险监管 — 191
- 第一节　保险监管概述 — 192
- 第二节　保险监管的主要内容 — 195
- 第三节　保险监管的发展 — 202

第九章　财产保险 — 207
- 第一节　财产保险概述 — 208
- 第二节　财产损失保险 — 211
- 第三节　责任保险 — 224
- 第四节　信用保证保险 — 231

第十章　人身保险 — 234
- 第一节　人身保险概述 — 236
- 第二节　人寿保险 — 249
- 第三节　意外伤害保险 — 256
- 第四节　健康保险 — 261

第十一章　再保险 — 266
- 第一节　再保险概述 — 268
- 第二节　再保险的责任安排 — 277
- 第三节　再保险合同的内容 — 282
- 第四节　再保险市场 — 286

第十二章　社会保险 — 293
- 第一节　社会保险概述 — 294
- 第二节　社会保险财务管理 — 301
- 第三节　社会保险的主要险种 — 308

后记 — 327

第一章 风险与风险管理

◇ **学习目标**

知识目标：
1. 通过本章的学习，掌握风险的概念与特征；
2. 理解风险与保险的关系；
3. 了解风险的主要分类；
4. 明确风险管理的方法。

能力目标：
1. 了解一般风险与可保风险的区别与联系；
2. 掌握主要的风险管理技术，能够制订简单的风险管理计划。

情感目标：
1. 培养风险意识和责任意识；
2. 通过对自身各项风险的认识，意识到整个学习规划与职业规划的重要性。

◇ **学习重点**

1. 风险的基本概念、特征，从不同角度对风险的分类；
2. 风险管理的基本程序，主要的风险管理技术及其分类，风险管理技术的基本适用情况；
3. 纯粹风险和投机风险的区别，可保风险的界定；
4. 风险管理与保险的关系。

◇ **本章关键词**

风险　风险管理　风险因素　风险事故　直接损失　间接损失　纯粹风险　投机风险　基本风险　特定风险　可保风险　控制型风险管理技术　财务型风险管理技术

◇ **导入案例**

2020年我国重大灾难事件[①]

1. 7月份长江淮河流域特大暴雨洪涝灾害

7月份,长江、淮河流域连续遭遇5轮强降雨袭击,引发严重洪涝灾害。灾害造成安徽、江西、湖北、湖南、浙江、江苏、山东、河南、重庆、四川、贵州11省(市)3417.3万人受灾,99人死亡,8人失踪;直接经济损失1322亿元。

2. 第4号台风"黑格比"

2020年第4号台风"黑格比"于8月4日凌晨3时30分前后以近巅峰强度在浙江省乐清市沿海登陆,登陆时中心附近最大风力有13级(38 m/s)。受其影响,3—5日,浙江温州、台州、金华等地部分地区累计降雨量250~350毫米,温州永嘉和乐清局部地区达400~552毫米。灾害造成浙江、上海2省(市)5市30个县(市、区)188万人受灾,5人死亡,直接经济损失104.6亿元。

3. 新疆伽师6.4级地震

1月19日新疆喀什地区伽师县发生6.4级地震,地震造成1人死亡、2人轻伤,4000余间房屋不同程度损坏,部分道路、桥梁、水库等设施受损,直接经济损失16.2亿元。

4. 东北台风"三连击"

8月下旬至9月上旬,两周内第8号台风"巴威"、第9号台风"美莎克"和第10号台风"海神"先后北上影响东北地区。台风带来的降雨造成嫩江、松花江、黑龙江等主要江河长时间超警,大风造成黑龙江、吉林等地玉米等农作物大面积倒伏,直接经济损失128亿元。

5. 4月下旬华北西北低温冷冻灾害

4月19—25日,华北、西北出现持续大范围大风降温天气过程,局地伴有沙尘天气。持续大风低温造成大面积坐果期果树冻伤、大棚损毁、蔬菜受冻。灾害造成河北、山西、内蒙古、黑龙江、陕西、甘肃、宁夏7省(区)432.3万人受灾,农作物受灾面积530100公顷,其中绝收154100公顷,直接经济损失82亿元。

■ **思考:**

1. 以上这些风险事件的共同特点是什么?
2. 这些风险事件与我们生活中所见到的其他风险有何不同?

[①] 应急管理部发布2020年全国十大自然灾害[EB/OL].(2021-01-02). https://www.mem.gov.cn/xw/yjglbgzdt/202101/t20210102_376288.shtml.

第一节　风险的概念及特征

一、风险的基本概念

在自然界和人类社会,风险无处不在。无论是生产还是生活中,任何经济单位和个人都面临着自然灾害或意外事故的威胁。一旦发生风险事故,人们将因此受到损失,甚至正常生产和生活都遭到严重破坏。人们自古以来就与风险进行着不屈不挠的抗争,一直在努力寻找化解风险的方法。正是由于风险的存在,保险业才得以产生和发展。在学习保险基础知识之前,了解风险的基本概念及相关知识是很有必要的。

由于理解上的差异或出发点的不同,人们关于风险形成了不同的概念。风险可以是在一定时期内、一定情况下,某一事件(损失)的实际结果和预期结果之间的差异程度;也可以是指遭受各种自然灾害和意外事故等不幸事件导致财产损失和人身伤亡的不确定性。人们针对不同的风险,有不同的风险处置手段,保险业界一般将风险定义为一种客观存在的、损失的发生具有不确定性的状态。

二、风险的基本特征

1. 风险的客观性

风险是独立于人的意识之外的客观存在。无论人们是否意识到,风险总是实实在在地存在着。无论是洪水、台风、暴雨等自然灾害,还是车祸、火灾、冲突等意外事件,又或是个体的疾病,都是不以人的意志为转移的客观存在。

人们可以通过认识风险,掌握风险发生的规律,进而改变风险存在和发生的条件,降低风险发生的概率,减少损失的程度,但是不能完全消灭风险。当人们对旧的风险有所控制时,由于人类活动范围与空间的变化,人们又会遭遇新的风险,因此,保险产品也会伴随着风险的变化而更新迭代。例如,最早的交通运输工具的第三者责任保险是马车第三者责任保险,随着科技进步,机动车辆第三者责任保险被人们广为接受,并在很多国家和地区成为法定保险。

2. 风险的不确定性

第一,风险是否发生具有不确定性。对每一个具体的风险事故而言,其发生具有偶然性,任何个体或单位都不可能确切地预知某一灾害事故是否会发生。第二,风险发生的时间和空间具有不确定性。任何人都无法准确地预知风险何时、何地会发生以及会造成多大的损失。正是由于风险的不确定性,人们才会出现对风险处置的需要,进而产生损失分摊和损失转移的需求,从而促进了现代保险业的快速发展。第三,风险与损失相联系,损失的程度大小也具有不确定性。风险的本质特征就是损失和不确定性。只要风险存在,就有发生损失的可能性。但只有当损失的发生是不确定的时候,该损失才能称作风险。如果损失的概率为0,也就意味着整个事件并未发生损失,自然无风险可言;如果损失的概率为1,也不是风险,而是风险发生的结果,是风险事故。此时人们可以有针对性地采取合适的手段来应对。因此,风险损失必须是偶然的、意外的。例如,人们在乘坐汽车出行时,若事先确定一定会发生汽车碰撞事故,那么就会选择其他出行方式,此时风险的存在形式已经变化了;若事先知道一定不会发生意外,那么也就不存在意外事故风险了。只有当损失的发生是无法预料的时候,或者说损失程度具有不确定性的时候,才有风险的存在。

 3. 风险的可测性

单一风险事故的发生是偶然的、无序的、杂乱无章的,对个体而言,并不具备规律性。但是,就某一特定的群体而言(例如汽车驾驶员),从群体的角度看,某类特定风险的发生是必然的。此时如果对大量风险事故进行统计处理,就可以比较准确地反映风险发生的规律,人们可以利用概率论和数理统计方法计算发生的概率和损失。以生命表为例,在一组年龄相同、职业相同的人群中,虽然无法预知其中某个人在什么时候会死亡,但是可以根据生命表,运用概率论测算这一组人群某一年内的死亡概率,并将其作为个体风险管理的重要依据。正是因为风险具有可测性,保险公司才可以准确判断投保群体的风险总量,并计算出投保人应缴纳的保险费,从而建立合理的风险损失分摊机制。

三、风险的构成要素

 1. 风险因素

风险因素是指引起风险事故发生或增加风险事故发生可能性的因素,以及在事故发生后,致使损失扩大和加重的因素。风险因素是事故发生的潜在原因,也称风险条件。风险因素越多,导致损失的可能性越大。风险因素一般可以分为自然风险因素、道德风险因素和心理风险因素三类。

自然风险因素是指基于自然力量或物质条件所形成的客观风险因素。例如,可能给人们带来财产损失和身体伤害的洪水、地震、暴风、暴雨;身体健康状况不佳、汽车刹车系统故障、危险建筑等。

道德和心理风险因素是指由于道德品行及心理素质等潜在的主观条件产生的风险因素。道德风险因素指采取不诚实或欺骗行为故意促使风险事故发生,或扩大损失的因素。比如在保险活动中,投保人虚报财产价值或杀害被保险人骗保等。心理风险因素是指由于人们主观上的疏忽或过失,而使风险事故发生的机会增加和损失扩大的因素。例如,违章驾驶导致交通事故,由于疏忽引起火灾等。

◇ **知识链接1-1**

道德风险——保险理赔的"重灾区"[①]

道德风险的防范,一直是保险行业的关注重点。《中华人民共和国保险法》(以下简称《保险法》)中有多条与道德风险相关的条款。但即便有法可依,实践中保险公司对道德风险的认定仍非常困难。与其他风险不同,道德风险的发生具有极强的主观预谋性,客观证据的证明效力非常有限。湖南"杀己骗保"案及天津男子普吉岛"杀妻骗保"案,均经过周密筹划,若非案情重大引发媒体关注和国家公权力的介入,仅凭保险公司一己之力难以认定。保险公司在调查时往往受到审核时间、人力成本以及专业水平及职业范围的限制,如果审核过于严格,也可能因"惜赔、拖赔、拒赔"引发保险消费投诉或者被告上法庭。

因此,保险公司既要依法正常履行保险合同当中约定的义务,又要注意预防、甄别潜在的道德风险,防止保险成为不法分子的工具,对他人和社会的人身财产安全造成严重威胁。保险业应从以下几个方面加强对道德风险的预防和管控。

一是保险机构要加强保险合同订立前的背景调查。在保险合同订立前,保险人对投保人、被保险人的家庭及个人债务情况、经济状况、身体状况、心理状态进行初步的背景调查和评估,对于明显超出投保人及其家庭经济承受能力的投保行为,应当引起足够的重视,以避免潜在道德风险的产生。

二是规范保险销售行为,减少程序瑕疵。相当一部分道德风险案例在保险销售阶段存在程序性瑕疵,保险销售过程中一旦出现"代签名""未如实告知"等程序性瑕疵,将会大大增加道德风险发生的概率。

三是构建反保险欺诈的业内信息共享机制。保险中的道德风险,实践中往往表现为保险欺诈。建议保险业关注具有"理赔明显超出一般频次""在多家保险机构购买同一类型保险产品"等特征的"高风险客户",在不侵犯个人隐私的前提下,建立、共享反保险欺诈信息系统,提升行业整体反保险欺诈的工作效率。

---

① 从"杀妻骗保"看保险道德风险认定[N].中国银行保险报,2018-12-13.

四是行业应合力推动保险欺诈信息纳入个人征信系统。近年来,国家对于失信人员的执行力度在不断增强,有效地促进了个人的信用机制的建立。受此启发,建议保险业加强与征信机构的沟通,逐步推动与保险欺诈相关的信息纳入个人征信系统,以不良信用记录的形式对保险欺诈者形成个人信用压力,加大保险欺诈人员的违法成本,以期从根本上防范保险欺诈行为的产生。

2. 风险事故

风险事故是造成损失的直接原因或条件,如车祸、洪水、火灾等。风险事故是风险因素与风险损失的媒介或中间环节,只有风险事故发生才会造成风险损失。就某一具体事件而言,若其是造成风险损失的直接原因,那么该事件就是风险事故;若该事件只是造成风险损失的间接原因,那么该事件就是风险因素。例如,雷击直接造成室内电器损坏,此时雷击就是风险事故;但如果雷击先造成电线短路,接着发生火灾导致室内电器毁坏,那么此时雷击就是风险因素。

3. 风险损失

风险损失是指人身伤害和伤亡以及经济价值的非故意、非计划、非预期地减少或消失。这里所说的风险损失,必须满足两个条件:一是非故意、非计划、非预期的损失;二是损失必须能够用货币来计量。风险损失一般以两种形式存在——直接损失和间接损失。直接损失指风险事故造成的人身伤害和物质财产本身的损失;间接损失指直接损失引起的其他收入、费用损失以及可能产生的责任损失。

第二节 风险的分类

对风险进行分类是为了让人们从不同的角度来了解风险与认识风险,以便管理和控制风险。根据不同的标准,风险的分类有多种方法,在保险活动中常用的风险分类主要有以下几种。

一、纯粹风险和投机风险

根据风险的性质,可以将风险分为纯粹风险和投机风险。纯粹风险是指只会造成损失而无获利机会的风险,其结果只有两种:损失和无损失。自然灾害和意外事故就是典型的纯粹风险,这些事件都会造成人员伤亡或财产损失,对整个社会而言,是一种净损失,绝不会因此而增加社会财富。投机风险是指既有损失可能又有获利机会的风险。对个体而言,赌博和购买股票都属于典型的投机风险。一般而言,大部分纯粹风险是可保风险,而投机风险为不可保风险。

二、财产风险、人身风险、责任风险和信用风险

根据风险损害的对象,可以将风险分为财产风险、人身风险、责任风险和信用风险。财产风险是指有形的物质财产发生损毁、灭失的风险。人身风险是指可能导致人们身体伤害、残疾、疾病或死亡等方面的风险。责任风险是指由于社会团体或个人的过失或侵权行为导致他人的财产损失或人身伤亡,在法律上应负的经济损害赔偿责任的风险。信用风险是指在经济交往中,权利人与义务人之间,由于一方违约或不可抗力事件造成对方经济损失的风险,即违约风险。

例如,由洪水、泥石流等自然灾害导致的房屋损毁属于财产风险。机动车辆碰撞事故导致的人身伤亡或由于身体内在原因而突发疾病都属于人身风险。责任风险则广泛存在于经济活动中:汽车碰撞事故导致他人的人身或财产损失;产品设计或制造上的缺陷造成消费者的人身伤亡或财产损失;公众场所从事经营活动时因疏忽发生意外事故导致顾客的人身或财产损失。致害人在法律上应承担的经济赔偿责任都属于责任风险。国际贸易中进口商无法正常付款致使出口商蒙受经济损失,住房抵押贷款的借款人不能按期归还本息,这些都属于信用风险。

三、基本风险和特定风险

按风险涉及的范围,可以将风险分为基本风险和特定风险。基本风险指由非个人的,或至少是个人不能阻止的因素所引起的,损失通常会波及很大范围的风险。基本风险不仅仅影响某一群体,还可能影响整个社会并且难以防范。比如战争、通货膨胀、周期性失业、地震等。商业保险难以应对基本风险,需要政府提供一定的支持,例如建立合理的社会保险制度、巨灾保险制度等。特定风险指风险的产生及后果只会影响特定的个体或组织,一般可以

通过个人或组织对其采取某些措施来加以控制。例如,火灾、盗窃等原因造成的财产损失,或意外事故引起的人身伤害及财产损失,一般都是由个体或组织来承担,这类风险都属于特定风险。经济单位或个人一般可以通过投保或其他风险处置及分担行为来降低特定风险的发生概率、减少产生的影响。

◇ **知识链接1-2**

我国巨灾保险的先行者——深圳市巨灾保险制度[①]

深圳市于2011年开始着手研究巨灾保险制度建设,2013年保监会批复深圳市为我国巨灾保险首批试点地区,2013年12月30日,巨灾保险制度在深圳市率先建立。深圳市巨灾保险制度由政府巨灾救助保险、巨灾基金和个人巨灾保险三部分组成:政府巨灾救助保险由深圳市政府出资向商业保险公司购买,用于巨灾发生时对所有深圳人员的人身伤亡救助和应急救助;巨灾基金由深圳市政府拨付一定资金建立,主要用于承担在政府巨灾救助保险赔付限额之上的赔付,且巨灾基金具有开放性,可广泛吸收企业、个人等社会捐助;个人巨灾保险由商业保险公司提供相关巨灾保险产品,居民自愿购买,主要满足居民更高层次、个性化的巨灾保险需求。

深圳市巨灾保险范围包括地震、台风、海啸、泥石流、突发性滑坡、内涝等巨灾,以及由自然灾害引发的核事故风险,基本上涵盖了一般性巨灾及特殊核风险。深圳市在全国率先设立巨灾基金,除承担巨灾损失超过政府巨灾救助保险赔付限额的赔偿外,还可以广泛吸收企业、个人等社会捐赠资金,不断壮大基金规模,形成一个全社会共同参与、应对巨灾风险的公共平台,成为政府应对巨灾的"资金储备池"。

政府购买商业保险可以促进广大居民巨灾风险意识的提高,推动个人巨灾保险覆盖面的扩大,培育形成巨灾保险市场,建立更为全面的巨灾保障体系。此外,通过开展巨灾保险产品创新,逐步建立巨灾风险要素交易平台,增强金融集聚能力。

---

① 巨灾保险制度率先在深圳建立 保障对象实现全覆盖[N].中国保险报,2014-01-06.

第三节 风险管理

一、风险管理的基本概念

基于风险的客观性与损失的不确定性，人们会主动地认识风险、控制风险和处理风险。个人或组织研究风险的发生和变化规律，估计、预测风险发生的概率和可能造成的损害，采取有效手段控制和处理风险，以降低风险的负面影响的决策过程就是风险管理。任何经济单位和个人都有必要依照风险管理的理论、方法和技术来解决自己所面临的各种风险，力求尽可能地降低风险成本，获得最大的安全保障。

二、风险管理的程序

对个人、家庭或企业等经济单位来说，风险管理是一个连续的过程。一般来讲，风险管理过程包括建立目标、识别风险、估测风险、处理风险和效果评价五个阶段。

1. 建立目标

风险管理是为了通过对风险的认识、衡量和分析，以最小的成本获得最大的安全保障。一般来说，风险管理的目标可以分为损失前的管理目标和损失后的管理目标。损失前的管理目标以预防为主，即选择最经济有效的方法，控制风险事故发生的概率，使风险事故发生的可能性和严重性降到最低。损失后的管理目标以减损为主，即一旦风险事故发生，风险主体可以按照事先计划的风险管理方案，在损失发生之初就能及时加以控制，尽可能地减少各项直接损失和间接损失，使受损标的尽快恢复到受损前的状态。

各经济单位在规模、财务状况、经营理念、所处的环境以及风险偏好等方面都存在差异，因此各经济单位的风险管理目标并不一致。一般而言，在确定风险管理目标时应考虑两点：一是经济单位对风险的态度，大部分风险单位都是风险厌恶者；二是经济单位对风险的承受能力，以及有意愿及在能力范围内可以支出的风险管理成本。

2. 识别风险

风险管理的基础是对各类风险进行分析和识别，它是对社会经济体系中的各类组织或个人面临的潜在风险加以鉴别的过程。风险是多种多样、错综复杂的，不同的经济单位，不同的经营过程所面临的风险是不同的。有些风险是显性的，比较容易识别；有的风险是隐性的、潜在的，不容易被识别。各经济单位对自身面临的风险必须有清醒的认识，不管是潜在的风险还是实际存在的风险，都要能进行判断和归类，并分析各种风险存在的条件、事故发生的可能性、事故发生的原因以及规律性等。这一过程就是识别风险。

识别风险主要包括感知风险和分析风险两个方面。其中，感知风险是指调查和了解潜在的以及实际存在的风险；分析风险是指掌握风险存在的条件、事故发生的原因和可能性等。通过风险识别为估测风险和处理风险奠定基础。

3. 估测风险

估测风险是在识别风险的基础上，通过对历史损失资料的分析，运用概率论与数理统计的方法，对风险事故的发生概率和风险事故发生后可能造成的损失程度进行定量分析的过程。风险事故概率的判断、损失程度的预测使经济单位能够选择最佳的风险管理技术，正确地处理风险。

4. 处理风险

风险管理主体根据风险识别和风险估测结果，对风险进行评价之后，选择适当的技术手段来处理风险。风险管理手段的选择需要考虑风险的实际情况以及主体的经济基础，合理地选择风险管理技术。根据经济单位处理风险的不同侧重点，处理风险的方法可以分为控制型的风险管理方法和财务型的风险管理方法两类。

5. 效果评价

效果评价是指比较风险管理的结果与预期目标的一致程度，对已经实施的风险管理工具的科学性、适用性和收益性情况进行分析与评估，以保证风险管理工具的最优使用。风险的性质具有可变性，人们对风险的认知水平具有阶段性，以及风险管理技术处于不断完善的过程之中，因此，对风险的识别、估测和处理方法的选择，应当进行适时的检查、修正，以适应新变化、新情况，达到风险管理的最佳效果。

三、主要的风险管理方法

（一）控制型的风险管理方法

控制型的风险管理方法是指经济单位有意识地采取措施以避免、消除风险或减少风险发生概率及控制风险损失扩大的一种风险管理方法。这种管理方法的目的是减少风险发生概率和降低损失程度，重点在于改变引起风险事故和扩大损失的各种条件，来实现对风险的处理。

1. 风险避免

风险避免指放弃某项活动以达到回避从事该项活动可能导致风险损失的目的，这是最为简单和常用的风险管理方法。比如，经济单位在计划开展某项新产品研发时，经调研发现该产品在市场上已有同类商品，或该产品上市成本高于其可能带来的收益，因此将研发计划搁置，以回避市场风险。

风险避免是一种简单有效的风险管理方法，可以从根本上消除某些特定的风险。但是总有一些风险是不可避免的，例如，人的生老病死；农业生产面临的洪水、干旱等自然灾害。因此，风险避免是一种消极的风险管理手段。如果企业都因为资金投入得不到预期回报的风险而放弃生产或进行新产品开发，那么经济发展就停滞不前了。另外，放弃某一类风险又可能面临新的风险，例如，因为担心某国政局动荡而放弃在该国投资，但在新的投资国依然有可能遇到罢工、物价不稳定甚至是经济危机等风险。因此，风险避免一般适合于发生概率及所致损失特别高，或者风险处理成本远高于其收益的特定风险。

2. 风险预防

风险预防指在风险发生前为了消除或减少可能引起损失的各种因素而采取的处理风险的具体措施。具体来说，风险预防所采取的各种手段对风险因素产生影响，进而降低风险事故及损失发生的概率。例如，企业为了保证财产安全，安装监控设施或安排专人24小时值守；飞机为保证航行安全，安排定期检修。

3. 损失抑制

损失抑制指风险事故发生时或发生后采取的各种防止损失扩大的措施。抑制也是处理风险的有效措施，有助于在事故发生后尽可能地保护人身安全，减少财产损失。例如，安装汽车安全气囊,安装自动控制的消防喷淋系统等。损失抑制这一方法的关键在于对风险因素进行准确的识别,只有发现风险隐患,才能采取针对性的措施来降低其造成的损失。由于认识的局限性,有些风险人们无法提前识别,或者即使能够识别也难以采取准确有效的抑制措施。

(二)财务型的风险管理方法

财务型的风险管理方法是通过提留风险准备金,或通过做好吸纳风险成本的财务安排来降低风险成本的一种风险管理方法。如上文所述,由于人们认识或能力的局限性,有些风险无法预知,或对一些预知的风险难以采取有效的控制手段。对于这些无法控制的风险,可以提前做好一定的财务安排,以保证风险事故发生后个体和经济单位正常的生产生活不受太大影响。财务型的风险管理方法主要包括风险自担和风险转移两类。

 1. 风险自担

风险自担是指经济单位或个人承担全部风险成本的一种风险管理方法,即对风险的自我承担。风险自担可以是主动的,也可以是被动的。风险自担主要基于两种原因:第一,经济单位认识到了风险的存在,通过分析与衡量风险的结果,认为可能的最大损失并不会影响自身财务的稳定性,从而主动自担风险;第二,经济单位对风险的严重性估计不足,出于节省风险管理成本的考虑,又存在一定的侥幸心理,并未考虑其他的风险管理手段。

风险自担的特殊形式是成立专业自保公司。专业自保公司是指由非保险企业中的大型企业所拥有和控制的,专为其母公司及其子公司或关联企业面临的损失风险提供保险服务的组织机构。专业自保公司的承保、理赔等经营环节均受到母公司的影响和支配。专业自保公司可以给自留风险的企业提供更经济的风险管理手段。2000年8月,中国海外石油总公司设立的中海油石油保险公司在香港注册成立,成为我国第一家真正意义上的专业自保公司。2013年底,保监会批准内地首家自保公司——中石油专属财产保险股份有限公司成立,截至2019年末,我国已经有8家专业自保公司。

 2. 风险转移

风险转移是指经济单位通过一定的方式将自己面临的风险转移给他人。风险转移包括保险转移和非保险转移两种方式。

保险转移是一种常见的风险转移方式,一般适用于风险单位数量较多、事故发生概率较低、损失程度较高的情形。被保险人可以通过投保将其面临的风险转移给保险公司。保险转移是以支付保险费为代价的,因此,经济单位在可能的风险发生之前就已经产生了风险管理成本,可以锁定损失上限;也可以从保险人处获得有价值的风险管理服务;企业财产保险的保险费、特殊工种职工的人身安全保险费等还可以享受企业所得税减免。保险作为风险转移的典型形式之一,具有极大的优越性。

非保险转移指经济单位或个人通过经济合同,将损失及与损失有关的财务后果转移给其他主体承担的做法。例如,在租赁合同中,出租人将不动产或设备出租给他人,同时在合同中约定承租人自身不慎导致的财产损失和人身伤害由其自行承担;在贷款合同中,贷款人要求借款人提供抵押品或者第三方担保。非保险转移在经济活动中被广泛使用,但其属于个体间的行为,不同于保险的风险损失分摊机制。

二维码 1-1
风险管理
学科的
起源和发展

第四节　风险管理与保险

一、风险管理与保险的关系

风险管理与保险有着非常密切的关系,两者产生和发展的客观原因与条件都是风险,个体和经济单位在面对不同类型的风险时,有必要正确认识和处理两者的关系。

 1. 风险管理与保险的研究对象都是风险

风险是风险管理和保险共同的研究对象,风险的存在既是风险管理存在的前提,也是保险存在的前提,没有风险就不需要进行风险管理,也谈不上保险的存在。但是,风险管理所面对的风险范围更广,所使用的手段更丰富。

 2. 保险是完善风险管理的重要手段

保险作为补偿灾害损失的一种手段,是完善风险管理的一项重要内容,保险的存在和发展为社会、企业和个人对风险管理提供了新的管理手段和内容。保险公司的经营对象就是风险,其对风险的内在发展规律及外在损失确定方面都具有丰富经验,也积累了大量的防范风险和控制损失的有效措施,保险业的发展能够给风险管理带来更先进的技术和理念。

3. 风险管理也是保险业的重要课题

加强风险管理是提高保险业经济效益的重要手段。作为企业，保险公司要提高经济效益也要加强风险管理。保险公司应通过承保大量的同质风险、常态化防灾防损工作来控制赔付率，同时通过提高资金运用水平来提高投资收益率。风险意识的提高、风险管理经验的积累和技术的进步都对保险业有着积极的意义，会促进保险业的发展。

二、可保风险的界定

保险是风险管理的重要手段，并不是所有的风险都能实现保险转移。保险公司可以承保的风险称为可保风险，对保险人来说，可保风险应该满足以下条件。

 1. 这种风险不是投机风险而是纯粹风险

保险人承保的风险应该是仅有损失机会而无获利可能的风险，即纯粹风险。投机风险虽然也有损失的可能，但也有获利机会。若投机风险亦可投保，意味着投机者可以锁定其损失下限，在投资时不再进行谨慎的分析和决策，将带来大量的道德风险。而对投机风险损失的分摊也违背了保险风险损失分摊机制的初衷。因此，风险为纯粹风险是可保风险的首要条件。

 2. 这种风险必须是意外的和非故意的

可保风险应该是既有发生的可能性，但是又无法确定该风险在何时、何地发生，会带来什么程度的损失。可保风险要求风险必须是意外的和非故意的，是为了最大限度地排除道德风险因素。风险发生概率与保险公司经营成本相关，如果风险事故是由被保险人的故意行为造成的，而且该损失还能得到保险人赔付，那么将触发大量的道德风险，保险赔付的金额将大大增加，保险经营的数理基础——大数法则也将失效。

 3. 这种风险必须是大量标的均有遭受损失的可能性

只有大量标的均有遭受损失的可能性，才有可能组织有效的风险损失分摊机制。如果风险只可能影响到有限的经济单位或个人，一方面，难以准确地对风险进行度量；另一方面，在这个有限的群体进行损失分摊，通过保险手段实现风险管理的成本较高，也违背了商业保险的经营原则。

4. 这种风险的损失必须是确定的或可测度的

作为可保风险,其发生的概率、损失程度都应该是能确定或可测度的,在此基础上,保险人才能根据对风险的认知来确定保险费率,制定保险条款,设计出合理的商业保险产品。保证风险的损失是确定的或可测度的,能够确定风险的损害结果,也能帮助保险人准确地履行其经济损失赔付义务。

二维码 1-2
形形色色的
保险产品

 5. 这种风险的损失不是灾难性的

可保风险造成的损失应该具备一定的分摊基础,即损失不能同时在大多数经济单位或个体上发生。若在单次事故中大多数人都受损严重,那么就无法建立有效的风险损失分摊机制,保险公司也没有能力承担灾难性损失。例如,地震、核事故、战争等事件在保险条款中是典型的不保责任。

二维码 1-3
《中华人民共和国
保险法》

二维码 1-4
第一章
练习与思考

二维码 1-5
第一章练习与
思考答案

第二章　保险制度

◇ 学习目标

知识目标：

1. 掌握保险的含义、特征、保险的分类；
2. 理解保险制度与其类似活动的区别；
3. 了解保险制度的产生与发展及保险的职能与作用。

能力目标：

1. 了解保险制度产生的基础；
2. 了解保险基本职能的同时充分认识保险制度的重要作用；
3. 在深刻理解保险本质内涵的基础上，正确区分保险与类似的活动。

情感目标：

1. 通过本章学习，认识保险在风险管理与风险分散方面的制度优越性，了解我国保险业的发展成就与现状，理解保险的社会价值；
2. 培养风险管理意识、保险意识、诚信意识与职业道德，增强对保险业的认同感、责任感、使命感。

◇ 学习重点

1. 保险的本质内涵；
2. 保险的基本特征；
3. 保险的一般分类；
4. 保险的职能与作用。

◇ 本章关键词

保险　再保险　社会保险　财产保险　人身保险　责任保险　信用保险　商业保险　政策保险　共同保险　人寿保险　健康保险　人身意外伤害保险　定值保险　不定值保险　足额保险　不足额保险　超额保险　保险密度　保险深度

◇ 导入案例

保险业作为社会"稳定器"的国际比较

　　2021年7月中下旬，河南省郑州市遭遇了自2008年汶川地震以来我国所遭受的最严重的自然灾害，据河南省政府在8月2日防汛救灾新闻发布会上提供的数据，截至当日12时，暴雨已导致河南全省直接经济损失1142.69亿元（其中郑州市直接经济损失532亿元）。根据相关统计，截至8月3日，河南保险业累计接到报案41.23万件，初步估损金额达98.04亿元，彰显了保险业作为社会"稳定器"的重要价值。但是涉及保险理赔的金额占此次灾害事件直接经济损失的比例不到10%。从国际上来看，根据瑞士再保险公司的统计数据，在近年来全球重大自然灾害与人为灾难的损失补偿构成中，很多国家来自保险业损失补偿的平均占比超过了30%，而在北美地区，这一占比超过了50%[1]。

■ 思考：

你如何看待重大灾害损失补偿中保险理赔占比在中外之间的巨大差距？

第一节　保险的本质内涵

一、保险的定义

（一）保险有关学说[2]

　　关于保险，人们从不同的研究角度给出了不同的解释，形成了有关保险的不同学说。归纳起来有"损失说""非损失说""二元说"等。

---

[1] 何小伟，郭怡君.打破对巨灾保险制度的认识误区[N].中国银行保险报，2021-08-05.
[2] 张洪涛，郑功成.保险学[M].3版.北京：中国人民大学出版社，2008.

1. "损失说"

"损失说"主要是从损失补偿的角度理解与解释保险的,它将保险定义为对损害进行补偿或对损失进行分担,或将危险进行转移,如:以英国的马歇尔(S. Marshall)和德国的马修斯(F. A. Masius)为代表人物的损失补偿说,以德国的华格纳(A. Wagner)为代表的损失分担说,以美国的维兰特(A. H. Willet)为代表的危险转移说。这些代表学说的共同点是强调损失补偿是保险的基础。就财产保险而言,损失补偿无疑是保险的一个重要职能,这些学说对保险属性做了很好的概括。对于人身保险的解释,以美国的休勃纳(S. S. Huebner)为代表的人格保险学形成了"损失说"的另一个流派,他们认为人身保险就是人格的保险,人的精神和力量具有经济价值,因而人的生命与财产一样,可以用货币衡量价值,人身保险也是一种损失补偿。相比较而言,损失分担说强调保险由多人互助合作、共同分担损失这一属性来解释保险,给出了经济学意义上的保险定义。

2. "非损失说"

"非损失说"认为"损失说"对保险的解释不够全面,没能概括出保险的所有属性,"非损失说"认为不应仅从"损失"角度来理解保险,而应摆脱"损失",从更全面的角度寻找对保险的解释,于是形成了"非损失说",如:以意大利的费方德(C. Vivante)为代表的保险技术说,以意大利的戈比(U. Gobi)和德国的马纳斯(A. Manes)为代表的欲望满足说,以日本的米谷隆三为代表的相互金融说,以及以日本小岛昌太郎为代表的财产共同准备说等。保险技术说强调的是保险的数理基础,认为保险离不开对保费及保险基金的计算等特殊技术,认为保险的性质主要体现在技术方面。这种学说重视保险的数理基础,但是忽视了保险的经济价值和社会职能,显然无法全面解释保险的本质。欲望满足说认为保险是一种满足人们经济欲望或金钱欲望的手段,并且认为这就是保险的本质。显然它对保险的解释也是不确切的。相互金融说认为保险主要通过调节货币收支来进行,多数人通过资金融通结成了一种相互关系,故它强调保险的资金融通功能。但保险与严格意义上的资金融通存在很大差异,因此这一学说存在缺陷。财产共同准备说认为保险是一种经济生活的保障制度,必须按照大数法则建立共同财产准备制度。

3. "二元说"

"二元说"认为保险应该分为两类,一类属于损失补偿性质的,另一类以给付一定金额为目的,属于给付性质的,需要分别定义。这一学说对保险本质仍未形成一种完整、规范的定义。

以上各种保险学说都未能完整地表述保险的本质内涵,在风险管理已成为一门科学、保险作为风险管理的重要手段已得到公认的现代社会,上述三种学说中"损失说"相对比较流行。

（二）保险的定义

关于保险的定义，学者们基于不同的视角给出的解释也是大同小异的。

有人认为保险是通过签订保险合同方式，结合众多的单位或个人的风险，以合理计算、征收分摊金的方式积累保险基金，对约定的灾害事故造成的经济损失或人身伤亡提供资金保障的一种经济形式，也有人认为保险是一种经济保障制度，通过收取保费来承担被保险人的风险，当被保险人发生约定的事故而遭受财产损失及人身伤害时，由保险人给予经济保障。

《保险法》对保险给出的定义为：投保人根据合同规定，向保险人支付保险费，保险人对于合同约定的可能发生的事故因其发生所造成的财产损失承担赔偿保险金责任，或者当被保险人死亡、伤残、疾病或者达到合同约定的年龄、期限等条件时承担给付保险金责任的商业保险行为。

由此可见，保险的基本要素包括以下几点：① 保险是一种由保险公司承担责任的商业行为，但保险公司承担责任的前提条件是发生了合同约定的保险事故；② 保险是一种商品交换行为，投保人必须支付保险费才能获得保险保障；③ 保险是双方当事人通过签订合同建立保险关系的法律行为，合同约定了双方的权利与义务；④ 保险是以多数人力量分摊少数人风险损失的经济互助行为，保险人必须合理计算保险费，并集合众多的经济单位来参与。

本书基于以上保险的基本要素，并结合大多数人的一般解释，将保险的定义归纳为：保险是指保险人通过收取保险费的方式建立保险基金，当被保险人遭受合同约定的保险事故时，由保险人承担补偿经济损失或给付保险金责任的一项制度。

二、保险的本质与特征

（一）保险的本质

保险从本质上讲是一种经济补偿机制，其根本目的是分散风险、补偿损失、提供经济保障。现代保险已经渗透到经济社会的方方面面，与人们的生活息息相关，成为经济与社会发展的"助推器"与"稳定器"，其本质可以从以下几个方面进行诠释。

 1. 保险是分摊风险损失的经济补偿机制

在自然界与人类生产生活中，风险的普遍存在使得人们对保险有着广泛的需求。为了安定生活、减少灾害造成的损失，人们愿意付出一定的代价，以在遭受风险损失时可以获得经济补偿,这便形成了保险的需求端。保险人掌握着风险管理的技术手段,可以运用概率论中的大数法则计算出风险的损失概率,保险人可以并且希望借此来经营与管理风险,提供保险服务,这便形成了保险的供给端。保险的供给与需求的有效结合,使得保险人能够通过收取保险费方式集合众多的风险标的,对其中少数被保险人遭遇的损失进行经济补偿,由此促成保险对风险损失进行分摊的经济补偿机制的形成。

 2. 保险是对合同双方提供的法律保障机制

保险是一种合同行为,是一方同意补偿另一方损失的合同安排,提供损失补偿的一方是保险人,接受损失补偿的一方是被保险人(投保人)。投保人通过履行支付保险费的义务,获得保险人为其提供保险保障的权利。投保人与保险人一旦订立保险合同,便确立了民事法律关系,明确了双方的权利义务关系。这种权利义务关系是受法律保护的,因此保险体现的是一种法律保障机制。

 3. 保险是一种风险转移机制

保险人以收取保险费方式集合众多的经济单位,共同应对风险事故,参加保险的经济单位通过支付保险费将自己面临的风险损失转移给保险公司,使不确定的损失化为小额的确定支出,以最小的代价(保费)获取最大的经济保障——保险赔偿。这种风险转移机制使得保险制度优于任何其他的风险管理手段。

 4. 保险是一种社会稳定机制

保险是风险管理的一种典型手段,保险可以起到分散风险、消化损失、提高社会风险管理水平的作用。保险的风险分摊机制还可以在众多的参保人之间实现国民收入的再分配,因此,保险构成社会经济保障制度的主要组成部分,是社会生产和社会生活的"稳定器"。

(二)保险的特征

 1. 经济互助性

保险是将面临同样风险威胁的众多经济单位集合起来而形成的一种经济互助关系。保险人将众多投保人缴纳的保险费集合成保险基金,对其中少数遭受保险事故损失的被保险人提供损失补偿,实际上是通过保险活动在众多的投保人之间建立起一种经济上的互助关系,体现了"人人为我,我为人人"的精神。

保险需要最大限度地集合众多有共同风险的经济单位,以集体的力量来分摊损失。集合的经济单位越多,范围越大,风险就越分散,也就越能体现这种经济的互助性。没有足够数量的经济单位的参与,就不足以体现经济的互助性,保险人就要负担过于集中的风险,保险经营就不稳定。

 2. 数理科学性

现代保险经营以概率论和大数法则等科学的数理理论为基础,保险费率的拟订、保险准备金的提存等都是以科学的方法为计算基础的。保险人运用概率论和大数法则可以比较精确地预测风险及其损失程度,从而拟订合理的保险费率。当保险费率的拟订与风险发生的概率和损失程度相匹配时,保险人就可以通过收取保险费建立保险基金,来抵补风险事故发生后的保险赔付及各种保险业务支出,并获取相应利润。因此,保险的一个重要特征是其经营活动建立在科学的数理基础之上。

◇ **知识链接2-1**

保险经营的数理基础——大数法则

大数法则又称大数定律,是概率论主要法则之一,和数理统计学的基本定律之一。它是研究随机现象统计规律的一类定律。从数理统计规律来看,随着试验次数不断增加,事件发生的频率就会趋于一个常数。其基本内涵是:在随机现象大量的不断重复出现的过程中,往往会呈现几乎必然的规律。即个别事件的发生虽然是一种偶然的、不规则的现象,但如果集合众多的事件进行大量观察,却又有规律可循。保险经营的基础就是对大数法则的运用:面临同一风险威胁(如暴风)的标的数量越多,观察到的实际损失偏离期望损失的程度就越小,风险和不确定性随着风险标的数量的增加而降低,整个标的群体的损失状况就变得更加可预测。也就是说,保险人承保的风险单位越多,实际损失的结果会越接近预期损失的结果,即损失概率的偏差越小;反之,保险人承保的风险单位越少,损失概率的偏差越大。

基于此,保险经营过程中,只有在正确识别风险,并且存在大量风险相同或相似的保险标的的基础上,才有可能准确地预测损失的概率和程度,才能保证科学计算保险费、科学提取准备金,达到保险经营稳定的目的。

3. 法律契约性

保险是一种法律行为,是根据当事人约定的条件以缔约合同或契约的形式来进行的,双方的权利义务关系体现在保险合同中,并受法律的保护和规范。

4. 经济保障性

无论是以财产为标的的保险还是以人身为标的的保险,一旦约定的保险事故发生了,保险人承担责任的方式都是提供一定的经济保障,以补偿被保险人的损失,或者给付一定金额的保险金,因此,保险提供的是一种经济上的保障。

三、保险与类似活动的比较

(一)保险与自保

自保是指经济单位或个人预测在未来一定时间内将会发生灾害或意外事故时,自己预先提留一定的货币或实物,作为对可能发生的损失进行补偿的后备基金。

保险与自保都是财务型的风险管理方法,都是以科学的方法从财务上事先形成准备基金,以应付风险事故造成的损失。但两者是不同的事物,主要区别在于以下几点。

1. 风险处理的方式不同

保险是众多经济单位的互助行为,是一种风险转移的形式,各经济单位将风险转移给保险人承担。自保则是个别经济单位的单独行为,是风险自留,不发生风险的转移,是各经济单位将风险自担的一种特殊形态。

2. 风险分散范围与保障水平不同

保险承保的风险可以在很大范围分散,而自保公司承保的本集团内的风险分散范围限于集团内部。保险标的在遭受灾害事故而受损失时,保险赔偿是及时、充分的;自保则要看经济单位自留后备基金是否充足。

3. 资金的归属权益不同

保险是用多数人缴纳的保费来分摊少数人的损失,会发生资金所有权的转移。自保则是用自己的资金弥补风险事故造成的自身损失,不发生资金所有权的转移。

(二)保险与储蓄

保险和储蓄都是经济单位为应对未来的经济需求而事先积累、储备一定资金的有计划的财务安排。保险也具有储蓄性,特别是人寿保险由于期限长,储蓄性更强。经济生活中人们经常将保险与储蓄做比较,却往往只看重保险的储蓄性而忽视了保险的本质属性,混淆了保险与储蓄的差异。

1. 风险处理的方式不同

保险是集合众多经济单位的一种互助行为,储蓄是一种自助行为。

2. 资金的使用权益不同

储蓄遵循存款自愿、取款自由的原则,可以自由提款,到期还本付息;而保险费一旦缴纳,原则上不能自由提取,约定期限内没有发生保险事故的,被保险人的保费不再返还。

3. 行为目的不同

保险的目的是将未来不确定的风险转移出去,而储蓄不具备风险转移功能,储蓄的目的是获得利息收益。储蓄期满后存款人最多只能获得本利之和;而保险事故一旦发生,被保险人得到的赔款或保险金可能会远远超过其缴纳的保险费。

4. 行为结果的预期不同

签订保险合同时,人们对于将来是否会发生保险事故、是否会获得保险理赔都不确定,但是储蓄时对将来可以提取的额度是非常确定的。

5. 经营技术要求不同

保险经营的风险具有不确定性,因此保险必须借助特殊的精算技术合理确定保险费率,并以此作为经营基础;而储蓄主要受利率水平影响,不需要特殊的计算技术。

（三）保险与赌博

保险承保的是具有偶然性的风险，未来的结果是不确定的；赌博活动也具有很强的偶然性，赌博的后果也是不确定的，但是两者有着本质区别。

 1. 行为目的与结果不同

保险是一种合法制度安排，其目的在于当被保险人遭受损失时，能够得到补偿，是社会的"稳定器"。赌博是一种非法的、投机取巧的行为，以损人利己为目的，是社会不安定的因素。保险承保的风险是一种客观的存在，购买保险是将风险的不确定性转化为一定程度的确定性，从而实现风险的分散或转移；赌博则是人为地制造风险，将赌博人置于不确定的风险中。

 2. 所涉风险性质不同

保险承保的是偶然性、纯粹性风险，绝无获利的机会；而赌博所涉风险是投机风险，有损失风险也有获利的可能性，其目的就是以小博大获取额外利益。

 3. 资格要求不同

保险活动中，购买保险必须以与保险标的存在经济利害关系为条件，否则不具备投保资格；而赌博则无此特点，赌博参与人的赌资可以是自己的也可以来源于别人。

（四）保险与救济

保险与救济都是为抗御不幸事故而实行的一种经济补偿制度，对维持社会经济的正常与稳定均发挥着重要的作用，但这两者也是有区别的。

 1. 提供保障的主体不同

保险保障由保险公司提供，属于商业经济活动；而救济一般由政府部门、单位或个人提供，属于社会行为或民间慈善行为。

 2. 权利与义务关系不同

保险是有偿的，是一种法律行为，具有约束性。保险双方都有相应的权利和义务，双方存在对价交易,讲求权利与义务的对等。救济是政府部门、社会团体或个人单方面的行为,双方不受任何限制,无合同约束,也没有权利和义务关系。

3. 保障对象与水平不同

保险是按合同补偿,保障对象确定,且可以满足被保险人多样化的保障需求。救济的对象和数额由救济方单方面决定,具有不确定性,且对被救济者的补偿水平一般较低。

第二节 保险的一般分类

对保险进行分类是为了进一步深入理解保险的内涵与外延,更好地认识保险、运用保险。国际上对于保险的分类并没有严格的规定,不同的国家、不同的学者从不同的角度、以不同的标准对其进行了不同的分类。这里主要介绍几种常见的分类方法,对各类保险将在本书后面相关章节详细讨论,这里只做简单概述。

一、按照保险的标的划分

(一)财产保险

财产保险是以财产物质、其他财产利益或者相关责任为保险标的的保险。财产保险有广义与狭义之分,狭义的财产保险是指财产损失保险,广义的财产保险包括财产损失保险、责任保险和信用保证保险。

1. 财产损失保险

财产损失保险是以有形的财产物质为保险标的,保险人承保各种标的因自然灾害或意外事故造成的财产损失。常见的财产损失保险有企业财产保险、家庭财产保险、货物运输保险、运输工具保险等。

2. 责任保险

责任保险是指以被保险人可能承担的民事赔偿责任为保险标的的保险。凡根据法律规定,被保险人因疏忽或过失,造成了对他人的人身伤害或财产损失应承担的经济赔偿责任,由保险人代为赔偿。责任保险主要包括公众责任保险、产品责任保险、雇主责任保险和职业责任保险。

3. 信用保证保险

信用保证保险是以信用风险为保险标的的一类保险。保险人对信用关系的一方因对方不讲信用而遭受的损失负经济赔偿责任。信用关系的双方(权利方和义务方)都可以投保。若权利方作为投保人,投保义务方的信用,因义务方不履行义务而使权利方蒙受的经济损失,由保险人负责赔偿,这就是信用保险。比如出口信用保险。若义务方作为投保人,投保自己的信用,因义务方不履行义务而使权利方蒙受的经济损失,由保险人负责赔偿,这就是保证保险。保证保险实质上是保险人提供的一种担保业务,是投保人要求保险人为自己的信用向权利人提供担保的保险。

(二)人身保险

人身保险是以人的生命、身体或者健康作为保险标的的保险。保险人对被保险人因意外伤害、疾病、衰老等原因以至死亡、伤残、丧失劳动能力等,给付约定的保险金。人身保险包括人寿保险、人身意外伤害保险和健康保险。

1. 人寿保险

人寿保险是以人的寿命为保险标的的保险。它又分为死亡保险、生存保险和生死两全保险。

(1)死亡保险,是指以被保险人在保险期内死亡为给付保险金条件的保险。

(2)生存保险,是指在约定期限届满,被保险人仍然生存为给付保险金条件的保险。

(3)生死两全保险,是指被保险人不论在保险期内死亡或生存到保险期满,都可得到保险金的保险。

2. 人身意外伤害保险

意外伤害保险是指在保险期内,因发生意外事故致使被保险人残疾、死亡时,由保险人给付保险金的保险。

3. 健康保险

健康保险是以人的身体为保险标的，当被保险人在保险期内因疾病、分娩或遭受意外伤害导致医疗费用支出或经济收入损失时，由保险人承担给付保险金的保险。

二、按照保险实施的形式划分

（一）自愿保险

自愿保险是指投保人和保险人在平等互利、等价有偿的基础上，通过双方的自愿协商订立保险合同而实现的保险。自愿保险中，投保人完全根据自己的需求，自由地决定是否参加保险，以及参加什么保险；保险人也可根据情况决定是否承保。保险双方都有选择的权利。

（二）法定保险

法定保险又称强制保险，是指通过国家或政府颁布有关保险法规，凡在规定范围内的组织或个人，都必须依法参加的保险。法定保险中，哪些人应参加保险，参加什么保险项目，享受的保险待遇等，都依据保险法规，保险双方都没有选择权。

三、按照保险经营的目的划分

（一）社会保险

社会保险是指国家通过立法形式，采取强制手段征收社会保险税（或社会保险费）建立社会保险基金，对劳动者在其发生年老、疾病、生育、伤残、失业或死亡情况下，由国家或社会提供基本生活保障的制度。为了实现一定的社会政策目标，凡符合条件的对象，不论其是否愿意，都强制参加。社会保险不以营利为目的。

（二）政策性保险

政策性保险是政府为了实施某项经济或社会政策而推行的一种非营利性保险。在一定时期、一定范围内，国家为促进有关产业的发展，运用政策支持或财政补贴等手段对该领域的风险保险给予保护或扶持的一类特殊形态的保险业务,如农业保险、出口信用保险等。政策性保险与社会保险都是为了实施国家的政策,主要由政府或政府委托的机构来运作,但是社会保险提供的是人身的经济保障,实行具有强制性,而政策性保险提供的是对财产损失的经济保障,实行具有非强制性。

(三)商业保险

商业保险是以盈利为目的所开办的保险,采取自愿原则,由商业保险公司经营,其保障的标的可以是人身、财产、责任或利益,提供的险种品类繁多。

四、按照风险转移的形式划分

(一)原保险

原保险是指由被保险人(投保人)与保险人直接签订保险合同,保险人对被保险人因保险事故的发生所致的损失,直接承担原始的赔偿责任。它是风险的第一次转移,反映的是保险人与被保险人之间的关系。

(二)再保险

再保险又称为分保,指保险人将其所承保业务的一部分分给其他保险人承保的经济行为。它是风险的第二次转移,反映的是保险人与保险人之间的关系。再保险以原保险的存在为前提和基础,没有原保险就没有再保险。再保险的作用主要体现在稳定保险业的经营,扩大保险人的承保能力,即提高其承担风险的规模、类型和业务质量。

(三)重复保险

重复保险是指投保人以同一保险标的、同一保险利益、同一保险事故分别与数个保险人订立保险合同,保险金额总和超过保险价值的一种保险。重复保险属于风险的第一次转移。

(四)共同保险

共同保险是指投保人与两个以上的保险人就同一保险标的、同一保险利益、同一保险事故共同订立一份保险合同,实际上是几个保险公司共同与某一投保人签订一份合同,各个保险公司对保险事故损失按某种方式分摊责任。

共同保险与重复保险中都存在多个保险人,两种保险都属于风险的第一次转移。但是重复保险签订的是多份合同,共同保险签订的是一份合同,重复保险中保险金额之和超出了保险标的的保险价值,而共同保险的保险金额不会超过保险标的的保险价值。

◇ 知识链接2-2

我国再保险典型案例[①]

1990年10月20日,三架波音飞机在广州白云机场相撞,一架烧毁、一架撞毁、一架撞坏。7名机组人员、120多旅客死亡,90多名旅客受伤。中国人民保险公司承保的三架飞机机身险保额合计8000万美元,责任险每架飞机最高责任限额7.5亿美元。由于事故前三架飞机的机身险和责任险分别以80%、86%的分出额,向伦敦保险市场进行分保,事后得到了及时的补偿。

1995年1月26日,用中国长征二号捆绑式运载火箭发射的亚太二号通信卫星发生爆炸,造成星箭俱损。中国太平洋保险公司事先承保了这次发射保险,保险金额分别为1.6亿美元和1亿英镑。由于及时地安排了分保,在出险后不久,巨额赔款全部到位。

五、按照保险金额与保险价值的关系划分

根据保险金额与保险价值的关系,保险可分为足额保险、不足额保险和超额保险。

(一)足额保险

保险金额等同于保险标的的保险价值称为足额保险。足额保险情况下,当保险事故造成保险标的的全部损失时,保险人依据保险价值足额赔偿,若保险标的仍有残值,保险人对其享有物上代位权,或者将其作价后折给被保险人,从赔偿金中扣除;当保险事故造成保险标的的部分损失时,保险人按实际损失确定赔偿金额。

(二)不足额保险

保险金额小于保险标的的保险价值称为不足额保险。不足额保险情况下,当保险事故

---

① 王贞琼.保险学[M].北京:经济科学出版社,2010.

造成保险标的全部损失时,保险人赔偿约定的保险金额;当保险事故造成保险标的部分损失时,保险人按实际损失和保障程度赔偿。

(三)超额保险

保险金额超过保险标的的保险价值称为超额保险。超额保险容易引起道德风险,因此,各国对超额保险都有严格的规定。对于不存在道德风险而产生的超额保险,保险人对保险事故应承担责任,但是,我国《保险法》明文规定,超额保险中超过保险价值的部分是无效的。

以上三种情况仅在财产保险中存在,人身保险不存在所谓的足额保险、不足额保险或超额保险。

六、按照保险价值确定的方式划分

根据保险合同是否需要确定并载明标的的价值,保险可分为定值保险与不定值保险。

(一)定值保险

保险双方当事人事先确定保险标的的保险价值,并在合同中载明,且以此为依据确定保险金额的保险称为定值保险。定值保险多适用于那些保险价值难以确定的财产,如古玩、艺术品等。海上保险也常采用定值保险,因为海上保险中,标的物的价值受时间和空间的影响很大,如果不事先约定好保险价值,很容易产生纠纷。定值保险中,如果保险标的物发生全部损失,保险人按事先约定的保险金额进行赔偿;如果保险标的物发生部分损失,保险人按损失程度乘以保险金额进行赔偿。

(二)不定值保险

保险双方当事人订立保险合同时,不事先约定保险标的物的保险价值,只将保险金额确定后载明在保险合同中,在保险事故发生后再估算价值、确定损失的保险称为不定值保险。大多数财产保险采用的是不定值保险。当保险事故发生后,保险人核定实际损失,在保险金额限度内进行赔偿。

七、按照保险之间的从属关系划分

按照保险之间的从属关系,保险可分为基本保险与附加保险。

（一）基本保险

基本保险是指针对可以单独投保的险种而订立的保险，也称为主保险。

（二）附加保险

附加保险是指依附在基本保险之上的保险。附加保险必须以基本保险的成立为条件，不能脱离基本保险而单独存在。比如，家庭财产保险中，盗窃险作为附加险必须依附在家庭财产基本保险上，投保人只有投保了家庭财产保险这个基本险，才能投保盗窃险。

八、按照保险承担风险责任的方式

根据保险承担风险责任的方式，保险可以分为单一风险保险、综合风险保险和一切风险保险。

（一）单一风险保险

只承保一种风险责任的保险称为单一风险保险，如农作物雹灾保险就只对冰雹造成的农作物损害承担保险责任。

（二）综合风险保险

承保两种以上的多种特定风险责任的保险称为综合风险保险。综合风险保险合同一般会将承保的风险责任一一列举出来，只有责任范围内的风险造成的损失保险人才承担责任。

（三）一切风险保险

承保合同中列明的除外风险之外的一切风险的保险称为一切风险保险或一揽子保险。它并非保险人承保一切风险，而是通过列明除外风险的方式，来确定保险人承保的是一揽子保险。

第三节　保险制度的产生与发展

一、保险产生与发展的基础

保险是社会经济发展到一定阶段的产物,其产生与发展需要以一定的条件为基础,离开这些基础,保险将成为无源之水、无本之木。保险产生与发展的基础主要有自然基础、社会经济基础、技术基础、法律基础和制度基础。

(一)自然基础

风险是保险存在和发展的自然基础,没有风险就没有保险。自然界与人类社会普遍存在各种各样的风险,一旦发生风险事故就不可避免地造成财产损失、人员伤亡,严重影响人们正常的生产与生活。人们在与风险的不屈斗争中,逐步找到一种经济的手段——保险来应对风险,减少风险事故造成的影响,因此,保险产生的自然基础是风险。

(二)社会经济基础

商品经济的发展为保险的产生与发展提供了社会经济基础。人类生活中伴随着各种风险,风险的客观存在性决定了任何社会形态下都存在着保险的自然基础,这个自然基础决定了保险的产生具有必要性,但并不意味着保险就必然存在。保险的存在还需要一定的社会经济基础——商品经济的发展,商品经济的发展决定了保险存在与发展的可能性。

1. 保险的产生需要一定的物质条件——剩余产品

只有社会上出现了剩余产品,人们才能在维持基本生活需求外,产生更高的需求,才能留有储备以防不测。在原始社会,社会产品只能供人们维持最低的生活需求,不可能留有储备以防不测。在奴隶社会和封建社会,虽然剩余产品逐渐增加,但也十分有限。当今社会生产力水平大幅提高,商品生产和交换充分发展,社会产生了丰富的剩余产品,为保险的存在与发展提供了物质条件。

2. 保险的产生需要一定的经济条件——商品经济

保险本身是一种商品交换行为,体现的是一种交换关系,显然在自给自足的社会经济状态下,无法产生这种交换行为。保险又是以多数人力量分摊少数人风险损失的经济互助行为,在社会范围内集合众多的经济单位来参与是其内在要求。只有在生产高度社会化、商品交换关系高度发达的社会经济条件下,广大生产者之间才会形成普遍的联系,才有可能为共同求得保障而集合起来。因此,商品经济的发展是保险基金形成的必要条件,使保险的存在具备了可能性。

(三)技术基础

根据大数法则,个别事件的发生是一种偶然的随机的现象,不具规律性,但是集合众多的事件来观察却具有规律性,或者说对同一风险观察的次数越多,风险的不确定性就会越低,整个群体的损失状况会变得可以预测。这说明将足够数量的风险(性质相同或相近)集合起来可以实现一种理想的结果:单个风险事件的不可预测转变为群体的可预测。保险公司运用概率论和大数法则,借助于精算技术,结合多学科的知识,通过建立数量模型来估计、分析未来不确定时间风险的损失概率等影响,从而实现风险可测性的结果。大数法则和概率论作为统计抽样调查的数理依据,其作用是通过个别来概括总体,通过偶然性来发现必然性。

对于投保人个体而言,其面临的风险是无法预测的,正因如此人们才有投保的需要;对于保险人而言,当众多面临同样风险威胁的人都希望将风险转移出去时,保险人才有承保的可能性。投保与承保的结合顺利实现了个别风险的不确定性向群体风险的可测性的转化。基于这种技术基础,保险人可以精确计算风险损失概率,合理拟订保险费率,实现少数人的损失由多数人来分摊的经济互助。如果没有这样的技术基础,就无法实现对风险的预测,无法建立保险基金与各种保险准备金,保险就难以存在和发展了。

(四)法律基础

保险是双方当事人通过签订保险合同建立保险关系的法律行为,保险关系既体现一定的经济关系也体现一定的法律关系。保险活动依照保险合同而履行,保险双方的权利义务关系通过保险合同来确立,双方调整约定的事项必须基于保险合同来变更,双方权利义务关系因保险合同某一要件的消失而终止。保险合同是保险关系的实现形式,自始至终受到法律的保护,法律基础是保险合同得以履行的保证。

（五）制度基础

在同时具备自然基础、社会经济基础、技术基础和法律基础之后，保险能否真正形成一项提供风险保障的制度，得到充分发展，发挥应有作用，还取决于是否有相应的制度基础。如果一个社会在政策上、制度上不重视保险甚至排斥保险，保险业将得不到应有的发展，甚至会受到压制。只有社会充分认识到保险制度的优越性，提供优良的制度环境、政策环境，才有利于保险制度的健全与完善，有利于保险业的健康发展。

二、古代保险思想和原始保险形态

人类在生存和发展的历史长河中，自然灾害和意外事故等风险无处不在，为了安定地生活，人类在与灾害抗争的过程中努力寻求防灾避祸的方法。当社会生产力发展到一定水平，出现产品剩余的时候，人们通过建立后备基金和互助保险的方式来应对风险损失，这直接促成了保险思想和意识的出现。

古巴比伦国王创设的以所收税款建立火灾等的救灾后备基金，古代埃及石匠中存在的互助基金组织，公元前2000年左右，地中海一带的冒险借贷等就是保险思想的体现与保险的雏形，尤其是海上贸易中，人们摸索出的共同海损分摊法——当船舶遭遇海难时，为了大家的共同利益，船长可以将一部分货物抛弃入海，损失由船方、货方共同分摊。这种"一人为众，众人为一"的共同海损分摊原则体现了保险的互助精神。公元前916年，《罗地安海商法》正式规定"共同海损"这一原则，共同海损分摊原则也被认为是财产保险的原始形态。欧洲中世纪时期出现的基尔特（Guild）是由职业相同者基于相互扶助的需要而组成的团体，在维护行业利益的同时，对其会员的死亡、火灾、疾病或盗窃等灾害进行互助共济，从性质上看属于一种原始的合作保险形式。

我国古代的仓储制度和镖局也体现了保险的思想意识。我国在西周时代就已经建立后备仓储，春秋战国时代逐步形成一套仓储制度。如汉宣帝时期的"常平仓"制度、隋文帝时期的"义仓"和"官仓"制度，其作用是调节灾害带来的粮食丰歉，达到保障社会安定的目的。我国封建社会产生发展了一些丧葬互助组织，入会者本人或亲属死亡时，其他入会者要分摊一定的丧葬费用，这其实已经具有人寿保险和养老保险的原始形态了。镖局经营的业务之一就是承运货物，是我国古代特有的货物运输保险形式。

无论是西方国家历史上出现的资金后备形式，还是我国历史上出现的物资储备形式，都蕴含了保险的雏形。尽管保险思想意识古已有之，但是真正意义上的保险制度却形成于近代。15世纪末海上新航道发现后，借助海上通道越过国界时商品流通风险加大，于是催生了保险制度。

三、保险制度的产生

（一）海上保险制度

近代保险制度起始于海上保险，海上保险是海上贸易产生与发展的产物。中世纪后期的欧洲，随着商品经济的发展，海上贸易繁盛起来，尤其是地中海一带作为连接东西方的交通要道，海上贸易十分发达，海上风险也频繁发生，冒险借贷开始盛行。在出航之前，金融业者向准备出海的船东和货主提供借款，对于船东、货主在航运中遭遇的海难损失，金融业者可免除部分或全部债务，一旦顺利返航，船东和货主不仅偿还本金，还要支付高额利息。这种借贷的高风险决定了其利息远高于一般利息，高出的部分作为补偿债权人航运风险的代价，支付的此种代价其实类似于保险费。因此，人们普遍认为冒险借贷已具备近代保险的一些基本特征。

意大利被认为是近代海上保险的发源地，世界上第一张海上运输保险单于1347年产生于意大利，该保单至今保存在热那亚的国立博物馆，但这份保险单还不具备现代保单的基本形式。伴随美洲新大陆的发现及海上新航道的开辟，商品的运输不再经过地中海而取道大西洋，海上贸易的中心从地中海逐渐转移到大西洋彼岸，16世纪以后，英国对外贸易迅速发展，成为海上贸易的中心，同时保险业的中心也逐渐移到英国。

现代海上保险形成于英国。1575年，英国女王特许在伦敦皇家交易所内成立意外保险商会出售海上保险。1601年，英国女王颁布第一部有关海上保险的法律，以解决海上保险纠纷。1720年英国政府批准皇家交易保险公司和伦敦保险公司专营海上保险的特权，之后当时的英国首席大法官编制了一部海上保险法典，1906年英国国会通过了《海上保险法》，这部法典中的有关原则至今仍被许多国家采纳或效仿，在世界保险立法方面产生了深远影响。

现代海上保险的发展中，劳合社具有举足轻重的地位。1683年，英国人爱德华·劳埃德在泰晤士河畔开设了咖啡馆，成为商人、高利贷者、海上保险人聚会的场所，1771年其中一批顾客组成海上保险团体，并于1774年另辟新址正式成立劳合社，专门经营海上保险。1871年，英国议会通过法案批准劳合社为一个社团组织。后来，劳合社不断发展壮大，逐渐成为英国的海上保险中心，并成为世界上最大的保险组织。它也是目前世界上现存的最古老的保险组织，业务遍及全球。

◇ 知识链接2-3

"英国人的骄傲"——劳合社[①]

劳合社曾被英国女王伊丽莎白二世誉为"英国人的骄傲"。

劳合社位于英国伦敦金融城,目前已成为世界保险行业中名气最大、信誉最隆、资金最厚、历史最久、赚钱最多的保险组织,每年承保的保费约78亿英镑,占整个伦敦保险市场总保费的50%以上。目前,劳合社承保的项目可以说无所不包、无奇不有。从太空卫星、航空、超级油轮,到巨星的人身安全,应有尽有。

1688年,爱德华·劳埃德先生在伦敦塔街附近开设了一家以自己名字命名的咖啡馆。在经营过程中,劳埃德经常从国外归来的船主那里打听最新的海外新闻,逐渐将咖啡馆办成了一个发布航讯消息的中心。由于这家咖啡馆消息十分灵通,每天富商满座。保险经纪人就利用这一时机,将承保便条递给来这里喝咖啡的商人,让他们在便条上按顺序签上自己的姓名及承保金额。随着海上保险不断发展,劳埃德承保人的队伍及影响不断扩大,成为一个颇有实力的团体。

"敢冒最大的风险,去赚最多的钱"一直是劳合社的宗旨,它最引以为豪的就是自身的开拓创新精神,即能敏捷地认识并接受新鲜事物。劳合社高层表示,劳合社的传统就是要在市场上争取最新保险形式的第一名。

劳合社设计了世界上第一张盗窃保险单,为第一辆汽车和第一架飞机出具保单,近年又是计算机、石油能源保险和卫星保险的先驱。1886年,汽车诞生了,为适应时代发展的需要,满足客户的要求,劳合社在1909年率先承接了这一形式的保险,在还没有"汽车"这一名词的情况下,劳合社将这一保险项目暂时命名为"陆地航行的船"。

劳合社敢于承担风险很大的保险也是出了名的。例如,两伊战争使海湾水域成了危险地区,许多保险公司已裹足不前,劳合社也因一些油轮和货轮的沉没、损坏和被困,赔偿了5.25亿美元。但因保险费上涨,劳合社认为值得冒更大的风险,继续承接海湾地域的保险。

由于财力雄厚,劳合社承接了许多金额巨大的保险。20世纪以来几次震动世界的大灾难,就是由劳合社承保并如数赔偿的。如:1906年美国旧金山大地震并引起火灾,保户都领到了赔偿金;1912年英国巨型客轮"大力神"号触冰沉没,1500人丧生,劳合社为此付了250万美元赔偿费,这在当时的确是一个令人咋舌的数字;1937年,德国"兴登堡"号飞船在美国上空爆炸,也是由劳合社承担保险并赔偿数百万美元。于是人们称赞它为"保天下第一险"。

[①] 劳合社巨额保单传奇[EB/OL].(2006-04-11).http://news.sohu.com/20060411/n242734225.shtml.

（二）火灾保险制度

早在中世纪，欧洲的手工业行会内部就开展了火灾相互保险，但真正的火灾保险制度产生缘于德国和英国的重大火灾事件。1591年在德国的酿造业爆发了一次大的火灾，灾后为了筹集重建资金，造酒业者成立了火灾保险合作社。1676年，46家火灾保险合作社联合成立公营的火灾保险局，火灾保险制度在德国得以确定。

火灾保险制度在英国得到大力发展。1666年9月2日，伦敦市皇家面包店由于烘炉过热而起火。烧了5天5夜，13000多户住宅被毁，20万居民无家可归。这场大火使人们意识到补偿火灾损失的重要性。一位牙科大夫尼古拉斯·巴蓬修建了一些简易房屋来安置无家可归的人。1667年，他出资设立了一家火灾保险商行，这是世界上私营火灾保险最早的形式。1680年，巴蓬与其他三人成立了合伙形式的火灾保险组织，其创立的差别费率制被沿用至今，巴蓬也因此被誉为"近代保险之父"。1710年，伦敦保险公司成立，开始承保不动产之外的动产，经营范围遍及全国。它也是英国现存的最古老的保险公司之一。

火灾保险制度的产生与发展，标志着近代保险业进入较为成熟的阶段，不仅确立了财产保险的筹资和补偿原则，而且保单走向格式化，业务走向规范化。

（三）人寿保险制度

人寿保险的发展与海上保险分不开。15世纪末，哥伦布发现美洲新大陆，欧洲人开始到美洲开发，由于缺少劳动力，便大量从非洲贩运奴隶。奴隶贩子将奴隶作为货物投保，即产生了以生命为保险标的的保险。到16世纪，出现了对旅客的人身保险。1583年，英国出现了第一张用文字书写的人身保险合同。1762年，英国成立了世界上第一家人寿保险公司——伦敦公平保险公司，并依据生命表收取保险费，这标志着现代人寿保险的开始。

人寿保险制度的发展与人口死亡率的计算密切相关。1693年，英国著名的天文学家爱德华·哈雷根据德国布勒斯市居民的死亡资料，编制出了一个完整的死亡表，用科学的方法，精确地计算出各年龄段人口的死亡率。这是在保险基础方面取得的突破性成果，使保险制度奠定在科学的基础上。18世纪中期，托马斯·辛普森根据哈雷编制的死亡表做出了依据死亡率变化而变化的保险费率表，进一步为现代人寿保险的产生与发展奠定了基础。

（四）责任保险制度

责任保险是随着财产保险的发展而产生的新型业务，1804年法国颁布的《拿破仑法典》有关责任赔偿的规定为责任保险的产生提供了法律基础。1855年，英国率先开办了铁路承运人责任保险，由英国铁路乘客保险公司向铁路部门提供。1880年，英国颁布《雇主责任法》，当年就成立了雇主责任保险公司，之后陆续开办产品责任保险、会计师责任保险、机动车辆责任保险、公众责任保险和医师责任保险等。

20世纪30年代后,一些国家将汽车第三者责任险规定为强制保险,责任保险在许多国家普及开来,并对责任保险的发展起到巨大的推动作用。之后随着民事法律制度的完善,责任保险得到快速全面发展。

(五)信用保险和保证保险

商业信用和银行信用的普及,以及日益频繁的道德风险的产生,促进了信用保险和保证保险的产生和发展。1702年,英国首先创办雇主损失保险公司,开展诚实保证保险业务,1840年和1842年,英国又相继成立了保证社和保证公司。美国在1876年也开展了忠诚和保证保险业务。第一次世界大战以后,信用保险得到迅速发展,1919年,英国成立出口信用担保局,创立了一套完整的信用保险制度,各国纷纷效仿。1934年英国、法国、意大利、西班牙的信用保险机构发起成立国际信用与投资保险人协会(简称伯尔尼协会),标志着出口信用保险为世界公认,各国信用保险业务迅速稳步发展。

四、我国保险制度的创立和发展

(一)中国近代保险制度

在我国漫长的历史中,尽管保险思想与意识早已存在,但由于商品经济长期不够发达,古代的保险雏形没有演变成现代商业保险,致使保险起步较晚。近代中国保险是在鸦片战争之后,清政府国门被迫打开,随着外国资本的输入、帝国主义的入侵而逐渐发展起来的。19世纪初,以英国为代表的欧美帝国主义国家加紧对中国的商品输出,伴随而来的便是其保险业的输入。1805年,英国东印度公司在广州设立保险公司,这是中国境内第一家具有现代意义的商业保险机构,是一家外商保险公司,专门承保与英国商人的贸易有关的货物运输保险。随后,英商于1835年在香港开设友宁保险公司,在广州和上海设有分支机构。1846年,英国人在上海设立永福和大东方人寿保险公司。19世纪中期,外商保险业对中国进行更大规模的入侵。陆续有英资的扬子保险公司、太阳保险公司、巴勒保险公司、太古洋行保险公司等在上海设立。

19世纪70年代,随着洋务运动的兴起,民族保险业得以产生并得到发展。1865年华商义和公司保险行在上海成立,标志着我国民族保险业的兴起。1875年保险招商局成立并在上海设立附属保险机构,主要承保招商局的轮船、货栈及货物运输保险。1885年保险招商局改组,在上海创办业务独立的仁和保险公司、济和保险公司,1887年又重新合并成仁济和保险公司,承办各种水险和火险。1905年成立了华安合群人寿保险公司。1907年,上海九家华商保险公司成立了中国保险史上第一家财产保险同业公会,即华商火险公会,与洋商的保险同业公会相抗衡。

此后民族保险业得到一定的发展，20世纪20—30年代，有30多家民族保险公司成立，1935—1945年，国民党政府相继成立了中央信托局保险、太平洋保险公司、资源委员会保险事务所等官僚资本保险公司。1945年抗战结束后，中国保险市场上，外国保险公司以美国美亚保险公司最大，主要经营进出口货物运输保险业务，本国保险公司以中国保险公司、中央信托局保险部的实力最强。

因此，19世纪末20世纪初，是我国民族保险业不断发展的时期，上海是全国保险业的中心。但是，由于缺乏资金和保险方面的经营管理人才，虽然民族保险公司数量增长较快，但是实力不够强大，难以摆脱对外资保险的依赖，中国近代民族保险业发展较为缓慢。

（二）中国现代保险业的发展

中华人民共和国成立后，国家对之前的保险机构和保险市场进行整顿、改造。人民政府接管了21家官僚资本保险机构，并对私营保险机构进行改造，淘汰近半数的保险公司，切断外商保险公司业务来源，迫使他们退出中国保险市场，彻底改变外商对中国保险市场的垄断局面。1949年10月，中国人民保险公司正式成立，总部设在北京，其陆续开办了火灾保险、运输货物保险、运输工具保险、人身保险和农业保险等业务，以后又开办了国家机关和企业财产强制保险、铁路车辆强制保险、轮船和飞机旅客意外伤害强制保险业务，并在农村试办牲畜保险、棉花运输收购保险和渔业保险，同时开展了对外保险业务。20世纪50年代末，全国保险机构已有4600多个，并与世界许多保险机构建立了广泛的业务联系。

1958年，国务院在西安召开的全国财贸工作会议上决定，中国人民保险公司除国外保险业务必须办理以外，国内保险业务立即停办。1959年5月，中国人民保险公司全面停办了国内保险业务，改为专营涉外保险业务的机构，在组织上成为中国人民银行总行国外局的一个处。国内业务全面中断近20年的结果是大量的专业人员和宝贵的资料散失，拉大了与国外的差距。

（三）中国现代保险业发展的新阶段[①]

党的十一届三中全会决定实行经济体制转轨，我国工作重点转向全面推进经济发展，保险业得以恢复。1979年，中国人民保险公司恢复国内保险业务和各地分支机构。1980年底，除西藏外的28个省、自治区、直辖市都恢复了保险业务。1984年11月，中国人民保险公司从中国人民银行分离出来，作为国务院直属的局级经济实体。其后，随着改革开放的深入发展，新的保险公司不断出现，国外保险公司纷纷进入，保险业务快速增长，我国保险业进入快速发展阶段。

中国保险行业自1979年恢复以来得到快速发展，至2020年共计有235家保险公司，总资产达23万亿，保险费收入4.53万亿元，近20年保险费年均增速18%，保险密度为2724元/人，

---

① 泽平宏观：中国保险行业发展报告 2021 ［EB/OL］.（2021-03-17）. https://baijiahao. baidu. com/s? id =1694407463098772755&wfr=spider&for=pc

保险深度为 4.22%,保险营销员队伍超过 800 万人。2005—2020 年保费收入及增速如图 2-1 所示。我国保险市场规模已经先后超过德国、法国、英国、日本,全球排名升至第二位。在世界 500 强企业中有 7 家中国内地的保险公司,成为全球最重要的新兴保险市场大国。①

图 2-1　2005—2020 年保费收入及增速

保险业务恢复后的发展大致可以分为以下几个阶段。

1. 恢复发展阶段(1979—2000 年)

(1)市场主体呈现多元化发展。1979 年国家逐步恢复国内保险业务,中国人民保险独家经营的保险市场被打破。1986 年,新疆建设兵团保险公司成立(现更名为中华联合保险集团股份有限公司,并成为全国性公司)。1987 年,交通银行设立保险部,并于 1991 年独立成为全国性的太平洋保险公司。1988 年,股份制的平安保险公司在深圳成立,并于 1992 年更名为中国平安保险公司,在全国开展保险业务。1994 年和 1995 年,天安保险股份有限公司和大众保险股份有限公司分别在上海成立。与此同时,外资保险公司逐步进入,1992 年,美国友邦保险公司在上海开业,随后,日本东京海上保险公司也在上海成立分公司。至此,保险市场垄断格局被打破。至 2000 年,保险公司达 33 家,我国保险市场主体出现多元化局面。

(2)保险业务快速增长。1992 年上海试点引入美国友邦保险,带来丰富的保险产品和代理人销售经验,大大促进了人寿保险业的发展,保费增长大幅提高。1994—2000 年保费收入从 376 亿元增至 1598 亿元,年化增速约 27.3%。

(3)监管体系初步搭建。保险业快速发展的同时,低价竞争、违规销售等市场无序现象层出不穷,人寿保险公司在追求保费高增长的利益驱动下,保单预定利率高,导致公司保单成本过高,出现大面积利差损,埋下了行业发展隐患,需要规范整顿。1995 年《保险法》出台

---

① 70 年回顾!保险业大事件盘点![EB/OL].(2019-09-04)https://www.sohu.com/a/338478184_100160443.

并颁布实施,确立了财产保险和人寿保险分业经营的原则。1998年中国保险监督管理委员会(以下简称保监会)成立,初步建成保险监管体系,形成市场监管、公司治理结构监管和偿付能力监管为一体的现代保险监管体制。

2. 快速扩张阶段（2001—2010年）

(1)市场主体急速扩容。2001年我国加入世贸组织以来,保监会多批次下发保险牌照,伴随国内保险公司迅速发展,外资保险公司也加快了进入中国市场的脚步,同时设立了一批保险中介公司,市场主体日益丰富,截至2010年,保险公司总数达到142家。

(2)政策支持提速发展。2003年以来,保监会出台一系列举措,如车险费率改革,放宽分支机构经营区域,放宽保险资金投资渠道等。2006年国务院发布《关于保险业改革发展的若干意见》,即"国十条",交强险、健康保险等政策红利极大地促进了行业发展,保费收入从2001年的2109亿元大幅提高至2010年的1.45万亿元,保持年24%的高速增长。

(3)强化监管防范风险。2008年美国次贷危机波及国内保险业,对保险投资收益冲击明显,投资型保险产品引发退保潮,人寿保险公司偿付能力面临考验,财产保险由于南方雪灾、汶川地震而遭遇危机。监管层开始重视防范风险、整治市场。2008年《保险公司偿付能力管理规定》引入资本充足率指标,构建起偿付能力监管、市场行为监管和公司治理结构监管三大支柱监管体系。以公司治理和内控为基础、以偿付能力监管为核心、以现场检查为手段、以资金运用监管为关键环节、以保险保障基金为屏障,构筑了防范风险的五道防线,基本形成了防范、化解风险的机制。

3. 松绑创新阶段（2011—2016年）

(1)保费收入增长放缓。2011年,在通货膨胀抬头、银行一再加息的背景下,有理财功能的保险产品压力上升,同时受《保险合同相关会计处理规定》影响,保险合同中若含保险风险和其他风险,能够区分并单独计算的要进行分拆,分拆后,属于其他风险的不计入保费收入。这意味着万能险和投连险占比较高的人寿保险公司在保费规模和市场份额排名上将受到实质性影响。加息周期叠加银行保险新规定,保险业陷入瓶颈期,保费收入首次出现负增长。

(2)多方改革创新发展。面对保险业发展新情况,保险监管层定调保险行业进入"整顿、松绑、改革"时期。2012年,一方面,我国金融市场创新发展提速;另一方面,保险机构自主发展动力不足,市场竞争力较弱,投资收益率持续偏低。在此背景下,保险资金运用市场化改革启动,进一步拓宽投资范围和领域,批准下发一批保险资金管理的牌照,把更多决策权、选择权和风险责任交给市场主体。2013年对人身保险费率进行改革,废除2.5%预定利率上限,产品吸引力上升;2015年保险代理人资格考试取消,代理人数量爆发。2014年国务院发布《关于加快发展现代保险服务业的若干意见》即"新国十条",对巨灾保险、农业保险、商业养老、健康保险、责任保险等各领域改革进行部署。多重松绑之下,行业规模快速增长,市场活力明显增强,保险业2011—2016年保费收入从1.43万亿突破3万亿,维持16%年化增速。

4. 规范发展阶段（2017年至今）

2017年以来,在深刻反思过去一个时期个别保险机构激进经营和激进投资的问题之后,保险监管层强调保险业进入规范发展和严格监管时期,强调保险应该回归保障的本质。强监管、补短板、治乱象、防风险成为监管导向。人身保险方面,保险监管层叫停快速返还、附加万能账户类产品,重点发展保障型产品；财产保险方面,第二次费率改革全面推开,整治车险乱象；保险资金运用方面,对保险频繁举牌上市公司、干扰公司等行为进行监管；强调全面风险监管,2016年,中国风险导向的偿付能力监管体系正式实施(称为偿二代),实施偿二代监管体系、资产负债管理等。2018年,中国银行保险监督管理委员会成立,将银监会和保监会职责整合。这一阶段,保险行业从规模导向转变为风险导向,市场整体下滑,2017—2020年保费增速降至7.4%个位数长。①

> **知识链接2-4**

中国保险业大事件盘点②

1.第一家保险公司成立

1949年10月20日,我国的第一家保险公司——中国人民保险公司成立了,从此我国开始独立自主地经营保险业务,保险收支归国有。这是我国保险史上重大的转折。

2.恢复国内保险业

1958年国内保险业务被迫停办,直到实行改革开放后,1979年经国务院批准恢复保险业务,中断多年的保险业开始重新发展。同年,中国保险学会成立。

3.第一部保险法起草

1991年,中国人民银行成立以秦道夫、李嘉华、王恩韶为组长的《保险法》起草小组,负责起草中华人民共和国成立以来的第一部保险法。

4.《中华人民共和国海商法》通过

1992年,第七届全国人民代表大会常务委员会通过《中华人民共和国海商法》(以下简称《海商法》),第一次以法律的形式对海上保险做了明确规定。

---

① 任春生.我国保险资金运用改革发展40年:回顾与展望[EB/OL].(2019-01-03). https://www.sohu.com/a/286392383_702714.
② 70年回顾! 保险业大事件盘点![EB/OL].(2019-09-04). https://www.sohu.com/a/338478184_100160443.

5. 第一家外资保险公司成立

1992年,第一家外资保险公司美国友邦上海分公司成立。友邦保险培训的第一代寿险代理人上街展业。这一代理人制度,引发了营销理念的剧烈变革,人寿保险代理人制度迅速为国内人寿保险业所采用。

6.《保险法》颁布

1995年,第八届全国人民代表大会常务委员会第十四次会议通过《保险法》。它是我国第一部保险基本法,是一部较为完整、系统的保险法律。

7. 中国保监会成立

1998年,国务院成立中国保监会,统一管理全国保险业,成为继银监会、证监会之后的第三个金融监管机构,金融机构三驾马车全部就位,齐头并进、并行齐驱。

8. 中国保险协会成立

2001年,中国保险行业协会宣告成立。

9. 实行首次修改的《保险法》

2002年,根据我国加入世贸组织对保险的承诺,全国人大常委会对我国《保险法》进行首次修正,并于2003年1月1日起实施。

10. 第二次修改《保险法》

针对保险发展过程中的新情况、新问题,对《保险法》进行修订,于2009年10月1日起实施。

11. 第三次修改《保险法》

根据2014年8月31日第十二届全国人民代表大会常务委员会《关于修改保险法等五部法律的决定》修正,主要围绕完善保险市场主体制度、偿付能力制度、风险处置制度,加强资金运用监管,健全法律责任,进一步保护保险消费者合法权益等方面进行修正,并于2015年实施。

12. 中国银行保险监督管理委员会成立

2018年,中国银行保险监督管理委员会成立,将银监会和保监会职责进行了整合。

第四节 保险的职能与作用

一、保险的职能

保险的职能是指保险本身具有的职责和功能,它是由保险的本质决定的。伴随保险的发展,人们对保险职能的认识也经历了由单一到丰富的发展变化过程,每一次认识的提高都是基于保险本身的发展,又反过来促进了保险的发展,并带来保险职能内涵、外延的扩展变化。国内很多学者从不同的角度对保险的职能进行了探讨,形成了单一职能、基本职能、多元职能及二元职能等不同的表述。这里将保险的职能概括为基本职能和派生职能两种。

(一)保险的基本职能

从保险产生与发展的历史以及保险的本质来看,保险是一种经济补偿机制,其功能就是分散风险和补偿损失(或给付保险金),所以保险的基本职能就是分散风险和补偿损失(或给付保险金)。

保险作为一种风险管理手段,主要是运用风险汇聚机制,集合具有风险厌恶偏好的投保人并收取保险费建立保险基金,向少数发生保险事故的被保险人进行经济补偿或保险给付,从而实现风险在投保人之间的分散。在财产保险中,一般由保险公司根据实际损失的情况进行赔付;在人身保险中,一般由保险公司根据合同约定的数额进行给付。相对于全体被保险人来说,实际遭受保险事故的人总是少数,通过保险使少数人难以承受的损失变成多数人可以分摊的损失,这实际上是把风险在所有参加保险的人之间进行有效的分散。因此,从本质上讲,保险是一种分散风险、分摊损失的机制。

分散风险和补偿损失(或给付保险金)是保险的两个基本职能,二者是手段和目的的统一,分散风险对于补偿损失(或给付保险金)来讲是手段,补偿损失(或给付保险金)对于分散风险来讲是目的。

(二)保险的派生职能

随着经济的发展,社会的进步,保险在基本职能的基础上拓展派生出新的职能,对于保险的派生职能,保险学界有不同的认识。一般认为保险有防灾减损、融通资金和收入再分配这三种派生职能,同时,随着保险参与社会管理程度的加深,保险又派生出社会管理的职能。

1. 保险防灾减损的职能

通过一定的措施尽量减少灾害事故的发生,避免保险标的遭受损失或伤害,这是保险人、被保险人甚至整个社会的共同目的和共同利益所在。① 从保险人自身利益来看,作为保险经营者和风险管理者,必然要在对风险进行分析、预测和评估的基础上,分清风险的可保性、可控性与风险程度的大小,分析自身的承保能力,剔除不可保的风险,同时要指导被保险人做好事前的预防和事后的救治工作,防止灾害发生以及减少损失程度,这既是保险人稳定经济的必然要求,也是保险人追求承保利润的必要保证。② 从被保险人角度来看,参加了保险就要履行维护保险标的的安全的义务,灾前的预防不可缺少,灾后的救治必须及时,这样才能减少保险事故的发生概率与损失程度,既有利于保护自身财产与人身安全,也有利于保险经营稳定。③ 从整个社会角度来看,防灾减损可以使部分投保的财产和人员免遭损害,减少社会财富的损失,维护社会安全。保险人长期与风险打交道,掌握了大量的关于风险与损失的资料,对灾害原因也有确切的分析和结论,积累了丰富的防灾减损经验,这些宝贵经验通过保险的发展可以传播给社会,充分发挥保险防灾减损的优势,提高整个社会的风险管理水平,有利于人民生活、生产的安定与社会的稳定。

在成熟的保险市场,防灾减损已成为保险服务的重要职能之一。我国保险的风险防灾防损职能还有待加强。2014年《国务院关于加快发展现代保险服务业的若干意见》发布实施,明确了保险业在全面深化改革布局中的战略定位,将保险纳入灾害事故防范救助体系,强调了保险防灾防损的风险管理职能。这有助于提升企业和居民利用商业保险等市场化手段应对灾害事故风险的意识和水平,减轻政府在抗灾救灾方面的压力和负担,促进安全生产和突发事件应急管理。伴随企业和民众保险意识的不断提升,以及风险控制技术的持续创新,近年来我国保险服务呈现从事后补偿向事前干预"前移"的特点。

2. 保险融通资金的职能

保险尤其是人身保险有大量暂时闲置的资金可以投入到社会再生产过程中,参与社会资金的整体循环。一方面,保险要实现经济补偿或给付的义务,必须以收取保险费的形式积聚保险基金,由于保险费的预先收取与保险金的事后赔付之间存在时间差,大量资金以准备金的状态滞留于保险公司,使保险活动具有显著的聚集社会资金的能力;另一方面,为了保证所承诺的偿付在将来能够顺利实现,以及增强赢利能力,保险公司必须加强投资业务,从而成为金融体系的重要组成部分,承载和发挥着融通资金的职能。

在历史上,保险的职能曾长期被界定为经济补偿,因此,在相当长的时期中,有关保险的研究是被排除在金融理论的视野之外的。进入20世纪以后,随着聚集和使用的资金规模越来越大,保险业日益显示出其在媒介储蓄和投资方面的重要作用。基于此,保险的融通资金功能受到重视。保险资金具有来源稳定、期限长、规模大的特点,是稳定资本市场的重要力量,可大大降低投机者带来的市场波动风险,对进一步规范资本市场操作产生有力的制衡作用。西方发达国家的商业保险公司已成为资本市场上重要的机构投资者。近年来,我国保险市场快速发展,保险融通资金的功能大大增强。2006—2019年,我国保险资产规模年均增长率为19.76%,保险资金运用余额年均增长率为19.75%。截至2020年9月,保险资金通过投资股票、债券和保险资产管理产品等方式为实体经济提供融资支持近16万亿元。保险资金投资A股占总市值的3.44%,投资债券规模占我国债券市场总规模的6.49%。①

 3. 保险收入再分配的职能

保险通过收取保险费建立起巨额的保险基金,向遭遇保险事故的少数被保险人提供经济补偿的方式,使众多被保险人之间形成经济上的互助,以多数人的力量帮助少数人渡过难关,这实际上是保险的风险分摊机制在众多的参保人之间实现了国民收入的再分配,因此,保险具有收入再分配的职能。

 4. 保险社会管理的职能

20世纪末期以来,随着保险覆盖范围的扩大和对社会经济渗透程度的加深,它在管理经济和稳定社会方面的作用日益显著,因此,有关保险业社会管理职能的探讨成为国际理论界的热门话题。保险的社会管理职能主要体现在以下方面。

(1)实施社会风险管理。保险公司具有风险管理的专业优势和丰富的经验,能够参与、督促和指导参保人进行风险管理与防灾减损,还可以在国家对公共事件应急处理机制中发挥作用,实现对社会风险的管理和控制。

(2)参与社会保障管理。商业保险可以作为社会保障的重要组成部分,其发展可以补充和完善社会保障制度。社会保障制度被誉为"社会的减震器",它为社会提供诸如养老、医疗、失业、救助等方面的基本的经济保障。而商业保险则为社会提供较高水平、多层次的保障服务,能够满足人们日益增长的多样化的保障需求,是对社会保障制度的重要补充和完善。我国现阶段需要充分发挥商业保险的优势,大力促进商业保险与社会保障的协同发展。

(3)增强社会信用管理。保险公司经营的产品实际上是一种以信用为基础、以法律为保障的承诺,在培养和增强社会诚信意识方面具有潜移默化的作用。保险在经营过程中可以收集企业和个人的履约行为记录,为社会信用体系的建立和管理提供重要的信息资料来源,实现社会资源的共享。

---

① 周延礼:保险资金是稳定资本市场的重要力量[EB/OL].(2021-01-14)https://baijiahao.baidu.com/s?id=1688814463625363334&wfr=spider&for=pc

(4)调节社会关系管理。由于保险介入灾害处理的全过程,参与到社会关系的管理之中,逐步改变了社会主体的行为模式,为维护政府、企业和个人之间有序的社会关系创造了有利条件,减少了社会摩擦,起到了"社会润滑剂"的作用,大大提高了社会运行的效率。

保险的社会管理功能是保险发展到一定阶段的必然产物,也是保险本质在现代社会的反映。保险的社会管理功能主要体现在社会经济发展的"润滑剂"和"稳定器"功能以及风险管理角色。

二、保险的作用

职能和作用是既有联系又有区别的两个概念。职能是事物本身具有的内在功能,是事物本质的客观反映;作用是事物内在功能的发挥对外部所产生的影响和效果。保险内在功能在特定历史、特定条件的具体实践中所产生的反应与效果就是保险制度的作用体现。在不同的历史时期、不同形态的社会中,保险的职能有所不同,保险的作用也会有所变化。现代经济社会中,保险已经渗透到经济社会的各个领域,其作用范围越来越广泛,所产生的影响和效果也越来越显著。

(一)保险在宏观经济中的作用

保险在宏观经济中的作用是指保险对全社会以及国民经济总体上所产生的影响与效果。

 1. 保险有利于维护经济和社会的稳定发展

(1)保险有利于安定社会生产。一方面,现代经济社会中,各生产部门、经济主体之间既分工合作,又密切联系,整个经济形成一个均衡的有机整体,这种均衡性、紧密性维持着社会再生产的连续性与稳定性。一旦某个经济单位发生风险事故,生产受到破坏,就会影响与之密切联系的其他经济主体,并会产生局部效应的扩大,甚至影响整个社会的安定。另一方面,自然灾害和意外事故是不可避免的,自然灾害和意外事故的发生总会造成生产和经营的中断,给人类带来突然的财产损失和人员伤亡,可能使企业生产和人们生活陷入困境,给社会带来许多不安定因素。而保险由于具有经济补偿或给付保险金的职能,能在最短的时间里帮助企业恢复生产,帮助人们重建家园,在一定程度上解除人们的后顾之忧,从而维护社会稳定,从根本上促进国民经济持续稳定发展。

(2)保险有利于完善社会保障。社会保障制度在世界范围的普及发展,对保障民生、稳定社会起重要作用。目前,在经济放缓、人口老龄化加剧的背景下,很多国家面临社会保障方面的压力,一些国家开始探索商业保险参与社会风险管理,以补充社会保障。我国近年来也鼓励支持商业保险与社会保险协同发展,以健全社会保障体系,完善社会保障制度,维护社会稳定。

◇ 同步案例2-1

保险业为实体经济提供风险保障①

2019年,保险业加快保险供给转型升级,积极为实体经济提供风险保障,在加快科技赋能创新理赔模式、加强风险提示预警及防灾减灾工作和健全保险消费者权益保护体系等方面取得了积极成效。

据公开数据显示,2019年保险业为全社会提供风险保障超过6470万亿元,承保保单495亿件,累计赔付支出1.29万亿元。其中,财产险公司提供风险保障5369万亿元,累计赔付支出7279亿元。民生相关风险保障作用明显,其中农业保险提供风险保障3.81万亿元,同比增长10.12%;责任保险签单保单数93.47亿件、同比增长28.57%,风险保障金额1560.19万亿元、同比增长80.13%。

由于保险业不断完善应急管理机制,有效助推了灾后重建。2019年"利奇马"台风来势汹汹,保险业第一时间启动重大灾害应急预案,携手全力积极应对。根据保险业协会统计,截至2019年底,行业总赔付支出达40.31亿元,其中车险结案13.79万件、赔付支出17.91亿元,非车险结案10.15万件、赔付支出22.40亿元,有力地支援了大灾后恢复重建工作。

 2. 保险有利于推动科学技术的推广运用

科学技术被誉为"第一生产力",科学技术的进步逐渐成为经济发展最主要的推动力,能极大地推动生产力提高,促进国民经济发展。由于科学技术的研究、开发与运用过程总是伴随着各种风险,任何一项科学技术的产生和运用都会遇到各种困难和阻力。保险则可以通过提供风险管理与保障措施,鼓励人们大胆创新,推动新产品、新技术、新工艺、新材料等的研制、开发和运用。

---

① 谁领到过最多理赔款? 中保协最新出炉"2019年中国财产保险十佳理赔案例"[EB/OL].(2020-05-13). https://baijiahao.baidu.com/s?id=1666578461356643186&wfr=spider&for=pc

◆ 同步案例2-2

"迷途"卫星的收回与劳合社[①]

　　1984年2月,美国西联公司和印尼政府委托美国航天局用航天飞机"挑战者"号发射两颗价值共1.8亿美元的通信卫星维斯塔6号和帕拉帕B-2号。然而,两颗卫星未能进入预定轨道,成了太空中的两只"迷途羔羊"。更令人担忧的是,一旦卫星某天突然掉下来,将给人类带来巨大灾难。

　　还有一家更沮丧的,便是当时世界上最大的保险人劳合社,因为该保险组织承保了两颗卫星的发射保险。卫星的消失,意味着劳合社要为此赔偿1.8亿美元。为了不使两颗价值昂贵的卫星漂游在太空并给人类带来灾难,劳合社先行理赔。之后又花600万美元组织雄厚的力量进行人类史上首次太空寻救活动。没想到的是,竟然找到了这两只"迷途羔羊",并被成功地收回到地球。为此里根总统亲自为劳合社和美国寻救人员在白宫举行庆功和授勋仪式。

　　卫星收回后,劳合社委托美国休斯航空公司对其进行修复。几个月后,卫星恢复了功能,劳合社将其中一颗以1800万美元价格出售,并由美国的火箭承担了成功的发射,这次发射又是劳合社承保了绝大部分保险业务。这次卫星事件创造了人类宇航史和保险史上两大奇迹。

3. 保险有利于促进贸易与商务的顺利进行

　　现代经济活动中,企业之间的贸易和商务活动越来越离不开保险的推动作用。由于信息不对称现象的普遍存在,在国内外贸易与对外投资中,商品流通过程与投资过程中难免存在交易双方的资信风险、产品质量风险以及投资国的政治经济风险,这些风险的存在是贸易与商务活动的障碍,保险制度为克服这些障碍提供了保障。比如国际贸易中,进出口商品都必须办理保险,缺乏保险的保障,进出口商品在交易过程中的风险将可能导致贸易纠纷,影响国际贸易的正常进行。有了保险的保障,国际贸易与商务活动中的风险将由保险人承担,大大减少贸易与商务中的摩擦,促进贸易与商务的顺利进行。

二维码2-1
美俄卫星
撞出太空
保险新课题

[①] 劳合社巨额保单传奇[EB/OL].(2006-04-11). http://news.sohu.com/20060411/n242734225.shtml.

◇ 同步案例2-3

出口信用保险为企业出口贸易保驾护航[①]

国内某电信企业出口成套设备,价值1581万美元应收账款遭遇拖欠。由于进口商西班牙某光伏行业巨头经历连续四年的市场衰退,受决策失利、现金流短缺、巨额债务等因素的影响,无法按约向出口企业偿付价值1581万美元的到期债务。

中国出口信用保险公司在接到报案后,立即成立专项小组,第一时间调查案件背景信息,委托渠道赴债务方经营所在地西班牙、项目所在地秘鲁等进行海外勘查,取得买方和担保方对全部债务的书面确认;积极开展项目追偿工作,指导被保险人按照保单约定对担保方在英国伦敦提起仲裁,合力推动保险双方权益维护工作。

在获悉被保险人资金紧张并向保险公司提交正式索赔申请后,中国出口信用保险公司先后两次共计向被保险人支付赔款1580.91万美元,极大地缓解了被保险人的资金压力,解决了被保险人的实际困难。

 4. 保险有利于保障金融业的繁荣稳定

(1)保险可以为经济发展提供大量中长期资金。保险活动可以积聚大量的中长期资金,为保证资金的保值与增值,使承诺的偿付能够兑现,保险公司具有对保险资金进行有效运用的内在动力。这恰好可以填补经济发展中的周期长、规模大的投资项目对中长期资金的需求,避免金融体系中资产与负债的期限结构不匹配的危险。

(2)保险资金的有效运用可以与资本市场发展相互促进。保险资金的投资需求与资本市场的融资需求客观上存在着内在的联系。一方面,在保险竞争更趋激烈的背景下,承保的综合成本不断上升,承保利润逐渐下降,保险利润的获取更要依赖资金的有效运用。从世界各国保险业的发展经验来看,保险业必须拥有多样化的运用资金的渠道和手段。而证券投资,特别是股票投资由于具有较高的长期收益,成为各国运用保险资金的主渠道。成熟的资本市场工具及其期限结构的多元化和多样化,满足了人寿保险公司负债的特点,使其资产负债结构相匹配,从而得以有效控制经营风险,确保经营的稳定性。另一方面,保险公司还可以作为拥有大量资金的机构投资者,在资本市场上发挥有效的稳定作用。人寿保险公司经营业务的长期性和稳定性的特点,以及保险资金运用强调收益稳定和安全性的特点,使得保险基金成为证券市场长期稳定的资金来源,可以大大削减投机者带来的市场大幅度波动。

[①] 2018年度财产险十大典型理赔案例[EB/OL]. (2019-03-14). https://www.financialnews.com.cn/bx/ch/201903/t20190314_156350.html.

同时,保险基金、养老基金等追求收益稳定的机构必然对股票指数期货、期权等避险工具产生强烈需求,进而推动金融创新和金融繁荣。

5. 保险有利于提升社会管理的效率

保险作为风险管理的有效手段,以及贯穿保险活动整个过程的最大诚信原则的实施,有利于社会风险管理意识和诚信意识的培育与提高。充分运用现代保险在风险管理上的经验和优势,提升保险在应急处理中的地位,充分发挥保险在社会保障制度中的补偿作用,以及在调节社会关系管理中的"润滑剂"与"稳定器"作用,将大大提升社会管理的效率。

6. 保险可以稳定居民未来预期,有助于推动经济发展

促进居民消费可以拉动内需,推动经济发展。居民消费受未来预期的制约,如果居民对未来预期不乐观,就不可能刺激其增加消费。保险可以使居民以确定的保费支出换取对未来的保障,可以减轻居民对未来经济保障不足的忧虑,释放出一部分未来的储备,刺激消费和投资,从而推动经济发展。

(二)保险在微观经济中的作用

保险在微观经济中的作用是指保险对企业、家庭和个人的影响与效果。

1. 保险有利于维护企业生产,保障企业发展

(1)保险有利于加强企业风险管理。企业参与保险后,保险公司会非常关注企业的风险管理状况,利用自身风险管理的优势,向企业传输风险管理经验,指导企业进行风险排查,消除风险隐患,以防患于未然,达到防灾减损的目的。既降低了保险公司赔付率,获得更好的经济效益,也减少风险对企业生产的冲击和破坏。保险公司还可以通过保险费率——价格杠杆调动企业防灾防损的积极性,使企业和保险公司一起做好风险管理工作。

(2)保险有利于尽快恢复企业生产。自然灾害与意外事故的客观存在,决定了企业生产过程中难免遭遇灾害与损失的风险。风险事故的发生往往是突然的、出乎预料的,会破坏企业的正常生产。而保险的损失补偿功能,可以使投保企业在遭遇灾害损失后能按照保险合同约定及时得到补偿,重新恢复生产。

(3)保险有利于加强企业经济核算。企业参与保险,实际上是利用保险作为风险管理的财务手段,通过缴纳保险费的方式将未来不确定的风险损失变成确定的成本支出,以小额固定的支出换取巨额损失补偿,有助于减少因风险事故带来的企业财务波动,保持企业财务稳定,利于企业的经济核算,增强企业抗风险能力,提升市场竞争力。

2. 保险有利于保障家庭安全，使人民生活安定

风险的客观存在性决定了人们的生活中难免遭遇灾害与损失的风险。家庭是劳动力再生产的基本单位，个人、家庭成员的生命、健康、财产的安全状况会影响到人们日常学习、生活以及工作的质量，影响企业的正常运转。家庭生活的安定是人们从事生产劳动、学习、休息和社会活动的基本保证。参与保险，可以大大减少个人或家庭的忧虑，使人们获得安定的生活感。参与保险还可以提升个人及家庭的风险与保险意识，获取风险管理经验，以防范灾害、减少损失。参加保险使个人或家庭可以将未来不确定的风险损失转化为小额确定的支出，维护家庭财务稳定。因此，对个人或家庭而言，保险无疑具有未雨绸缪、有备无患的作用，使个人或家庭的生活得以安定、得到保障。

◇ **同步案例2-4**

体育保险——运动员的保护伞[①]

体育运动可以挑战自己、愉悦他人，但它的高度危险性使运动员在训练和比赛当中不时发生意外伤亡。保险赔偿虽不能免除他们的痛苦，但可以提供抢救治疗的巨额费用，解除其经济上的后顾之忧。

1. 桑兰：千万美元保险金治疗显威力

1988年，在美国友好运动会上，我国著名体操运动员桑兰不幸遭遇意外事故，导致第六、七颈椎骨折、脊髓损伤、胸以下失去知觉。桑兰受伤后，美国医务人员给她提供最先进的颈椎修复手术和特级药物治疗。尽管出征前国家体育总局给所有的运动员都购买了一定数额的意外保险，但这次的事故非常严重。当时，美国友好运动会组委会也为各国选手购买了巨额保险。桑兰的意外事故使她在友好运动会期间获得了1000万美元的保险金。桑兰1年后回国进行康复治疗，并获得全国优秀运动员伤残互助保险基金会15万元人民币的赔付。由于保险赔付的资金及时且充裕，桑兰在美国以及国内均得到了极为良好的治疗。现在，自强不息的桑兰已经可以较为自如地活动上半身，这与她得到的高额保险赔付，以及由此得到的最好治疗密不可分。

2. 贝克汉姆：体育巨星的巨额保险[②]

贝克汉姆虽然已经不再年轻，但他在世界足坛的地位仍然举足轻重，当然他依然钟情于保险的庇护。2007年初，英国媒体披露，贝克汉姆为自己投了运动历史上巨额的个人保险——1亿英镑的保额。这个数额不但双倍于他之前的投保，甚至超越了雅典奥运会的保险金额。

[①] 名人与保险[N]. 中国保险报，2009-02-12.
[②] 贝克汉姆为自己投保一亿　保险公司将巨额赔偿[EB/OL]. (2010-03-16). https://sports.qq.com/a/20100316/000977.htm.

贝克汉姆的个人保单是到目前为止体育史上个人投保的最高金额，而保险的具体项目并不像以前一样是他那只黄金右脚，而包括其全身上下每一个部位。由于保险金额太大，以至于1家保险公司已经无法独自承保，必须由多家保险公司共同承保。贝克汉姆需要支付的保险费总数和年限则是个秘密。据说光是可以增加保额的附加险保费就数以万计，由此可以估计，贝克汉姆的总花费必定不菲。

某美国媒体曾透露，贝克汉姆曾因一次轻微的韧带拉伤缺阵4场比赛，而他为此从保险公司所得到的受伤赔付高达近百万美元。

这份世界级的保单所保障范围包括在球场内受伤、毁容及罹患严重疾病（但滑浪或攀石等高风险运动则不获保障）。有次贝克汉姆跟腱断裂，再加上脸上那道骇人的伤口，承保的数家保险公司付出了巨额的赔偿。

第五节 保险制度的社会价值

保险制度功能与作用的发挥，不仅带给个人、家庭、企业、社会以经济上的保障，其发展过程中逐渐形成的伦理基础和文化理念，还会推动社会意识形态的发展和进步，这便是保险制度的社会价值的体现。

一、保险制度的伦理基础

（一）保险制度的经济伦理："利己"与"利他"和谐统一的经济价值观

经济生活中，经济单位或个人都是为自身利益的最大化而决策，"利己"是普遍存在的经济现象。保险双方同样是为自身利益的最大化而决策：投保人购买保险的目的是将自己面临的风险转移出去，以较小的保费支出换取保险人对自己损失的补偿；保险人接受投保人转嫁的风险，目的是以收取保险费建立保险基金，在补偿被保险人损失的同时实现盈利，因此保险双方参与保险都是出于"利己"的动机。但与此同时，正是有众多投保人的"利己"动机才产生了广泛的保险需求，而保险人的"利己"动机则为市场提供了保险供给，保险双方"利己"动机的结合使保险交易变成现实，且实现了经济单位的风险转移与损失分摊及补偿，获取了经济社会的平稳运行。由此,经济单位个体的"利己"动机通过保险活动实现了"利他"效果,促进了"利己"与"利他"的和谐统一。当经济单位为追求自身利益最大化而参与经济活动时,客观上为整个社会带来了正面的效果,即"利己"动机导致"利他"效果,这既是市场经济生存和发展的逻辑和伦理基础,也是保险制度内含的经济伦理。

(二)保险制度的社会伦理:崇尚诚信的社会价值观

诚实守信是中华民族的传统美德,是我国作为礼仪之邦的立身治国之本,是现代社会公认的伦理基础,更是当前我国社会政治、经济、文化、司法、教育等活动中的一项重要准则和行为规范。诚信的本质是道德伦理与规范伦理的融合。诚信既是一种世界观,又是一种道德观和社会价值观,它要求人们以求真务实的原则指导自己的行动,以知行合一的态度对待各项工作。

人无诚信不立,家无诚信不和,业无诚信不兴,国无诚信不宁。诚实守信是市场竞争的基本准则,是社会文明的基本要求。诚信原则是任何经济活动都要坚持的原则,而保险活动则要遵循最大的诚信,最大诚信原则一直是保险经营的首要原则与立业基础,它要求保险双方都保持最大的诚意,互不欺骗,互不隐瞒。保险活动中对最大诚信原则的贯彻执行不仅规范了保险业自身的发展,而且在制度上、法律上、道德上规范、约束着参保人的行为,促进参保人诚信价值观的形成,并给其他行业的诚信建设带来积极效应,这也有利于树立崇尚诚信的良好社会风气,改善社会诚信环境,推进整个社会的诚信制度建设。

二、保险制度的文化理念

(一)以人为本的理念

保险作为人类处理风险的制度或手段,其产生与发展的过程,是人类自我认识、自我关怀与对抗风险、预防和减少风险损害的手段不断进步的过程,其核心始终围绕着人类的生产与生活的安定,始终体现的是以人为本的文化内涵。因此,保险文化是具有现代人文情怀的服务文化,是对生命和健康的核心价值的积极推崇,是对人类稳定和谐的生产生活的不懈追求。

(二)互助共济的理念

保险是将面临同样风险威胁的众多经济单位集合起来而形成的一种经济互助关系。保险人将众多投保人缴纳的保险费集合成保险基金,对其中少数遭受保险事故损失的被保险人提供损失补偿,即以集体的力量来分摊损失。这实际上是通过保险活动在众多的投保人之间建立一种经济上的互助关系，体现了"人人为我，我为人人"的精神。因此，从表象上看，保险是为众多经济单位搭建了共同应对风险的平台，从实质上看，保险人是消费者同舟共济的倡导者，保险活动倡导的是互助共济的人文精神和文化理念。

（三）爱岗敬业的理念

保险是一种非必需品，是看不见摸不着的无形商品，这一特性决定了保险商品必须依靠推销才能达成交易。保险营销中消费者对保险从业者的评价及信任程度决定着保险交易的成败。保险条款是保险人事先制定好的格式条款，且专业性很强，保险合同的"附和性"特征使得消费者处于弱势地位，这就要求保险从业者以高度的责任感、崇高的使命感来对待自己的工作；以慈悲之怀、仁爱之心来关心消费者；以良好的信息沟通、真挚的情感传递实现消费者对保险人的价值认同，唤起消费者的购买欲望；以较高的职业修养、精深的专业技术为消费者提供优质服务。保险活动倡导的是爱岗敬业的精神，并通过保险活动向四周传递到其他行业与个人，形成一种文化传承。

（四）和谐社会的理念

保险作为一种市场化的风险转移机制、社会互助机制和社会管理机制，在发挥其经济补偿、资金融通和社会管理功能的过程中，无论是其内含的"利己"与"利他"和谐统一的经济价值观，还是其倡导的崇尚诚信的社会价值观，抑或是其体现的以人为本、互助共济的文化理念，都有助于形成诚信友爱、团结互助、一方有难八方支援的和谐社会理念。保险与和谐社会有着天然的内在联系，在和谐社会建设中可以大有作为。发展经济是构建和谐社会的物质基础，保险可以发挥"经济助推器"的作用；完善社会保障是构建和谐社会的目标之一，保险积极参与的同时要发挥好"社会稳定器"的作用；建立和谐有序的社会关系是构建和谐社会的重要内容，保险可以提供相应的险种参与到社会关系管理中，减少社会矛盾与冲突，保障社会正常运转，发挥"社会润滑剂"作用。

二维码 2-2
2008 年全球
巨灾损失与
保险理赔

二维码 2-3
第二章
练习与思考

二维码 2-4
第二章练习与
思考答案

第三章 保险合同

◇ **学习目标**

知识目标：

1.通过本章学习，了解保险合同与一般经济合同的共性，理解保险合同的特性；

2.了解保险合同的种类与形式，掌握保险合同的要素与基本内容；

3.把握保险合同的订立、生效、履行、变更、终止及争议的处理等相关内容。

能力目标：

1.通过本章学习，熟知与保险经济行为相关的法律知识，明确保险合同的要素与基本内容；

2.能够辨别保险合同的成立与生效，掌握保险合同从订立到终止的过程及保险合同争议的解决技巧，学会运用相关知识与法律条款分析保险案例。

情感目标：

1.通过本章学习，认知保险作为一种经济合同所体现出的法律性特征，充分认识保险合同在维护保险经济行为方面具有的法律严肃性、公正性与科学性；

2.培养守法情操与契约精神。

◇ **学习重点**

1.保险合同的特性；

2.保险合同的基本要素；

3.保险合同的形式；

4.保险合同订立、生效、履行、变更、终止及争议的处理等相关内容。

◇ **本章关键词**

保险合同　保险人　投保人　被保险人　受益人　保险代理人　保险经纪人　保险公估人　保险金额　保险价值

◆ **导入案例**

合同条款用语界定不明起争议[①]

某化肥公司向保险公司投保财产保险基本险,附加机器设备损坏险,保险期限为1年。条款中约定"因物理性爆裂造成的机器设备损失,保险人负责赔偿"。保险单中列明的财产有尿素合成塔,资产原价值为469.6万元。同年9月初,化肥公司在系统停车检修时发现被保险的尿素合成塔外层层板上有明显裂纹,遂通知保险公司,保险公司现场查勘。化肥公司委托锅炉检验所进行检验,检验结果为尿素合成塔报废。尿素合成塔报废后,化肥公司提出索赔申请。但是由于"物理性爆裂"在保险合同中并未明确定义,也缺乏专业解释,于是双方围绕保险公司是否该承担赔偿责任发生纠纷。

■ 思考:
1. 此纠纷究竟应该如何处理?
2. 保险公司应该吸取什么教训?

第一节　保险合同的特征与形式

一、保险合同的概念

保险合同是保险双方(保险人与投保人)之间订立的一种在法律上具有约束力的协议,又称保险契约。保险合同确定了保险双方在保险经济关系中的权利与义务,是一种法律文件,也是一种法律行为。它维护了保险经济行为的法律严肃性、公正性和科学性,对双方都有约束力。[②] 根据《保险法》第十条中的规定,"保险合同是投保人与保险人约定保险权利义务关系的协议",因此,收取保险费是保险人的基本权利,赔偿或给付保险金是保险人的基本

[①] 保险条款缺释义保险人被判败诉[EB/OL].(2021-07-14).https://www.shenlanbao.com/zhishi/10-334094.
[②] 胡炳志,何小伟.保险学[M].2版.北京:中国金融出版社,2013.

义务;缴纳保险费是投保人的基本义务,发生保险事故时请求赔偿或给付保险金是被保险人的基本权利。

保险合同作为保险双方经济与法律关系的凭证,是连接保险人与投保人及被保险人之间权利义务关系的纽带,是规范保险双方行为的直接依据。保险活动的全过程,实际上就是保险双方订立、履行保险合同的过程。保险合同的订立与履行遵循《保险法》《合同法》的有关规范。

二、保险合同的特征

保险合同属于一种经济合同,与一般合同具有共同的法律特征:要求当事人双方必须具有民事行为能力;要求当事人双方的意思必须是表示一致的行为;要求当事人双方的法律地位是平等的;要求当事人双方签订的合同必须是合法的;要遵循平等、自愿、公平、诚信、协商一致等原则。但是保险合同又是一种特殊的经济合同,具有自己的特征。

(一)保险合同具有最大诚信性特征

诚实守信是经济活动普遍遵循的原则,任何合同的签订都以当事人双方的诚信为基础,但是保险合同对诚信的要求更高,要求双方保持最大诚信。一方面,由于保险标的在投保人或被保险人的直接控制之下,投保人比保险人更了解保险标的的风险状况,如果投保人或被保险人有意隐瞒重要事实,对保险标的的风险不做如实的告知,就会影响保险人对风险的判断甚至影响保险人承保决策,最终损害保险人的利益。另一方面,保险条款是保险人单方面拟订的,投保人并不了解合同内容,加上专业知识的欠缺,投保人难以理解保险合同条款,如果保险人不保持最大诚信,也会损害投保人或被保险人的利益。因此,只有保险双方保持最大诚信,才能使保险活动有序进行。

保险合同的最大诚信性特征是由于保险活动比一般的经济活动存在更为突出的信息不对称现象,保险双方都存在着信息优势与信息劣势,当其中一方利用信息优势来损害对方利益时就会阻碍保险合同的顺利履行,因此,我国《保险法》明确规定从事保险活动必须遵循最大诚信原则,并在《保险法》相关条款中明确了违反最大诚信原则的法律后果。

(二)保险合同具有射幸性特征

所谓射幸指的是机会性或偶然性。射幸合同的当事人一方付出代价所获得的只是一种机会,既可能"一本万利",也可能"一无所获"。保险合同履行的结果建立在风险事件可能发生、也可能不发生的基础之上,具有机会性和偶然性。在合同有效期内,对被保险人而言,假如保险标的发生保险事故造成损失,那么被保险人可以从保险人那里得到远远超出其所付保险费的赔偿额;如果保险标的不发生保险事故,那么被保险人付出了保险费却得不到任何的货币补偿。对保险人而言,在保险期内如果发生了保险事故损失,保险人所支付的赔偿金额远大于其收取的保险费,只有在不发生保险事故的情况下,保险人才能在收取保险费之后不用承担保险责任。

保险合同的射幸性特征是由于保险合同约定的风险事故的发生具有偶然性,保险人是否要承担责任取决于偶然的、不确定的风险事故的发生,这一特征在财产保险合同中更能体现。不过,保险合同的射幸性特征是就单个的保险合同而言的。如果就全部承保的保险合同总体来看,保险人收取的纯保险费与被保险人索赔总额是大致相等的。

(三)保险合同具有附和性特征

大多数合同的订立是当事人双方就合同条款进行充分协商后的结果,也称为协商合同。而附和合同是由当事人一方拟订合同的主要内容,另一方只有附和该条款才能成立合同的缔约方式。保险合同就具有这样的特点。由于保险合同的专业知识与专业技术性强,合同的基本条款由保险人一方事先拟订报监管部门审批备案,投保人通常只能依据保险人拟订的条款做出是否订立的选择,而没有对合同内容进行实质性磋商的权利。即使投保人有某种特殊要求,也只能采用保险人事先准备的附加条款作为对原有条款的补充,而不能完全依照投保人的意思做出改变。

保险合同的附和性特征是由于保险合同涉及的条款内容专业性强,保险人拥有丰富的经验和技术,而投保人或被保险人因专业知识的欠缺不了解保险业务,也难对保险条款提出异议。因此,保险人相对于投保人或被保险人存在明显的优势。一旦保险合同中的条款或用语存在歧义引起保险双方纠纷时,法院通常会站在弱势一方,做出有利于被保险人的解释。

(四)保险合同具有双务性特征

合同以当事人取得权益是否需要付出相应对价为标准分为双务合同与单务合同。单务合同只对当事人一方发生权利,对另一方只发生义务,比如赠予合同。双务合同的当事人双方既享有权利又承担义务,且一方享有的权利即为另一方应承担的义务。保险合同属于双务合同,投保人负有缴纳保险费的义务,保险人负有在保险事故发生时赔偿或给付保险金的义务。

与一般双务合同相比,保险合同的双务性又有所不同。一般买卖合同中,买方付款后,卖方应当依照合同约定给付标的物,不存在其他任何条件,双方的义务是确定的,双方的对价关系也非常明确。除法律或合同另有约定外,一方在未先履行自己的义务之前,无权请求对方履行。在保险合同中,投保人的义务是确定的,即一定要缴纳保险费,但保险人并不是对每一个保险合同都负有赔偿或给付保险金的义务,保险人承担保险责任的义务有赖于保险事故的发生与否。因此,可以说保险合同是附有条件的双务合同。

保险合同的双务性特征之所以有别于一般的双务合同,就在于保险合同约定的事件具有不确定性,只有在合同约定的事件发生的前提下,保险人才承担保险责任,从而导致保险人的义务具有不确定性。

二维码 3-1
世界保险
契约溯源

三、保险合同的形式

保险合同要求采用书面形式来确定保险双方的权利和义务,以便于保险关系的规范、审核与管理。保险合同主要包括以下几种形式。

(一)投保单

投保单是投保人向保险人申请订立保险合同的书面要约,也称为要保书。投保单由保险人事先印制出来,主要是保险人需要了解的一些重要事项,即"申明"事项,投保人依照所列项目逐一填写。投保人必须如实填写回答相关事实,保险人则根据投保单的情况判断风险、决定是否承保,以及以什么条件承保。一旦保险人审核后接受并签单就表示保险人同意承保,投保单即成为保险合同的组成部分。

投保单本身不是正式的合同文本或独立的保险合同,但投保单的内容将影响保险合同的效力。如果某项内容在投保单上有记载,在保险单上即使有所遗漏,其效力与记载在保险单上一样。如果投保人在投保单上告知不实,在保险单出立时又不要求修正,保险人可以以投保人未履行如实告知义务、违反诚信原则为由解除保险合同或者在风险事故发生后拒绝承担赔偿责任。

投保单既反映了投保人的告知义务,又体现了保险人承保的依据。但保险实践中有些险种也不一定要有投保单,也可以由投保人口头提出投保要求,提供相关单据和凭证,保险人即可与其订立保险合同。

(二)暂保单

暂保单是正式的保单发出之前由保险人出立给投保人的一种临时凭证,以表示保险人接受投保人的要约同意承保,也称为临时保单。暂保单的内容通常很简单,一般包括投保人和被保险人的姓名、保险标的、保险金额、保险险种等重要事项。暂保单并不是订立保险合同的必经程序,通常只适用于以下几种情况。

第一,保险代理人承揽到保险业务但尚未办妥全部手续之前,可以以暂保单形式给投保人做保障证明。

第二,受经营权限或经营程序的限制,签订保险合同的分支机构在接受投保后,还未获得上级的批准,先出立暂保单给投保人做保障证明。

第三,在洽谈和续订保险合同时,双方已就主要条款达成一致,但还有一些条件需要商讨,在未完全谈妥之前,可先出立暂保单给投保人做保障证明。

第四,保险单是出口贸易结汇时的必备文件之一。在尚未签发保险单或保险凭证之前,可先出立暂保单,以证明出口货物已经办理了保险,作为投保人出口结汇提交的凭证之一。

暂保单具有和正式保单同等的法律效力,但其有效期较短,一般不超过30天。正式保单出立后,暂保单自动失效。保险人在正式出立保单之前,也可以终止暂保单的效力,但必须提前通知投保人。

(三)保险凭证

保险凭证是一种简化了的保险单,虽然它内容简单,但与保险单具有同等的法律效力,也称小保险单。凡是保险凭证上未列明的事项,都以同类保险单或其他文件为准。保险凭证只在少数业务中使用,一般用于以下几种情况。

第一,保险凭证常常用于货物运输保险中,尤其在订立预约保险合同的情况下可以提供便捷服务。订立海洋运输保险合同时,保险人与外贸企业合作,直接在发票上印制保险凭证,并事先加印签章,保险公司印制发票的同时也印制了保险凭证,这样大大简化了单证手续。保险人及时出立保险凭证可为投保人办理结汇提供依据。

第二,机动车辆第三者责任保险中,在正式的保险单以外签发保险凭证,由被保险人随身携带,便于运输途中发生保险事故时处理和查询。

第三,在团体保险中,对参保的每个人也签发一份保险凭证。

(四)保险单

保险单是保险人与投保人签订保险合同的正式书面文件,简称保单。保险单由保险人制作,经保险人签章后交给投保人。保险单上完整地记载着合同双方当事人的权利、义务及责任。保险单记载的内容是合同双方履约的依据。但是,保险单不是保险合同成立的要件,只是保险合同成立的书面凭证。

(五)批单

批单是保险合同签订后,经保险双方当事人协商一致,由保险人对保险合同进行修改、变更或补充的一种书面凭证。根据《保险法》第二十条规定,"投保人和保险人可以协商变更合同内容。变更保险合同的,应当由保险人在保险单或者其他保险凭证上批注或者附贴批单,或者由投保人和保险人订立变更的书面协议"。在保险有效期内,当事人可以就合同内

二维码 3-2
财产保险
合同样本
一般样式

容进行修改,可以直接在原保险合同或保险凭证上进行批注,也可以在原保单上附贴一张变更合同内容的批条,这些批注或批条就是批单。批单也是保险合同的重要组成部分。在法律效力上批单优于保险单,后贴的批单优于先贴的批单。

第二节 保险合同的要素

保险合同的要素包括保险合同的主体、保险合同的客体及保险合同的内容。

一、保险合同的主体

保险合同的主体是指参加保险这一民事法律关系并享有权利、承担义务的法人与自然人。包括保险合同的当事人和关系人。

(一)保险合同的当事人

保险合同的当事人是指直接参与订立保险合同、与保险合同有直接关系的人,包括保险人和投保人。当投保人与被保险人是同一个人时,被保险人也是当事人。保险人和投保人通常被称为保险当事人双方或保险双方。

1. 保险人

根据我国《保险法》第十条的规定,"保险人是指与投保人订立保险合同,并按照合同约定承担赔偿或者给付保险金责任的保险公司"。保险人又称为承保人。保险人有权收取保险费,同时有义务承担保险责任。除了英国的劳合社可以以独立的自然人作为保险承保人之外,世界各国法律一般要求保险人具有法人资格,自然人不能从事保险经营,且只有依照法定程序申请获得批准后,方可在核定允许的范围内经营保险业务。我国《保险法》第六条规定:"保险业务由依照本法设立的保险公司以及法律、行政法规规定的其他保险组织经营,其他单位和个人不得经营保险业务。"我国《保险法》第九十五条有相关规定,"保险人不得兼营人身保险业务和财产保险业务。但是,经营财产保险业务的保险公司经国务院保险监督管理机构批准,可以经营短期健康保险业务和意外伤害保险业务""保险公司应当在国务院保险监督管理机构依法批准的业务范围内从事保险经营活动"。

2. 投保人

根据我国《保险法》第十条的规定,"投保人是指与保险人订立保险合同,并按照合同约定负有支付保险费义务的人",投保人又称为要保人,可以是法人也可以是自然人。作为投保人必须具备以下三个条件。

(1)投保人应具有完全的民事权利能力和民事行为能力,否则订立的保险合同不产生法律效力。因此,未取得法人资格的组织和无行为能力、限制行为能力的自然人都不能成为投保人。民事权利能力是指民事主体依法享有民事权利和承担民事义务的资格。民事行为能力是指民事主体以自己的行为,享有民事权利和承担民事义务的资格或能力。根据我国《民法典》相关规定,年满18周岁的公民具有完全民事行为能力;16周岁以上不满18周岁的公民,以自己的劳动收入为主要生活来源的,视为完全民事行为能力人;不满16周岁的未成年人和虽满16周岁,但不能辨认自己行为的公民,则不具有完全行为能力。法人的民事权利能力始于设立,终于消灭。其民事行为能力与民事权利能力完全一致。

(2)投保人应对保险标的具有保险利益,这是《保险法》对投保人的特殊法律要求。根据我国《保险法》第十二条"人身保险的投保人在保险合同订立时,对被保险人应当具有保险利益""保险利益是指投保人或者被保险人对保险标的具有的法律上承认的利益",以及第三十一条中"订立合同时,投保人对被保险人不具有保险利益的,合同无效"的规定,投保人对保险标的不具有保险利益就不具备投保资格,保险利益是保险合同有效的要件。

(3)投保人应承担缴纳保险费的义务。不论保险合同是为自己的利益订立还是为他人的利益订立,缴纳保险费都是投保人的义务。

(二)保险合同的关系人

保险合同的关系人是与保险合同发生间接关系的人,关系人与保险合同有经济利益关系,但不一定直接参与保险合同的订立。保险合同的关系人包括被保险人和受益人。

1. 被保险人

根据我国《保险法》第十二条中"被保险人是指其财产或者人身受保险合同保障,享有保险金请求权的人。投保人可以为被保险人"的规定,自然人或法人都能成为财产保险的被保险人;人身保险中,被保险人就是生命和身体受合同保障的人,因此人身保险的被保险人只能是自然人。保险合同中一般要将被保险人的名称明确列明。

当投保人为自己的利益投保时,投保人和被保险人是同一个人,此时的被保险人即为保险合同的当事人,这种情况常见于财产保险。当投保人为他人的利益投保时,投保人与被保险人是不同的人,常见于人身保险,此时投保人是保险合同的当事人,被保险人是保险合同的关系人。

被保险人依法拥有自己的权利,依照《保险法》第十二条规定,被保险人的基本权利是享有保险金请求权。保险事故发生后,若被保险人仍然生存,则保险金请求权由被保险人本人来行使。除此之外,被保险人还在影响保险合同效力上享有以下权利:第一,以死亡为给付保险金条件的合同,必须经被保险人同意并认可保险金额,否则合同无效;第二,以死亡为给付保险金条件的保单,必须经被保险人书面同意才可以转让或质押;第三,投保人指定或变更受益人的,必须征得被保险人的同意。

保险合同成立后,被保险人也应承担相应的义务,包括维护保险标的安全的义务、标的危险程度增加的通知义务、保险事故发生时的施救义务以及保险事故发生后的及时通知义务。

2. 受益人

根据《保险法》第十八条"受益人是指人身保险合同中由被保险人或者投保人指定的享有保险金请求权的人。投保人、被保险人可以为受益人"的规定,我国明确将受益人的概念界定在人身保险合同中,是经被保险人或投保人指定,在保险事故发生时享有保险合同规定利益的人,即有权领取保险金的人,也称保险金的受领人。

在保险实务中,应结合我国《保险法》相关规定,对保险受益人及其受益权在以下几个方面进行把握。

第一,受益人的产生问题。根据《保险法》第三十九条规定,"人身保险的受益人由被保险人或者投保人指定";当投保人与被保险人不是同一个人时,"投保人指定受益人时须经被保险人同意";"被保险人为无民事行为能力人或者限制民事行为能力人的,可以由其监护人指定受益人"。

第二,受益人的人数问题。根据《保险法》第四十条规定,"被保险人或者投保人可以指定一人或者数人为受益人。受益人为数人的,被保险人或者投保人可以确定受益顺序和受益份额;未确定受益份额的,受益人按照相等份额享有受益权"。

第三,受益人的资格问题。我国法律对受益人的资格没有限制,指定的受益人一般没什么资格条件要求,也不需要与被保险人有保险利益,法人、自然人都可以,自然人中,未成年人、精神病人、完全无行为能力人也可以。但是当投保人为与其有劳动关系的劳动者投保人身保险时,《保险法》第三十九条第二款明确规定"不得指定被保险人及其近亲属以外的人为受益人"。

第四,受益人的变更问题。按照能否撤销,受益人可以分为可撤销受益人和不可撤销受益人。对于后一种形式,被保险人和投保人不能变更受益人,除非得到原受益人的同意。对于可撤销的受益人,可随时撤销或更换。根据《保险法》第四十一条的规定,对受益人的变更无须保险人的同意,但是被保险人或投保人要书面通知保险人,保险人收到变更受益人的书面通知后,在保险单上或保险凭证上批注或者附贴批单。投保人变更受益人须经过被保险人的同意。被保险人对指定或变更受益人具有最终决定权。

第五,受益权能否继承的问题。受益权只能由受益人独享,受益权不能继承。受益人死亡,该受益人享有的受益权自然终止。受益权不能继承的原因就在于受益权仅仅是一种"期待权",受益权实现的前提是被保险人发生了保险事故。在被保险人发生保险事故之前,受益人的受益权有可能被被保险人撤销,受益权处于不确定状态,它不是一种已实现了的既得权,因而不可继承。

第六,受益权的丧失问题。《保险法》第四十三条第二款对受益人丧失受益权做了进一步规定,"受益人故意造成被保险人死亡、伤残、疾病的,或者故意杀害被保险人未遂的,该受益人丧失受益权。"《保险法》第四十二条规定,"受益人与被保险人在同一事件中死亡,且不能确定死亡先后顺序的,推定受益人死亡在先",此时受益人的受益权丧失。

第七,保险金能否作为被保险人的遗产来处理的问题。受益人根据保险合同领取的保险金是原始取得,具有排他性,不属于被保险人的遗产。根据《保险法》第四十二条规定,当被保险人没有指定受益人,或受益人指定不明确,当受益人死于被保险人之前而没有其他受益人,或者当受益人依法丧失受益权、放弃受益权而没有其他受益人时,这时的保险金就作为被保险人的遗产,由被保险人的法定继承人来继承,保险金按《继承法》分配。

◇ **同步案例3-1**

受益人指定不明引纠纷①

【案情】

新婚不久的张某,在一次交通事故中不幸身故。在悲痛之际,张家因保单还引起了一场婆媳间的纠纷。张某结婚前,母亲田某让儿子买了保额为15万元的一份终身寿险,"受益人"一栏中填写"法定"二字。两年后,张某和相恋多年的女友何某结婚。谁想天有不测风云,张某不幸身故。事后,母亲想起儿子婚前的15万元保额的终身寿险,便向保险公司索赔。其间,儿媳也向保险公司索要保险金。母亲田某认为,保险是在儿子单身时买的,那时的法定受益人应该是自己,所以应获得全额的赔付;张某的妻子何某则认为,妻子是丈夫的合法继承人,保险的赔付金额理应有自己的份额。双方争执不下,分歧越来越大。

【思考】

案例中的保险金究竟该如何处理呢?

---

① "受益人"不明,婆媳起争议[EB/OL](2005-11-03) http://finance.ce.cn/insurance/main/life/alzj/200606/14/t20060614_7342750.shtml.

【分析】

《保险法》第四十二条规定：被保险人死亡后，没有指定受益人或指定受益人不明确的，保险金作为被保险人的遗产，由保险人依照《继承法》的规定履行给付保险金的义务。本案中，张某身故时保单上的"受益人"栏是"法定"，属于受益人指定不明确，因此这笔保险金应作为被保险人张某的遗产来处理。

根据《继承法》规定，被保险人遗产先由第一顺序法定继承人继承，没有第一顺序法定继承人情况下，由第二顺序法定继承人继承。第一顺序的法定继承人即配偶、子女、父母；第二顺序的法定继承人则为兄弟姐妹、祖父母、外祖父母。很显然，一个是母亲，一个是妻子，田某和何某都是第一顺序法定继承人，享有同等的继承权。因此，这笔15万元的保险金，双方各得7.5万元。

◇ 知识链接3-1

受益权与继承权的区别

1. 适用的法律不同

保险金受益权属于合同法范畴，受《保险法》约束；继承权属于民法范畴，受《继承法》约束。

2. 享受权利的主体不同

享受保险受益权的主体是受益人；享受继承权的主体是继承人。

3. 权利人产生的方法不同

受益人经被保险人或投保人指定产生；继承人是依法继承或依遗嘱继承。

4. 权利人的义务不同

受益人享受的是原始取得保险金，具有排他性，保险金不是遗产，没有用其偿还被保险人生前债务的义务，也不用缴纳遗产税；继承人享有的是对遗产的继承、是分割取得，需要缴纳遗产税，且有在其遗产继承范围内为被保险人偿还债务的义务。

（三）保险中介

保险实务中，保险合同的签订和履行往往还借助其他一些自然人或法人来实现，包括保险代理人、保险经纪人和保险公估人，这三类人统称保险中介。保险中介对保险合同的订立和履行有一定的影响,但他们不能享有保险合同中的权利,也不承担合同中的义务,因此他们不是保险合同的主体,而是保险合同的辅助人或中间人。

1. 保险代理人

根据《保险法》第一百一十七条,"保险代理人是根据保险人的委托,向保险人收取佣金,并在保险人授权的范围内代为办理保险业务的机构或者个人"。保险代理人代表着保险人的利益,《保险法》第一百二十七条规定:"保险代理人根据保险人的授权代为办理保险业务的行为,由保险人承担责任。保险代理人没有代理权、超越代理权或者代理权终止后以保险人名义订立合同,使投保人有理由相信其有代理权的,该代理行为有效。保险人可以依法追究越权的保险代理人的责任。"

保险代理人包括保险专业代理机构、保险兼业代理机构和个人保险代理人。保险专业代理机构是指专门从事保险代理业务的保险专业代理机构;保险兼业代理机构是指兼营保险代理业务的保险兼业代理机构。个人保险代理人、保险代理机构的代理从业人员应当品行良好,具有从事保险代理业务的专业能力。《保险法》第一百二十五条还规定"个人保险代理人在代为办理人寿保险业务时,不得同时接受两个以上保险人的委托"。保险人委托保险代理人代为办理保险业务,应当与保险代理人签订委托代理协议,依法约定双方的权利和义务。

二维码 3-3
独立个人代理人制度对寿险业的影响有多大?

2. 保险经纪人

保险经纪人是基于投保人的利益,为投保人与保险人订立保险合同提供中介服务,并依法收取佣金的单位。保险经纪人的服务内容主要包括:为客户进行风险评估、选择合适的保险公司、代办投保手续、协助索赔等。保险经纪人虽是投保人的代表,但是在保险经纪人辅助下签订的保险合同也意味着推销了一份保险,其佣金由保险公司支付。保险经纪人因过错给投保人、被保险人造成损失的,依法承担赔偿责任。

依照我国现行法律,保险经纪人只能是依法设立的机构,即保险经纪公司。设立保险经纪公司应当符合保险监管机关规定的资格条件,取得业务许可证,领取营业执照,缴存保证金或投保职业责任保险,其高级管理人员应品行良好,熟悉保险法律、行政法规,具备履职能力和资格,其从业人员应品行良好,具备应有的专业能力。

3. 保险公估人

保险公估人是接受保险当事人的委托,为其办理保险标的的查勘、鉴定、估损等并给予证明,向委托方收取劳务费的人。保险公估人不代表任何一方的利益,完全站在中立的立场提供中介服务。在我国设立保险公估机构,应当符合保险监管机关规定的资格条件,取得业务许可证。保险公估人可以接受保险人委托,也可以接受投保人或被保险人委托,接受委托对保险事故进行评估和鉴定的机构和人员,应当依法、独立、客观、公正地进行评估和鉴定,任何单位和个人不得干涉。保险公估人因故意或者过失给保险人或者被保险人造成损失的,依法承担赔偿责任。保险代理人、保险经纪人、保险公估人在代表的利益方、法律责任、服务对象、服务内容等方面的比较,如表3-1所示。

表 3-1　保险代理人、保险经纪人、保险公估人之间的比较

名称	代表的利益方	承担的法律责任	服务对象	服务内容	佣金收取
保险代理人	代表保险人	保险授权范围的责任由保险人承担	主要是个人	主要代销保险、代收保费	保险人支付佣金
保险经纪人	代表投保人	自己依法承担相应责任	主要是企业、项目或中高端消费人群	风险咨询、保险安排、协助索赔与追偿	保险人支付佣金,咨询人支付咨询费
保险公估人	中立	自己依法承担相应责任	保险公司、投保人或被保险人	办理保险标的的查勘、鉴定、估损及理赔	委托人支付佣金

二、保险合同的客体

保险合同的客体是保险合同双方当事人的权利、义务所共同指向的对象——保险标的的经济利益,即保险利益。保险利益是指投保人或被保险人对保险标的所具有的法律上承认的利益。保险合同所保障的不是保险合同本身,也不是保险标的本身,而是基于保险标的所产生的保险利益。保险人并不能保证保险标的不发生损害,而是在损害发生之后,根据投保人或被保险人对保险标的具有的保险利益提供经济上的补偿或者给付保险金。而且,在财产保险中,有时尽管保险标的仍存在,但保险利益的丧失会导致保险合同失效。所以,保险合同的客体应该是保险利益。

三、保险合同的内容

保险合同的内容是指以保险合同双方权利义务为核心的保险合同的全部记载事项,包括合同当事人和关系人的名称和住所、保险标的、保险金额、保险价值、保险责任与责任免除、保险期限、保险费、保险赔偿方式、违约责任和争议处理等。保险合同一般都是依照保险人预先拟订的保险条款订立的,因此以上事项以条款形式表现,保险合同的内容就是全部保险条款。

保险条款是记载保险合同内容的条文、款目,是保险合同双方享受权利与承担义务的主要依据,一般事先印制在保险单上。保险条款分为基本条款和特约条款。

1. 基本条款

基本条款又称法定条款,是指法律规定保险必须具备的条款,我国《保险法》第十八条规定了以下保险合同的必备事项。

(1)保险人的名称和住所。保险人的名称、地址一般印在保险合同上。

(2)投保人、被保险人的名称和住所,以及人身保险的受益人的姓名或者名称、住所。明确保险双方当事人的名称、住所是履行保险合同的前提。

(3)保险标的。保险标的是指作为保险对象的财产及其有关利益或者人的寿命和身体,它是保险利益的载体,是保险合同保障的对象。

(4)保险责任和责任免除。保险责任是指保险合同约定的保险事故发生后保险人应承担的保险金赔偿或给付责任。保险人并非对表现保险标的的所有风险都承保,而是仅对合同约定的风险事故承担责任。责任免除也称除外责任,是指保险人依照法律规定或者合同约定,不承担保险责任的范围,是对保险责任风险的限制。

(5)保险期间和保险责任开始时间。保险期间又称保险期限,是指保险人承担保险责任的有效期间,是保险双方当事人享受权利和履行义务的起讫时间。保险期内发生保险事故,保险人才承担保险责任。保险期间的确定方式有三种:一种是按时间计算,大多数保险期间采用此种方式;第二种是按航程计算,比如货物运输保险;第三种是按工期计算,比如工程保险。保险责任开始时间是指保险人开始承担保险责任的时间。我国保险实务中,一般从订立保险合同的次日零时起为保险责任开始时间,以合同期满日的 24 时为保险责任终止时间。在某些特定险种中(如健康保险),会规定一个"等待期","等待期"满了保险责任才开始,"等待期"内发生的事故保险人不承担责任。

(6)保险金额。保险金额简称保额,是投保人对保险标的实际投保的金额,是保险人承担赔偿或给付保险金的最高限额,也是保险人计算保险费的依据。财产保险中保险金额不得超过保险标的的价值,超过的部分无效。保险价值是指财产保险中合同当事人双方约定并记载于合同中的保险标的的价值。

(7)保险费以及支付办法。保险费简称保费,是指投保人为取得保险保障而缴纳给保险人的费用。保险费的计算以保险金额为基础,即保险金额与保险费率的乘积。保险费率是投保人购买保险产品的价格,以单位保险金额应缴纳的保险费为标准,一般以千分率或百分率来表示,保险费的支付方式有趸缴、分期缴费、限期缴费等多种方式。

(8)保险金赔偿或者给付办法。这是在保险期内发生了保险合同约定的事故(简称保险事故),保险人对被保险人应给予的赔偿金额或给付金额。保险合同一般约定赔偿或给付保险金的计算方法。

(9)违约责任和争议处理。违约责任是指保险合同当事人因其过错不履行或不完全履行合同约定的义务所应承担的法律后果。争议处理是指保险合同发生争议后的解决方式,包括协商、仲裁和诉讼。具体采用哪种方式可由当事人双方在合同中事先约定或在争议发生后协商确定。

(10)订立合同的年、月、日。合同上载明订立合同的日期对于认定合同成立的时间、判断保险利益的存在以及认定保险责任都具有重要意义,因此,必须在合同上明确记载。

2. 特约条款

特约条款是指投保人和保险人在保险合同的基本条款之外,就保险有关的其他事项做出约定的条款。它是由投保人和保险人根据实际情况和需要商定而确立的条款。广义上包括保证条款、附加条款和协会条款。

(1)保证条款。保证条款是指投保人或被保险人就特定事项担保某种行为或事实的真实性的条款。保证条款一般由法律规定或者保险业协会制定,投保人或被保险人必须遵守,否则,保险人有权解除合同或拒绝赔偿。

(2)附加条款。附加条款是指保险合同当事人在基本条款的基础上另行约定的补充条款,主要用于对基本条款做出修改或变更,其效力优于基本条款。

(3)协会条款。协会条款是指保险同业协会根据需要协商约定的条款。目前仅存于海上保险合同中。英国伦敦保险人协会编制的船舶和货物保险条款就是协会条款,其在国际上具有相当大的影响力。

第三节 保险合同的订立与生效

一、保险合同的订立

（一）保险合同订立的程序

保险合同的订立是指保险人与投保人在平等自愿的基础上，经过协商就保险合同的主要条款最终达成协议的法律行为。任何合同的订立一般都要经过要约和承诺两个阶段，保险合同也是如此。

1. 要约

要约也叫定约提议或要保，是合同当事人一方向另一方提议订立合同的一种法律行为。提出要约的一方为要约人，另一方为被要约人。一个有效的要约通常具备以下几个条件：合同的主要内容明确；有明确的定约愿望表示；在要约有效期内对要约人具有约束力。

保险实务中，保险合同的要约通常由投保人提出，保险公司业务员向投保人推销保险的行为只能视为发出的要约邀请，提出要约的实质上是投保人。投保人填写投保单递交给保险公司或其代理人的行为就是向保险人提出投保申请，通常被视为要约行为。所以保险活动的要约人一般是投保人，接受要约的保险人是被要约人。

与一般合同的要约内容相比，保险合同要约的内容更为具体和明确，因为保险合同的不确定性和保障性特点，决定了其内容关系到当事人的重大经济利益，保险双方都需要明确合同的细节内容。保险合同要约的专业性强，保险实务中是由保险人以投保单形式事先印制，提供给投保人填写。投保人有特殊要求的，也可以与保险公司协商，约定特约条款。

2. 承诺

承诺就是接受定约提议，是指当事人一方同意另一方的要约而做出的意思表示，是被要约人对要约人提出的要约内容完全接受的意思表示。做出承诺的人称为承诺人或受约人。承诺有效应具备以下几个条件：承诺是不附带任何条件的；承诺必须由受约人本人或其合法的代理人做出;承诺必须在要约有效期内做出。

保险实务中,保险合同的承诺通常称为承保,由保险人或其代理人做出承诺。保险人收到投保人递交的投保单之后,对投保单上的事项逐一进行审核,特别是有关保险标的风险状况的事项,这是保险人进行风险选择的过程,保险人认为保险标的符合承保的要求,在投保单上签字盖章的行为构成承诺,保险合同即宣告成立。承诺是完全接受要约人的建议,若对要约内容无法完全接受,只能部分同意或有条件地接受,并对要约的内容进行了实质性的修改,则不能认为是承诺,而是承诺人提出的一项新要约或称反要约。投保人和保险人通过不断的要约与反要约,就保险合同达成最终的一致。

(二)保险合同的成立

保险合同的成立是指投保人与保险人就保险合同条款达成协议,即经过要约人的要约和被要约人的承诺,保险合同即成立。《保险法》第十三条规定:"投保人提出保险要求,经保险人同意承保,保险合同成立。保险人应当及时向投保人签发保险单或者其他保险凭证。保险单或者其他保险凭证应当载明当事人双方约定的合同内容。当事人也可以约定采用其他书面形式载明合同内容。"因此,依照保险合同订立的程序,一旦完成投保人提出要约和保险人承诺承保两个过程,就意味着保险双方的意思表示一致,保险合同依法依约成立。由此可见,保险单的签发并非保险合同成立的必要条件,而是保险合同成立后保险人的义务,是保险合同成立的充分证明。根据《保险法》第十四条规定"保险合同成立后,投保人按照约定交付保险费,保险人按照约定的时间开始承担保险责任",投保人缴纳保险费是保险合同成立后投保人的义务,并非保险合同成立的必要条件。

◇ 同步案例3-2

交费后出单前,财产受损索赔案[①]

【案情】

2000年5月20日,张某向保险公司代理人购买了一份"家庭财产综合保险",并附加了盗窃险、家用电器用电安全保险,保险总金额69万元,期限一年。张某填写好投保单之后,当即支付给代理人1095元保险费,代理人出具保费收据。由于当日(5月20日)和第二日(5月21日)是双休日,代理人在收下保费后口头答应在5月22日下午将保单送给张某,张某表示同意。

天有不测风云,就在5月22日这一天的上午,张某居住地上空突然电闪雷鸣,且伴有大暴雨,雷击造成张某家电器损坏,损失达3500元。当天下午,张某即刻报案并以被保险人身份向保险公司提出索赔。

---

① 缴费后出单前财产受损索赔案[EB/OL].(2009-03-28).https://china.findlaw.cn/ask/question_950842.html.

【思考】

张某与保险公司的保险合同是否已成立？保险公司是否应承担损失赔偿？

【分析】

关于第一个问题，张某与保险公司的保险合同已经成立。张某填写了投保单并缴纳了保险费，保险代理人也出具了保费收据，双方意思达成一致，要约与承诺过程完成，因此保险合同成立。关于第二个问题，根据《保险法》规定，保险合同成立后，保险人应尽快出立保险单，保险单是保险双方权利义务关系订立的凭证，但并非保险合同成立的必要条件。本案中虽然保险单未送达张某，但是不能因此否定保险合同已经成立的事实。雷击造成张某家电器损坏属于家庭财产保险的承保责任，且是在保险期内发生的事故，因此保险公司应该赔偿张某的实际损失。

二、保险合同的生效

（一）保险合同的生效

保险合同的生效是指保险合同对当事人双方发生约束力，即合同条款产生法律效力。保险合同的成立并不意味保险合同的生效。根据我国《保险法》第十三条规定，"依法成立的保险合同，自成立时生效。投保人和保险人可以对合同的效力约定附条件或者附期限"，一般情况下，如果双方当事人没有约定保险合同生效的条件或时间以及保险责任开始的时间，通常是保险合同成立时即生效。但是保险合同多为附条件的合同，如果保险合同约定以缴纳保险费为合同生效的条件，那么保险合同就从投保人缴纳保险费的时间开始生效，这时，保险合同在合同成立后满足约定的生效条件才开始生效。我国保险实务中，保险合同的生效起始时间通常采用"零时起保"方式确定，即在订立合同之日的次日零时开始生效。保险合同生效后，合同当事人都受合同条款约束。

保险合同生效后保险责任才开始。保险责任开始时间与保险合同生效时间可能一致，也可能不一致。如果投保人与保险人约定了保险责任开始的时间，那么即使保险合同成立且生效了，但保险责任并未开始，保险责任开始前发生的保险事故，保险人也不承担责任。如果双方未约定保险责任开始的时间，一般是合同一旦生效，保险责任就开始。

（二）保险合同的法律效力

1. 保险合同的有效

保险合同的有效是指投保人和保险人双方依法订立保险合同，并受到法律的保护。合同的有效不等于合同的生效，合同有效是合同生效的必要条件。只有在保险合同有效的前提下，合同所附的条件成立，保险合同才能生效。如果保险合同是无效合同，那就绝不可能生效。

有效的保险合同应具备以下条件：一是保险合同主体必须具有合同资格，即保险双方必须具备法律所规定的主体资格；二是当事人双方经协商意思表示一致、真实；三是保险合同内容合法。

2. 保险合同的无效

保险合同的无效是指保险双方尽管订立了保险合同，但是不受法律承认和保护，一开始就不产生法律效力。以下情况会导致保险合同无效。

（1）保险合同当事人不具有行为能力。

（2）保险合同的内容不合法。

（3）保险合同的当事人意思表示不真实。

（4）保险合同违反国家利益和社会公共利益。

（5）未成年人父母以外的投保人，为无民事行为能力人订立的以死亡为保险金给付条件的保险合同。

（6）以死亡为给付保险金条件的保险合同，未经被保险人书面同意并认可保险金额者。

保险合同的无效分为全部无效和部分无效。全部无效是指约定的全部权利和义务自始不产生法律效力。比如，投保人对保险标的不具有保险利益、违反国家利益和社会利益、保险标的不合法的保险合同等都属于全部无效的保险合同。部分无效是指合同某些条款的内容无效，但其他部分仍然有效。比如，善意的超额保险中的超额部分无效，保险金额内的部分有效。

第四节　保险合同的履行、中止与复效

一、保险合同的履行

保险合同的履行是指双方当事人依法全面完成合同义务的行为或过程。当事人在享有权利的同时必须承担相应的义务，且当事人权利的实现又以对方履行相应的义务为前提。

（一）投保方的权利与义务履行

1. 投保方的权利

投保方的权利主要包括保险条款知晓权、解约权和保险金请求权。

保险是一种特殊的无形商品，其价值与使用价值无法直观体现，保险双方的权利义务都是以保险条款来约定，由于保险条款的专业性、技术性和法律性很强，投保方自身存在理解上的难度，为保护投保方的利益，须赋予投保方对保险条款的知晓权，作为制定保险条款一方的保险人有义务帮助投保方了解保险条款。我国《保险法》第十七条明确规定，订立保险合同时，保险人不但要在投保单附上格式条款，还应向投保人说明合同的内容，保险合同中若有免除保险人义务的条款，保险人要提示投保人注意并向投保人做出明确说明。

◇ 知识链接3-2

保险消费者的知情权[①]

2015年11月13日，国务院办公厅发布了《关于加强金融消费者权益保护工作的指导意见》，明确了金融机构消费者权益保护工作的行为规范，要求金融机构充分尊重并自觉保障金融消费者的财产安全权、知情权、自主选择权、公平交易权、依法求偿权、受教育权、受尊重权、信息安全权等基本权利，依法、合规开展经营活动。

---

① 3·15金融消费者的八项基本权利[EB/OL].(2021-03-16). https://www.163.com/dy/article/G57N5GUU0534B96Q.html.

关于知情权的规定如下：金融机构应当以通俗易懂的语言，及时、真实、准确、全面地向金融消费者披露可能影响其决策的信息，充分提示风险，不得发布夸大产品收益、掩饰产品风险等欺诈信息，不得做虚假或引人误解的宣传。

◇ 同步案例3-3

投保前充分了解产品，有效维护自身知情权[①]

2010年，投保人王先生通过在保险公司工作的姑姑，为自己和家人投保了多份保险。近期，王先生到保险公司客服大厅，表示投保时是通过姑姑办理的投保手续，虽然当时她详细介绍了保险产品，但自己出于对姑姑的信任，并没有认真听，也没有仔细看保险条款，对保险责任等一知半解，本想着未来有问题可以直接向姑姑咨询，但现在姑姑已经退休，自己不想打扰她，希望保险公司能再向自己详细介绍一下投保保险的相关信息。

保险公司工作人员帮王先生详细梳理了他投保的所有保险，并一一进行讲解，同时告知王先生保险公司已经为其分配了新的服务人员，有关于保险方面的问题可以随时与其联系，或是拨打保险公司的客服热线进行咨询。

保险合同签订之后投保方可以中途解除保险合同。《保险法》第十五条赋予了投保人的合同解约权，"保险合同成立后，投保人可以解除合同，保险人不得解除合同"。但是《保险法》第五十条同时规定："货物运输保险合同和运输工具航程保险合同，保险责任开始后，合同当事人不得解除合同。"

保险合同履行期间，若发生了保险事故，投保方有权行使保险金请求权，保险公司应履行赔偿或给付保险金责任。保险金请求权是投保人、被保险人或受益人依照合同享受保险经济补偿的基本权利，且人寿保险保险金的请求权自被保险人或受益人知道或应该知道保险事故发生之日起5年内行使有效；人寿保险以外的保险金请求权，自其知道或应当知道保险事故发生之日起2年内行使有效。

📈 2. 投保方的义务

投保方的义务包括如实告知义务、缴纳保险费义务、及时通知义务、防灾减损义务、施救

[①] 以案说险 | 投保前充分了解产品，有效维护自身知情权[EB/OL].（2021-07-29）. https://www.sxdaily.com.cn/2021-07/29/content_9158510.html.

义务、提供证明和资料义务等。

如实告知是指投保人应履行的基本义务。《保险法》第十六条明确规定"订立保险合同,保险人就保险标的或者被保险人的有关情况提出询问的,投保人应当如实告知"。投保人只有如实告知,保险人才能正确判断风险与确定是否承保及承保的条件,这也是保险人实现其权利的基本条件。

缴纳保险费是投保人的法定义务,也是被保险人或受益人取得保险合同权利的对价。投保人必须按照约定的时间、地点和方式缴纳保险费。

保险合同履行过程中,投保人也有及时通知义务。一是"危险增加"的通知义务,《保险法》第五十二条有规定"在合同有效期内,保险标的的危险程度显著增加的,被保险人应当按照合同约定及时通知保险人,保险人可以按照合同约定增加保险费或者解除合同";"被保险人未履行前款规定的通知义务的,因保险标的的危险程度显著增加而发生的保险事故,保险人不承担赔偿保险金的责任"。二是保险事故发生的通知义务,保险事故发生后,投保人、被保险人或受益人应及时通知保险人,以便保险人调查事故原因、确定事故责任与及时理赔,同时也是被保险人或受益人获得保险理赔的必要条件。《保险法》第二十一条规定:"投保人、被保险人或者受益人知道保险事故发生后,应当及时通知保险人。故意或者因重大过失未及时通知,致使保险事故的性质、原因、损失程度等难以确定的,保险人对无法确定的部分,不承担赔偿或者给付保险金的责任,但保险人通过其他途径已经及时知道或者应当及时知道保险事故发生的除外。"

◇ **同步案例3-4**

被保险人未履行及时通知义务遭保险公司拒赔[①]

【案情】

邱某出差回家后发现家庭财产被盗,迅速到派出所报案。经公安人员现场查看,被盗财物包括家用电器、现金、衣物,价值10万多元。10多天后此案还未告破,这时邱某想起自己向某保险公司投保了家庭财产保险。他急匆匆手持保险单到保险公司索赔,但保险公司以出险后被保险人未及时通知为由拒赔。

【分析】

《保险法》第二十一条明确规定,被保险人在发生保险事故后有及时通知义务,这里的及时通知是指被保险人应尽快通知保险人,以便及时到现场勘查、调查事故原因、判定事故责任、确定事故损失,以免证据灭失难以确定保险责任。及时通知是被保险人应尽的义务,如果被保险人没有履行此项义务,保险公司可以不承担责任。及时通知也便于保险人及时采取措施协助被保险人处理事故、减少损失。本案邱某在案发10多天后才通知保险公司,违反了《保险法》规定的出险通知义务。家庭财产保险条款中也规定:

---

① 张洪涛,王国良.财产保险案例分析[M].北京:中国人民大学出版社,2006.

> 知道保险事故发生后,被保险人应该及时通知保险人,并书面说明事故发生的原因、经过和损失情况;故意或者因重大过失未及时通知,致使保险事故的性质、原因、损失程度等难以确定的,保险人对无法确定的部分,不承担赔偿保险金的责任。

保险合同履行期间,财产保险的被保险人有防灾减损的义务。《保险法》第五十一条规定,"被保险人应当遵守国家有关消防、安全、生产操作、劳动保护等方面的规定,维护保险标的的安全";"投保人、被保险人未按照约定履行其对保险标的的安全应尽责任的,保险人有权要求增加保险费或者解除合同"。

保险事故发生时被保险人有施救义务。《保险法》第五十七条规定:"保险事故发生时,被保险人应当尽力采取必要的措施,防止或者减少损失。保险事故发生后,被保险人为防止或者减少保险标的的损失所支付的必要的、合理的费用,由保险人承担;保险人所承担的费用数额在保险标的损失赔偿金额以外另行计算,最高不得超过保险金额。"

保险事故发生后,投保人、被保险人或受益人有提供证明和资料的义务。《保险法》第二十二条规定:"保险事故发生后,按照保险合同请求保险人赔偿或者给付保险金时,投保人、被保险人或者受益人应当向保险人提供其所能提供的与确认保险事故的性质、原因、损失程度等有关的证明和资料"。这些证明和资料是保险人判断保险责任和赔偿金额的重要依据。

(二)保险人的权利与义务履行

 1. 保险人的权利

保险人的权利与投保方的义务是对应的,保险人权利的实现建立在投保方履行义务的基础上。保险人的权利包括收取保险费、合同解除权、增加保险费的权利以及不承担赔偿责任的权利。

 2. 保险人的义务

保险人的义务主要包括说明义务、及时签单义务、保密义务、履行赔偿或给付保险金义务等。

保险人有说明义务。保险人在订立保险合同时,有义务向投保人说明保险合同条款内容,保险人的说明义务与投保方的保险条款知晓权是对应的。

保险人有及时签单义务。保险双方的意思达成一致则保险合同成立,此时保险人应及时向投保人出立保险单,这是保险人的法定义务。《保险法》第十三条规定:"投保人提出保险要求,经保险人同意承保,保险合同成立。保险人应当及时向投保人签发保险单或者其他保险凭证"。

保险人有保密义务。保险人办理业务中所了解的投保人、被保险人的基本情况属于商业秘密或个人隐私,保险人负有保密的义务,这是对投保人、被保险人的合法利益进行保护的要求。

保险人有履行赔偿或给付保险金义务。投保人或被保险人缴纳保险费签订保险合同的目的就是转移风险,发生保险事故时获得保险金的赔偿或给付。因此,履行赔偿或给付保险金是保险人依照法律规定和合同约定所应承担的最重要、最基本的义务。

二、保险合同的中止与复效

保险合同的中止是指保险合同成立生效后,可能因某种原因而暂时中止,合同暂时失去法律效力,这种情形称为保险合同的中止。比如人寿保险中投保人未能按时缴纳保险费,保险合同的效力由此中断。在此期间,如果发生保险事故,保险人不承担保险责任。我国《保险法》第三十六条规定:"合同约定分期支付保险费,投保人支付首期保险费后,除合同另有约定外,投保人自保险人催告之日起超过三十日未支付当期保险费,或者超过约定的期限六十日未支付当期保险费的,合同效力中止,或者由保险人按照合同约定的条件减少保险金额。"

保险合同的复效是指保险合同效力中止日开始2年内投保人可以向保险人申请恢复效力。我国《保险法》第三十七条规定:"合同效力依照本法第三十六条规定中止的,经保险人与投保人协商并达成协议,在投保人补交保险费后,合同效力恢复。但是,自合同效力中止之日起满二年双方未达成协议的,保险人有权解除合同。"可见,中止效力的保险合同,投保人可以提出申请,经保险人与投保人协商并达成协议,合同的效力可以恢复。不过,申请复效有期限的限制,超过规定的期限,保险双方未达成复效协议的,保险人可以解除合同。此外,申请复效时投保人应提出复效的正式申请,被保险人应符合投保要求,并补交所欠的保险费及利息。

第五节 保险合同的变更、解除与终止

一、保险合同的变更

依法成立的保险合同对当事人双方具有法律约束力,双方必须全面履行合同规定的义务,不得擅自变更或解除合同。但是在保险合同存续期间,主观与客观情况会发生变化,当事人根据情况的变化,按照法律规定的条件和程序,可以对保险合同的某些条款或事项进行修改或补充,这便是保险合同的变更。根据我国《保险法》第二十条规定,在保险合同有效期内,投保人和保险人经协商,可以变更保险合同的有关内容。保险合同的变更主要包括主体的变更和内容的变更。

（一）保险合同主体的变更

保险合同主体的变更是指保险人、投保人、被保险人以及受益人的变更。

保险人的变更,是指保险公司因破产、解散、合并、分立而发生的变更,经国家保险管理机关批准,将其所承担的全部保险合同责任转移给其他保险人或政府有关基金承担。一般来讲,保险合同主体的变更主要是指投保人、被保险人的变更,而不是保险人的变更。

1. 财产保险中投保人、被保险人的变更

财产保险中,由于保险标的的买卖、转让、继承等法律行为而引起保险标的所有权的转移,从而引起投保人或被保险人的变更(财产保险中,投保人、被保险人往往是同一个人)。这实际上就涉及保单的转让问题。因此,财产保险中保险合同主体的变更通常又称为保险合同的转让。由于保险合同的主要形式是保单,因此,这种变更在习惯上又称为保单的转让。

关于保单转让的程序,有两种国际惯例。

(1)保单的转让必须得到保险人的同意。如果要继续保持保险合同的有效性,被保险人必须在保险标的的所有权转让时,事先书面通知保险人,经保险人同意,并对保单批注后方可有效。否则,保险合同从保险标的的所有权转移时即终止。对于大多数财产保险合同而言,由于保险单不是保险标的的附属物,保险标的的所有权转移后,新的财产所有人是否符合保险人的承保条件,需要经过保险人的审核,才能决定保单能否转让给新的财产所有人。如果新的财产所有人完全不符合保险人的承保条件,那么保险人有权拒绝保险单的转让。所以,保险单不能随保险标的的所有权的转移而自动转让。

在我国保险实务中,多年采用上述做法。但是,新修订的《保险法》对此进行了更改。《保险法》第四十九条规定:"保险标的的转让的,保险标的的受让人承继被保险人的权利和义务","保险标的的转让的,被保险人或者受让人应当及时通知保险人","因保险标的的转让导致危险程度显著增加的,保险人自收到前款规定的通知之日起三十日内,可以按照合同约定增加保险费或者解除合同。保险人解除合同的,应当将已收取的保险费,按照合同约定扣除自保险责任开始之日起至合同解除之日止应收的部分后,退还投保人","被保险人、受让人未履行本条第二款规定的通知义务的,因转让导致保险标的的危险程度显著增加而发生的保险事故,保险人不承担赔偿保险金的责任"。

(2)允许保单随着保险标的的转让而自动转移,不需要征得保险人的同意,保险合同继续有效。货物运输保险合同属于这种情况。我国《保险法》第四十九条也有相关规定"保险标的的转让的,被保险人或者受让人应当及时通知保险人,但货物运输保险合同和另有约定的合同除外"。

◇ **知识链接3-3**

货物运输保险合同可以背书转让

　　货物运输保险是对处于运输中的货物因自然灾害或意外事故发生而遭受的损失提供经济补偿的保险。运输中的货物不仅流动性大、路途遥远，而且一般情况下在他处易主时很难事先通知保险人；同时货物在运输过程中处于承运人的控制下，这时保险标的所面临的风险与被保险人没有直接的关系，而货物所有权可能会随着货物运输过程中提单的转移屡次发生转移，保险利益也随之转移，最终才到达买方，如果每次被保险人的变更都需经过保险人同意，不仅手续烦琐，而且影响货物流通，因此，为方便合同当事人的交易，国际惯例是只要保险合同没有另做规定，货物运输保险的保险单可以随货物物权的转移而背书转让，投保人不需要通知保险人，也不需要征得保险人同意。

2. 人身保险中投保人、被保险人、受益人的变更

　　人身保险中，投保人、被保险人、受益人经常不是同一个人，因此，人身保险中保险主体的变更有别于财产保险。

　　一般地讲，人身保险合同的保险标的是被保险人的生命或身体，因此不能变更被保险人。所以人身保险合同主体的变更主要涉及投保人和受益人的变更。

　　(1) 投保人的变更。只要新的投保人对被保险人具有保险利益，而且愿意并能缴纳保险费，就不需要征得保险人的同意，但要告知保险人。如果是以死亡为给付保险金条件的保险合同，必须经过被保险人的书面同意，才能变更投保人。

　　(2) 受益人的变更。受益人是由被保险人和投保人指定的，其变更主要取决于被保险人的意志。被保险人可以随时变更受益人，无须征得保险人的同意。但是受益人的变更，要书面通知保险人，保险人收到变更受益人的书面通知后，应当在保险单上批注。

（二）保险合同内容的变更

　　保险合同内容的变更是指在主体不变的情况下，改变合同中约定的事项。一般由当事人一方提出要求，经与另一方协商达成一致后，由保险人在保险合同中加以变更批注。保险合同内容的变更主要包括以下几点。

　　(1) 保险标的数量、价值增减而引起的保险金额的增减。

　　(2) 保险标的的种类、存放地址、占用性质的变化、运输保险中航程变更等以及由此引起

风险程度的变化而导致保险费率的变化。

(3)保险期限的变更。

(4)保险责任范围的变化。

保险合同变更时,要求投保人在原合同的基础上及时提出变更保险合同事项的要求,经保险人审核,并按规定增减保险费,最后签发书面单证,比如批单或者投保人与保险人订立变更的书面协议,以注明保险单的变动事项。

二、保险合同的解除

保险合同的解除指合同有效期未届满之前,当事人依法提前终止合同的法律行为。保险合同解除的形式主要包括以下几种。

1. 任意解除

任意解除指法律允许保险合同当事人有权根据自己的意愿解除合同。根据《保险法》规定,只要投保人和保险人在签订合同时没有就保险合同的解除做出约定,投保人可以随时解除保险合同。但是,货物运输保险合同和运输工具航程保险合同,保险责任开始后,合同当事人不得解除合同。

◇ 知识链接3-4

保险双方不能解除合同的情形

《保险法》规定,货物运输保险合同和运输工具航程保险合同,保险责任开始后,合同当事人不得解除合同。

由于货物运输保险合同和运输工具航程保险合同中的保险标的分别是运输中的货物与运输中的运输工具,它们都处于运动状态,其风险难以控制,且涉及多方的利益,一旦保险责任开始就意味着保险公司已经开始履行合同,为避免因中途退保引起频繁的道德风险事故和各种保险危险事故过于集中,保护各方利益,在保险责任开始后,合同当事人不得解除合同。

对于合同解除时双方应享有的权利,法律也有相关规定。我国《保险法》第五十四条规定:"保险责任开始前,投保人要求解除合同的,应当按照合同约定向保险人支付手续费,保险人应当退还保险费。保险责任开始后,投保人要求解除合同的,保险人应当将已收取的保险费,按照合同约定扣除自保险责任开始之日起至合同解除之日止应收的部分后,退还投保人。"

2. 法定解除

法定解除指法律规定的原因出现时，合同当事人一方依法行使解除权。保险人解除合同的权利一般受法律的限制。我国《保险法》第十五条规定："除本法另有规定或者保险合同另有约定外，保险合同成立后，投保人可以解除合同，保险人不得解除合同。"但是，投保人或被保险人有下列行为之一者，可构成保险人解除合同的条件。

(1) 投保人不履行如实告知义务，足以影响保险人是否承保或以什么条件承保的决定的。

(2) 投保人或受益人在未发生保险事故的情况下，谎称发生了保险事故，向保险人提出赔偿或给付保险金的请求的；投保人、被保险人、受益人伪造、变造有关证明或其他证据，或故意制造保险事故，向保险人索赔的。

(3) 投保人、被保险人未按约定履行其对保险标的安全应尽的责任。

(4) 保险标的危险程度增加，被保险人未及时通知保险人的。

(5) 投保人申请的被保险人年龄不真实并且真实年龄不符合合同约定的年龄限制的，但合同成立后逾两年的除外。

(6) 分期支付保险费的保险合同，投保人在支付了首期保险费之后，未按约定或法定期限支付当期保险费的，合同效力中止。合同效力中止后 2 年内，双方未就恢复合同效力事宜达成协议的，保险人有权解除保险合同。

3. 约定解除

约定解除是指当当事人双方约定的解除合同的条件出现时，可以解除合同。通常在订立保险合同时，双方就约定在保险期内注销合同的某个条件，该条件一旦满足，保险合同即在一段时间后终止。

三、保险合同的终止

保险合同的终止是指因法定的或约定的事由发生，保险合同所确立的当事人双方的权利义务关系结束，即保险关系的最后终结。保险合同可以因不同的原因而终止。

（一）因期限届满而终止

有的保险合同在约定的期限内未发生保险事故，保险人的保险责任持续到保险期满为止，这便是保险合同期限届满终止的情形。这种保险期满合同自然终止的情形是保险合同终止最普遍、最基本的原因。

（二）因解除而终止

保险合同也常因为合同一方行使解约权解除双方的权利义务关系而终止。虽然保险期限未届满，但是只要保险合同被解除，原有的保险关系即告终结，恢复订立合同之前的状态。

（三）因履行合同而终止

保险期内发生保险事故后，保险人履行了全部保险金额的赔偿或给付义务，保险合同的效力终止。如果保险期内发生了部分损失，依据我国《保险法》规定，在保险人赔偿后三十日内，投保人可以终止保险合同；除合同另有规定外，保险人也可以终止保险合同，但应提前十五日通知投保人，并应将未受损部分的保险费，扣除自保险责任开始之日起至终止之日止期间的应收部分后，退还给投保人。

（四）因保险标的的灭失而终止

保险期内，因保险事故以外的原因造成保险标的的灭失，保险合同效力因此终止。保险利益是以保险标的的存在为前提的，当保险标的因保险事故以外的原因灭失了，基于标的之上的保险利益也就不存在了，保险合同存在的基础消失，保险合同也就终止了。

第六节 保险合同争议的处理

保险合同争议是指保险合同履行过程中，合同当事人之间在合同条款理解或索赔理赔方面产生的分歧与纠纷。保险合同基于保险双方意思一致而订立，保险合同的条款内容一般是明确、具体的，但是订立合同时只能做一些原则上的规定。保险合同成立后，双方当事人观念的不同、经济利益的冲突、业务习惯差异或者出现了不可预期的情况等，可能会使双方对合同履行时的具体做法产生意见分歧或纠纷，这些分歧或纠纷有些是由双方对合同条款的理解不同而造成，有些则是由双方对应履行的权利和义务认识不同而造成的，这就需要按一定的程序来处理和解决合同的纠纷。及时合理解决合同纠纷，有利于保护双方当事人的合法权益、规范保险活动。

（一）保险合同的解释原则

保险合同的解释是指对保险合同条款的理解和说明。保险实务中，各种原因会导致保险双方当事人对合同条款内容的理解产生差异，带来合同履行的困难，这就需要确定保险合同的解释原则，即保险双方当事人因对合同内容的用语理解不同发生争议时，受理保险合同争议的法院或仲裁机构，依照法律规定的方式或约定俗成的方式，对保险合同的内容或文字的含义做出有约束力的分析和说明。

1. 文义解释原则

这是保险合同解释的最一般原则。文义解释是指按照合同条款所使用文字的通常含义和保险法律、法规及保险习惯，并结合上下文进行解释。文义解释要求条款的文字表达比较明确，合同字句具有单一的含义。如果同一词语出现在不同地方且多次出现，前后解释应一致。对于有关保险专业术语，有立法解释的以立法解释为准；没有立法解释的以司法解释、行政解释为准；上述解释均无的，按行业习惯或保险公认的含义解释。

2. 意图解释原则

意图解释是指尊重双方当事人在订立合同时的真实意图，并以此对合同条款所做的解释。若无法运用文义解释原则来解决纠纷，可以通过一些背景材料进行逻辑分析来判断合同当事人订立合同时的真实意图，由此解释保险合同条款的内容。这一原则一般只用于文义不清，条款用词不准确、混乱模糊的情形。

3. 有利于被保险人的解释原则

有利于被保险人的解释原则也称疑义利益解释原则，是指保险双方当事人对合同条款发生争议时，法院或仲裁机关应当做出有利于非起草人的解释，即做有利于被保险人或受益人的解释。《保险法》第三十条规定："采用保险人提供的格式条款订立的保险合同，保险人与投保人、被保险人或者受益人对合同条款有争议的，应当按照通常理解予以解释。对合同条款有两种以上解释的，人民法院或者仲裁机构应当做出有利于被保险人和受益人的解释。"这一原则的确立是基于保险合同属于附和合同，被保险人并未参与保险合同条款的拟订，签订合同时只能是取或舍。从条款订立的角度看，被保险人处于弱势地位，因此，法律应保护弱势者的利益。但是，这一原则不能滥用。只有在合同所用语言、文字不清或一词多义，无法用前面原则解决纠纷时，才使用这一原则。

◇ 同步案例3-5

法官做有利于被保险人的解释[①]

公历1536年6月18日,海上保险承保人查德·马丁将其业务拓展到人身保险,为一位朋友威廉·吉朋承保了保险金额2000镑、保险期限12个月的人寿保险,双方签订了保险合同。不料威廉·吉朋于1537年5月29日死亡,而马丁声称其保险期限12个月是按阴历每月28天计算,所以保单已经于公历5月20日到期,被保险人是在保险期满后发生的事故,保险公司不应承担责任。投保方则认为,按照公历计算,保险期限尚未届满,被保险人是在保险期内发生的保险事故,保险人应担责。由于合同中对于保险期限12个月究竟是按公历计算还是按阴历计算没有做出明确约定,双方的理解不一样,也难以确定保险责任,从而发生诉讼。

大法官在审理此案时做了有利于被保险人的解释,判决马丁承担支付保险金的责任。该判例结果产生了深远影响,此后被广泛应用于相关保险诉讼案件的处理中,也由保险实践形成了保险理论原则,即疑义利益解释原则。

4. 批注优于正文、后加的批注优于先加的批注的解释原则

保险合同的条款是事先统一拟订的,为满足不同的需求,保险实践中双方当事人会就某些条件进行磋商,对此往往采用批注、附加条款、加贴批单等形式对原合同条款进行修改。当修改与原合同条款相矛盾时,采用批注优于正文、后加的批注优于先加的批注、书写的批注优于打印的批注、加贴的批注优于正文的批注的解释原则。

(二)保险合同争议的解决方式

保险实务中,合同争议的产生原因常有以下几种:保险公司惜赔、无理拖延赔付甚至无理拒赔;投保人违反诚信原则;保险中介行为的不规范等造成纠纷。保险双方发生争议时,应本着实事求是的原则来协商解决,如果双方不能达成协议,可以提交仲裁机构仲裁或法院审理。

1. 协商

协商是指保险合同当事人就合同争议问题通过磋商来解决,保险双方当事人在自愿诚

---

① 许飞琼,郑功成.财产保险[M].5版.北京:中国金融出版社,2019:57.

信、互谅互让、实事求是的基础上,按照法律、政策的规定以及合同的约定,通过充分协商,求大同存小异来解决纠纷。这种方式简便易行,有灵活性,且气氛比较友好,有助于保险合同在互信合作的基础上继续履行。

2. 调解

调解是指保险合同当事人自愿将合同争议提交给第三方,在第三方的主持参与下进行协商,保险双方当事人依据自愿合法的原则,在查清纠纷事实、分清是非责任的基础上达成协议,解决纠纷。根据调解人的不同身份,可以分为行政调解、仲裁调解与法院调解。行政调解是由保险行政管理机关主持的调解,这种调解一般是由双方共同选择的,属于自愿调解,其调解结果不具有强制执行的效力。仲裁调解和法院调解是分别由仲裁机关和法院参与的调解,这两种调解的结果具有法律强制执行力,一方当事人不履行调解协议的,另一方可以向法院申请强制执行。

3. 仲裁

仲裁是指保险双方当事人在发生争议之前或之后达成协议,将争议交由双方共同信任、法律认可的仲裁机构做出裁决,以解决争议。仲裁建立在双方自愿达成仲裁协议的基础上,没有达成仲裁协议或单方申请仲裁的,仲裁委员会不予受理。一旦选择了仲裁作为解决争议的方式,就不能再向法院提起诉讼。仲裁裁决具有法律效力,当事人必须执行。仲裁方式解决争议的手续比较简便,可以充分发挥双方当事人的自主性,同时一般由保险专家参与裁决,是解决争议的较好方式。

4. 诉讼

保险合同诉讼是解决保险争议最激烈的形式。保险合同争议诉讼属于民事诉讼,保险实务中,一般体现为合同一方当事人按照民事法律诉讼程序向法院对另一方提出权益主张,并要求法院予以解决和保护的行为。法院处理保险合同纠纷,以事实为依据,以法律为准绳,并且尽量通过司法调解促使当事人双方和解,在调解不成的情况下,及时做出判决。生效的判决对双方当事人具有法律约束性,任何一方当事人都必须执行,如果一方当事人不执行法院判决,另一方可以申请法院强制执行。

二维码 3-4
第三章
练习与思考

二维码 3-5
第三章练习与
思考答案

第四章 保险的基本原则

◇ 学习目标

知识目标：

1.通过本章学习，了解保险实践活动中必须遵循的基本原则，理解保险基本原则的含义、内容与确立这些原则的意义；

2.熟悉相关的保险法律条款，掌握保险理赔的计算方法；

3.学会运用这些原则并结合相关法律，分析保险案例。

能力目标：

1.通过本章学习，明确保险基本原则的内涵，熟知与保险基本原则相关的法律知识及违反保险基本原则的法律后果；

2.辨别保险基本原则在财产保险与人身保险运用中的差异；

3.掌握保险理赔的计算方法；

4.学会运用相关知识与法律条款分析保险案例。

情感目标：

1.通过本章学习，深刻领会保险理论既来源于对保险实践的总结又可用于指导保险实践，保险的基本原则既体现在保险法律法规中又运用于解决某些保险法律遗漏的难题；

2.深刻体会遵守法律、依法办事以及遵循保险基本原则的重要意义；

3.深刻理解诚信是保险实践活动的首要原则与立业基础，通过保险最大诚信原则的贯彻履行，推动崇尚诚信的良好社会风气的形成。

◇ 学习重点

1.保险最大诚信原则、保险利益原则、损失补偿原则、近因原则、权益转让原则的内涵及意义；

2.保险理赔的计算；

3.重复保险的概念及计算；

4.相关理论在具体案例分析中的运用。

第四章 保险的基本原则

◇ 本章关键词

最大诚信原则 保险利益原则 近因原则 权益转让原则 保险代位追偿 保险委付 重复保险 推定全损

◇ 导入案例

投保人未履行如实告知义务,保险公司会理赔吗?

田某某于 2012 年与某保险公司签订了保险合同,购买了某保险公司的"终身寿险、附加提前给付重大疾病保险",被保险人是田某某的儿子申某,身故受益人为田某某,保险期限为 2012 年 6 月 30 日零时起至终身止,投保人在签订该保险合同后,按时履行了缴纳保费等相关义务。2013 年 10 月 31 日,被保险人申某因急性心肌梗塞去世,处理完申某丧葬事宜后,田某某于 2014 年到某保险公司要求理赔。经保险公司调查,被保险人在投保之前曾两次患恶性肿瘤并进行过相应治疗,但是投保时,保险公司通过投保单健康告知事项栏书面询问被保险人的健康状况时,投保人在"被保险人是否曾有过被告知患有恶性肿瘤,或尚未证实为良性或恶性的肿瘤、息肉、囊肿、赘生物等"时均勾选为否,且在投保单落款处签字确认。前述事实表明,投保人田某某在投保时故意隐瞒被保险人投保前已多次患恶性肿瘤并进行相应治疗的重要事实,足以影响到保险人判断是否应该承保。再查明,田某某与保险公司签订的终身寿险(分红型)保险合同条款第 11 条第 11.1 项为明确说明与如实告知"我们就您和被保险人的有关情况提出询问,您应当如实告知。如果您故意或者因重大过失未履行前款规定的如实告知义务,足以影响我们是否同意承保或者提高保险费率的,我们有权解除合同。如果您故意不履行如实告知义务,对于本合同解除前发生的保险事故,我们不承担给付保险金的责任,并不退还保险费。"附加提前给付重大疾病保险条款第 7 条第 7.1 项为合同终止条件"发生下列情形之一时,本附加险合同效力终止:(1)主险合同效力终止。"

■ 思考:

基于以上案情保险公司是否应承担理赔责任呢?为什么?

为维护保险双方的利益,保障保险业务活动正常有序进行,更好地发挥保险的职能与作用,一系列保险基本原则在保险实践过程及其发展进程中逐渐形成并被人们公认而广泛运用,这些原则贯穿保险业务全过程,是保险活动的基本准则,保险双方都必须遵守执行。本

---

① 陈明辉,袁婉珺. 投保人未履行如实告知义务 法院判决保险公司不承担赔偿责任[EB/OL].(2016-06-02). http://chsh.cbimc.cn/2016-06/02/content_196704.htm.

章的主要内容包括最大诚信原则、保险利益原则、损失补偿原则、近因原则等,这些原则既体现在保险法律中,又作为解决被某些保险合同条款或保险法律法规所遗漏的难题的基本依据。这些原则也是保险学基础理论的核心内容。

第一节　最大诚信原则

一、最大诚信原则的内涵

(一) 最大诚信原则的概念

诚信是世界各国立法对民事、商事活动的基本要求。我国《民法典》与《保险法》都对诚信原则做了特别规定。《民法典》要求民事主体从事民事活动,应当遵循自愿原则、公平原则、诚信原则;《保险法》第五条规定"保险活动当事人行使权利、履行义务应当遵循诚实信用原则"。保险活动作为一种特殊的民事活动,对双方当事人的诚信提出更高要求,需要双方保持最大的诚信。所谓诚信,即诚实守信。诚实指一方当事人对另一方不得隐瞒、欺骗;守信指任何一方当事人都必须善意地、全面地履行自己的义务。所谓最大诚信原则,是指保险双方在签订和履行保险合同时必须保持最大限度的诚意,互不欺骗,互不隐瞒,恪守信用,全面履行义务,遵守合同约定与承诺。具体而言,投保人应向保险人如实申报足以影响保险人承保决定与承保条件的重要事实,保险人也应将保险条款明确告知投保人,依法依约履行义务,恪守承诺。否则,受到损害的一方可以以此为由宣布合同无效或不履行合同约定的义务或责任,甚至对因此受到的损害要求对方予以赔偿。

最大诚信原则对保险双方具有约束力,投保人遵循最大诚信原则体现在履行如实告知义务和遵守保证条款,保险人遵循最大诚信原则体现在履行说明义务、遵守弃权与禁止反言。

(二) 最大诚信原则的产生

最大诚信原则起源于海上保险。海上保险实务中,保险双方签订合同时往往远离船舶、货物等保险标的所在地,保险人难以对保险标的进行实地勘察,只能依据投保人提供的投保申请资料与信息来判断风险、做出承保取舍决定、确定具体承保条件,投保人的诚实状况直接影响保险合同签订的质量以及保险合同的顺利履行。因此,保险实践中逐渐确定了最大诚信原则作为保险活动中必须遵循的重要原则,一些国家以法律形式将这一原则加以确认。最早以法律形式确定最大诚信原则的是英国 1906 年《海上保险法》,其第十七条规定"海上保险是建立在最大诚信原则基础上的保险合同,如果任何一方不遵守这一原则,另一方可以宣告合同无效"。长久以来,各国保险界和法学界都将最大诚信原则视为保险的基本原则。

(三)最大诚信原则确立的原因

1. 保险经营中信息不对称是确立最大诚信原则的主要原因

信息不对称是经济活动中普遍存在的现象,保险活动中这种现象更为突出,无论是签订还是履行保险合同的过程中,投保人与保险人双方对于与保险合同相关的重要信息都存在信息优势或劣势。

从保险人经营角度来看,投保人购买保险是将风险转嫁给保险人,风险的性质和大小直接决定着保险人承保与否的决策及承保条件的选择,且投保人最了解保险标的的风险状况,保险人只能依据投保人对重要信息的申报来对风险进行判断及决策,因此,需要投保人保持最大诚意履行如实告知和保证的义务。

从投保人投保角度来看,投保人投保的目的是以最小的成本支出获得最大的风险保障,由于专业知识的限制,投保人难以理解复杂的保险合同条款,很难判断与选择合适的险种,投保人只能根据保险人为其提供的保险说明来决策。因此,需要保险人保持最大诚信,履行充分说明义务,帮助投保人买到称心如意的险种。

2. 保险合同的特殊性是确立最大诚信原则的重要原因

保险条款是由保险人单方面事先拟订的,投保人投保时只能做取或舍的选择,这种典型的附和合同使投保人处于弱势地位,同时保险合同条款的专业性与技术性很强,一般的投保人难以理解,这就要求保险人坚持最大诚信,将保险合同的主要内容告知投保人,尽到明确说明义务,使投保人能够充分了解,做出恰当选择。

风险事故发生的不确定性决定了保险合同具有射幸性特征,投保人购买保险可能"一本万利",也可能"一无所获",这就难免造成保险实务中投保人"骗保"与保险人"惜赔"现象的发生。因此,坚持最大诚信原则是对保险双方的要求,也是为了保护保险双方的利益,尽量避免"骗保"与"惜赔"现象的发生,保障保险活动顺利进行。

二、最大诚信原则的内容

（一）告知

 1. 投保人的如实告知义务

(1)告知的含义。告知是投保人的基本义务,各国都通过保险立法对此做了规定。所谓告知即对重要事实进行申报或陈述的要求,是指在订立和履行保险合同期间,投保人对已知或应知的与保险标的及其风险相关的实质性重要事实如实地向保险人做出口头或书面的陈述。告知的目的是让保险人清楚风险状况,正确判断是否承保或以什么条件承保。我国《保险法》第十六条对此做了明确规定"订立保险合同,保险人就保险标的或者被保险人的有关情况提出询问的,投保人应当如实告知"。《保险法》不仅规定投保人负有告知义务,而且明确要求投保人如实地履行告知义务。

(2)重要事实的界定。所谓重要事实,是指对保险人承保决策及承保条件有影响的事实。世界各国在界定重要事实时基本采用了与英国1906年《海上保险法》规定的同样标准："影响谨慎的保险人确定收取保险费的数额和决定是否接受承保的每一项资料就是重要事实。"我国《海商法》对重要事实做了如下界定:重要事实是指有关影响保险人据以确定保险费率或者确定是否同意承保的重要情况。我国《保险法》将重要事实界定为足以影响保险人决定是否同意承保或者提高保险费率的事实。

保险实务中,一般来看,重要事实主要包括:有关投保人和被保险人的详细情况,有关保险标的的详细情况,危险因素及危险程度增加的情况,以往损失赔付情况,超出事物正常状态的事实,以及有关道德风险和保险人所负责任较大的事实等。对重要事实的申报有两种方法:一是投保人尽量将有关情况提供给保险人;二是保险人需要了解什么情况,可以向投保人进行询问,要求投保人如实回答。后一种做法比较合理,因为投保人不一定了解保险人需要掌握哪些情况。一般做法是由保险人根据不同保险种类制定问题表,在该表中,保险人列出他认为重要的问题,对投保人进行询问,要求投保人如实填写;对表中没有详尽列出的问题,保险人还可以要求投保人如实申报。

需要注意的是,告知是投保人的基本义务,但是履行告知义务的主体除了投保人,还可能涉及被保险人甚至受益人。签订合同时告知义务的主体是投保人,履行合同的过程中告知义务的主体可能是投保人、被保险人、受益人中的任何一人。

(3)告知的内容。根据《保险法》的规定,投保人在下列情况下要履行告知义务:① 签订保险合同时,针对保险人询问的问题,投保人应如实地回答;② 保险合同签订后,如果保险标的的风险情况发生变化,应及时通知保险人,以便保险人决定是否同意继续承担保险责任,或以什么条件接受这种变化;③ 在保险合同期满续订时,应将有关不同于前期的风险情况向保险人申报,以便保险人决定是否接受续保,或以什么条件接受续保;④ 在保险事故发生后向保险人索赔时,应申报对保险标的所具有的保险利益,同时提供保险人所要求的各种真实证明,不得伪造事实或提供虚假证明,否则,保险人可以拒赔;⑤ 存在重复保险情况的,投保人或被保险人应主动告知保险人;⑥ 保险标的转让的,被保险人或受让人应及时通知保险人。

但是,投保人或被保险人并不需要申报他所知道的一切情况。对于下列情况无须申报:① 任何降低风险的情况;② 保险人知道或推定应该知道的情况;③ 经保险人申明不需要告知的情况;④ 任何与明示和默示保证条款重叠的情况。

(4)告知的形式。告知形式包括口头和书面陈述。告知的立法形式,国际上主要有无限告知和询问回答告知两种。无限告知即只要是事实上与保险标的的危险状况有关的重要事实,投保人都有义务告知保险人。无限告知对投保人的要求较高,大多数国家采用询问回答告知形式。询问回答告知指投保人对保险人询问的问题必须如实告知,对询问以外的问题,投保人无须告知。我国《保险法》第十六条对投保人的告知义务明确规定为对保险人询问的问题投保人应如实告知。

2. 保险人的说明义务

保险实务中,保险人的一项基本义务是针对保险条款要向投保人解释清楚,让投保人清楚了解保险条款内容。特别是保险免责条款,保险人一定要做出足以引起投保人注意的提示,并向投保人明确说明。《保险法》第十七条规定:"订立保险合同,采用保险人提供的格式条款的,保险人向投保人提供的投保单应当附格式条款,保险人应当向投保人说明合同的内容。对保险合同中免除保险人责任的条款,保险人在订立合同时应当在投保单、保险单或者其他保险凭证上作出足以引起投保人注意的提示,并对该条款的内容以书面或者口头形式向投保人作出明确说明;未作提示或者明确说明的,该条款不产生效力。"可见,保险人履行告知义务的形式就是要向投保人履行明确说明的义务,这是基于保险合同的特点,出于保护被保险人利益的考虑,通过法律来明确保险人的义务,防止保险人利用晦涩难懂、专业性强的保险条款免除自己责任,损害投保人或被保险人的利益。

(二)保证

1. 保证的含义

这里的保证是指投保人或被保险人确认或承诺某一特定事实是否存在、某一特定行为的作为与不作为。保证是投保人或被保险人的一项基本义务,用于约束投保人或被保险人。保证的内容属于保险合同的重要条款之一。保证是保险人签发保险单或承担保险责任所需投保人或被保险人履行某种义务的条件，其目的在于控制危险，确保保险标的及周围环境处于良好的状态中。经保险双方同意写进合同中的条款即为保证条款，被保险人违反保证条款，保险人有权解除合同，并在保险标的发生损失时拒绝赔偿。

2. 保证的类别

（1）根据保证事项是否已确实存在，保证可以分为确认保证和承诺保证。确认保证是要求投保人对过去或现在某一特定事实的存在或不存在的保证，是对过去和投保当时的事实做出如实的陈述，而不是对该事实以后的发展情况做保证。承诺保证是投保人对将来某一事项的作为或不作为的保证，即对该事项今后的发展做保证。

（2）根据保证存在的形式，可将保证分为明示保证与默示保证。明示保证是以文字或书面形式载于保险合同中，成为保险合同的条款，被保险人必须遵守，否则保险人可以宣告合同无效。比如，我国机动车辆保险条款中约定："被保险人必须对保险车辆妥善保管、使用、保养，使之处于正常技术状态。"这就是明示保证。默示保证是指虽然在保险单上没有文字记载，但是按照国际惯例所通行的准则，或者习惯上、从社会公认的角度，被保险人必须在保险实践中遵循的规则。比如海上保险中，船舶保险单要求保险船舶必须具有适航能力，在航行中按预定航道航行等。明示保证与默示保证具有同等的法律效力，被保险人都必须严格遵守。

3. 保证的限制

由于保证条款对投保人或被保险人的要求极为严格，为防止保险人滥用保证条款损害被保险人利益，各国保险法都对此做了一些限制要求：保证的内容必须是重要事实；保证条款必须明确载于保险合同内；投保人或被保险人违反保证条款，保险人应向其发出书面通知，方可解除保险合同。

4. 保证与告知的区别

告知与保证都是投保人或被保险人根据最大诚信原则应尽的义务，但二者又有区别。告知涉及的是事实问题，强调的是诚实，只要对有关保险标的的重要事实如实申报就履行了义务。告知的目的在于使保险人能正确估计其所承担的危险。保证则要求实际事实与保证中的事实完全一致，强调的是守信。保证的目的在于控制危险。保证对投保人的要求比告知更严格。一旦违反保证，不管违反保证的事实对风险是否重要，保险人即可宣告保险合同无效。

（三）弃权与禁止反言

1. 弃权

所谓弃权是指保险合同中的一方当事人放弃他在合同中可以主张的某种权利，通常是指保险人放弃因投保人或被保险人违反告知义务或保证条款而产生的合同解除权与抗辩权。保险人一旦放弃了原来可以主张的权利，以后就不得再重新主张这种权利。

构成弃权必须具备两个要件：一是保险人必须知道投保人或被保险人有违反告知义务或保证条款的情形以及因此而享有抗辩权或解约权，如果保险人不知道上述情况，其作为或不作为都不得视为弃权；二是保险人需有明示或默示弃权的意思表示。

对于保险人默示弃权的意思表示可以从其行为中推断。如果保险人知道被保险人有违背约定义务的情形而仍然做出下列行为的，一般视为弃权或默示弃权。

（1）投保人有违背按期缴纳保险费或其他约定义务的时候，保险人原本可以解除合同，但是，如果保险人已知此种情形却仍然收受补交的保险费时，则证明保险人有继续维持合同的意思表示。因此，其本应享有的合同解除权、终止权及其他抗辩权均视为放弃。

（2）在保险事故发生后，保险人明知有拒绝赔付的抗辩权，但仍要求被保险人提出损失证明，而增加被保险人在时间和金钱上负担的，视为保险人放弃抗辩权。

（3）保险人明知投保人的损失证明有纰漏或不实，但仍无条件予以接受，则可视为保险人弃权。

（4）保险事故发生后，被保险人逾期通知保险人，保险人仍表示接受的，则认为保险人放弃对逾期通知的抗辩权。

2. 禁止反言

禁止反言是指保险合同一方当事人既然已经放弃合同中可以主张的某种权利，以后就不得再主张这种权利，也称禁止抗辩或失权。保险实务中，弃权与禁止反言是用来约束保险人的。根据《保险法》第十六条的相关规定"投保人故意或者因重大过失未履行前款规定的如实告知义务，足以影响保险人决定是否同意承保或者提高保险费率的，保险人有权解除合同"，可知法律赋予了保险人抗辩权，而且对保险人抗辩权的行使也做了时间限制，"前款规定的合同解除权，自保险人知道有解除事由之日起，超过三十日不行使而消灭"，即保险人丧失其抗辩权。同时，法律又对弃权和禁止反言在人寿保险中的运用做了特殊的时间规定，"自合同成立之日起超过二年的，保险人不得解除合同"。依照此规定，人寿保险合同中，保险人只能在合同订立之后一定期限内（通常为2年）以被保险人告知不实或隐瞒为由解除合同，超过规定期限没有解除合同的视为保险人已经放弃该权利，不得再以此为由解除合同，即禁止保险人抗辩或反悔。

保险实务中出现弃权现象,往往是保险人或保险代理人因为疏忽,或者是为了扩大业务,或者保险代理人为了争取更多的代理手续费等,保险代理人的弃权行为应视为保险人弃权,禁止保险人事后反悔而解除合同。订立合同时保险人已经知道投保人未履行如实告知义务的,保险人不得解除合同,并应对发生的保险事故承担责任。

弃权和禁止反言的主要功能在于阻断保险人不当行使解除权等抗辩权,防止道德风险及保险人的逆向选择。弃权与禁止反言的限定,可以约束保险人的行为,要求保险人为其行为及其代理人的行为负责,同时也维护了被保险人的权益,有利于保险双方权利义务关系的平衡。

三、违反最大诚信原则的表现形式

(一)投保人或被保险人违反最大诚信原则的情况

(1)漏报,即由于疏忽、过失,或者对重要事实认识不清而遗漏,没有进行说明。
(2)误告,即对重要事实的申报不准确。
(3)隐瞒,即明知某些重要事实足以影响保险人对某一风险的承保决定,而故意不申报。
(4)欺诈,即对重要事实故意做不正确的申报,或者有意捏造事实,并有欺诈意图。

(二)保险人违反最大诚信原则的情况

(1)对责任免除条款未进行明确说明。
(2)隐瞒与保险合同有关的重要情况,欺骗投保人,或者拒不履行保险赔付义务。
(3)阻碍投保人履行如实告知义务,或者诱导其不履行如实告知义务。

四、违反最大诚信原则的法律后果

(一)投保人违反最大诚信原则的法律后果

 1. 违反如实告知义务的法律后果

根据我国《保险法》,投保人违反如实告知义务的法律后果主要如下。

(1)投保人故意或因重大过失未履行如实告知义务。根据《保险法》第十六条规定,投保人不履行如实告知义务的行为分为故意和重大过失两种,其处理结果也不一样。如果投保人是因重大过失未履行如实告知义务,其未告知的事项足以影响保险人的承保决定或条件的,保险人有权解除保险合同,对在合同解除之前发生的保险事故所致损失不承担责任,但可以退还保险费。如果投保人故意隐瞒重要事实,不履行如实告知义务,保险人有权解除保险合同,对在合同解除之前发生的保险事故所致损失不承担责任,且不退还保险费。

(2)保险标的发生转让且危险程度显著增加未通知保险人。根据《保险法》第四十九条规定,保险标的转让,被保险人或受让人应当及时通知保险人,若被保险人或受让人未履行通知义务,因转让导致保险标的危险程度显著增加而发生的保险事故,保险人不承担赔偿保险金的责任。

(3)合同有效期内保险标的危险程度显著增加未通知保险人。根据《保险法》第五十二条规定,保险合同有效期内,保险标的危险程度显著增加的,被保险人应及时通知保险人,否则因此发生了保险事故的,保险公司不承担赔偿保险金的责任。

(4)未发生而谎称发生保险事故,故意制造保险事故。《保险法》第二十七条规定,被保险人或者受益人在未发生保险事故的情况下谎称发生了保险事故,向保险人提出赔偿请求的,以及投保人、被保险人故意制造保险事故的,保险人有权解除保险合同,并不承担赔偿责任,也不退还保险费(投保人交足 2 年保费的除外)。

(5)编造虚假事故原因或夸大损失程度。《保险法》第二十七条规定,保险事故发生后,投保人、被保险人或者受益人编造虚假的事故原因或夸大损失程度,或伪造证明材料的,保险人对虚报的部分不承担赔偿责任。

(6)进行保险欺诈活动。根据我国《保险法》第一百七十四条规定,投保人、被保险人或者受益人如果故意虚构保险标的骗取保险金,或编造未曾发生的保险事故或者编造虚假的事故原因或者夸大损失程度骗取保险金,或故意造成保险事故骗取保险金,进行保险诈骗活动,尚不构成犯罪的,依法给予行政处罚。

2. 违反保证义务的法律后果

由于保险约定保证的事项都为重要事项,是订立保险合同的条件和基础,各国立法对投保人和被保险人遵守保证事项的要求极为严格。凡是投保人或被保险人违反保证,不论其是否有过失,也不论是否对保险人造成损害,保险人都有权解除合同,不予承担责任。

值得注意的是,与告知不同,保证是对某一特定事项或者某一特定条款所做的保证,不是对整个保险合同的保证,因此,某些情况下,违反保证条款只是部分地损害了保险人的利益,保险人应只就违反保证的部分解除保险责任,拒绝承担赔偿义务。当被保险人破坏保证而使合同无效时,保险人无须退还保险费。

（二）保险人违反最大诚信原则的法律后果

 1. 未对免责条款尽到明确说明义务的法律后果

根据《保险法》第十七条规定，如果保险人在订立保险合同时，没有履行责任免除条款的提示与明确说明义务，该责任免除条款无效。

 2. 隐瞒与保险合同有关的重要情况、阻碍投保人履行告知义务的法律后果

《保险法》第一百一十六条和一百三十一条规定，保险公司及其从业人员，在开展保险业务中隐瞒与保险合同有关的重要情况；欺骗投保人、被保险人或者受益人；阻碍投保人履行法律规定的如实告知义务，或者诱导其不履行法律规定的如实告知义务；给予或承诺给予投保人、被保险人、受益人保险合同约定以外的保险费回扣或者其他利益；拒不履行合同约定的赔偿义务；故意编造未曾发生的保险事故、虚构保险合同或者故意夸大已经发生的保险事故的损失程度进行虚假理赔，骗取保险金或者牟取其他不正当利益等，将由保险监督管理机构责令改正，处相应罚款；情节严重的，还将限制其保险业务范围、责令停止接受新业务或者吊销业务许可证。

五、最大诚信原则的运用

 1. 未如实告知的运用

（1）未如实告知的运用之一。

对本章导入案例的分析[①]

我国《保险法》第十六条规定"订立保险合同，保险人就保险标的或者被保险人的有关情况提出询问的，投保人应当如实告知。投保人故意或者因重大过失未履行前款规定的如实告知义务，足以影响保险人决定是否同意承保或者提高保险费率的，保险人有权解除合同。前款规定的合同解除权，自保险人知道有解除事由之日起，超过三十日不行使而消灭。自合同成立之日起超过二年的，保险人不得解除合同；发生保险事故的，

---

① 陈明辉，袁婉珺. 投保人未履行如实告知义务 法院判决保险公司不承担赔偿责任[EB/OL]. (2016-06-02). http://chsh.cbimc.cn/2016-06/02/content_196704.htm.

保险人应当承担赔偿或者给付保险金的责任。投保人故意不履行如实告知义务的,保险人对于合同解除前发生的保险事故,不承担赔偿或者给付保险金的责任,并不退还保险费"。

结合本案,从保险公司举证来看,被保险人申某在2005年就在北京市某区医院被确诊为"左侧胸腔低分化小细胞性间皮肉瘤",经该院手术及放疗后于2005年8月5日出院,出院情况为"治愈";2009年11月16日申某在肿瘤医院被确诊为"左胸壁小细胞恶性肿瘤,符合原始神经外胚层肿瘤",经该院放疗治疗后于2010年1月14日出院,出院情况为"好转"。田某某投保的时间为2012年6月29日,在投保单中的"是否患有恶性肿瘤、尚未证实为良性或恶性的肿瘤、息肉、囊肿、赘生物"一项被保险人选项为"否",虽然田某某认为保险销售人员并未就该事项向其询问,但并没有相关证据证明,同时田某某与被保险人申某在投保单上签字确认,法院认为田某某及申某故意隐瞒了申某的病史,未履行如实告知义务。保险公司于2014年2月27日向田某某出具了拒赔通知书,声明拒绝赔偿,解除保险合同,并不退还保费。

本案所涉保险合同成立之日为2012年6月30日,保险公司解除合同之日为2014年2月27日,合同未满两年,因此根据《保险法》规定,保险公司在投保人田某某、被保险人申某故意不履行如实告知义务的前提下有权解除保险合同,并不退还保险费。

根据田某某与保险公司签订的终身寿险(分红型)保险合同条款第11条第11.1项,以及附加提前给付重大疾病保险条款第7条第7.1项,在田某某及申某未履行如实告知义务的情况下保险公司有权解除保险合同,并不退还保费。故对原告的请求法院不予支持,最终判定保险公司有权解除合同,不承担保险责任,也不退回保险费。

(2)未如实告知的运用之二。

◇ **同步案例4-1**

投保人未如实告知保险公司是否可以免责?

被保险人李某于2014年9月5日向某保险公司投保了人身意外综合保险,指定受益人为其妻子张女士,保险期限1年,保险金额30万元,保费交齐,保单签发,合同约定保险有效期内若被保险人遭遇外来的、突发的、非疾病的意外事故而伤残、死亡,保险公司承担保险责任。2015年6月7日,李某意外身故,公安部门认定为意外触电身亡。张女士向保险公司提出理赔申请却遭到保险公司拒绝,拒绝的理由是被保险人投保时未告知其曾患有动脉粥样硬化疾病的事实,保险公司据此要解除合同,退回保费,不承担保险责任。张女士起诉到法院。法院审理中,保险公司有证据证明被保险人李某确实曾患有动脉粥样硬化但在投保单上未如实填写告知,张女士对此没有提出异议。

法院审理认为该保险合同是合法有效的,保险公司提供的材料并不能证明被保险人李某患有动脉粥样硬化与其死亡之间有因果关系,也不是被保险人死亡的直接原因,所以保险公司的抗辩理由不足,法院不予支持。最后判定保险公司承担保险责任,支付保险金及承担本案的诉讼费。

由此可见,不是投保人所有的未如实告知都能成为保险公司拒赔的理由,如果未告知事项并未导致承保风险增加,那么保险公司不能拒绝承担责任。本案例中被保险人的动脉粥样硬化病不可能使意外伤害保险中的"意外"风险增加,因此保险公司的抗辩理由不足以成立。

 2. 弃权与禁止反言的运用

◇ **同步案例4-2**

保险公司既已弃权,则禁止反言①

陈某将购买的新车向某保险公司投保,保险公司在明知该车未取得机动车号牌及行驶证的情况下向陈某签发了保险单。保险期内该车被盗,陈某向保险公司索赔,并根据保险公司的要求签署了权益转让书,将该车的代位求偿权转让给保险公司,但最终却被保险公司以保险条款约定"保险车辆必须有行驶证和号牌否则保单无效"为由拒赔。陈某不服,于是与保险公司发生了法律纠纷。

此案中,保险公司的弃权体现在两处:一是在合同签订环节,保险公司明知该车未取得机动车号牌及行驶证,不符合承保条件,但还是向被保险人陈某签发了保险单予以承保,保险公司的行为应视为对上述无效条款的放弃,足以让被保险人对此产生信赖,因此发生保险事故后保险公司不能宣告保单无效;二是在被保险人陈某向保险公司索赔时,保险公司已要求被保险人陈某将保险标的的权益转让给自己,此行为应视为对拒赔权的放弃,此后不得反悔再行主张拒赔。

---

① 资料来源:霍艳梅,贾增军.保险弃权与禁止反言的实例分析[J].经济导刊,2010(2):32-33.

第二节　保险利益原则

一、保险利益原则的内涵

（一）保险利益原则的概念

1. 保险利益的概念

根据《保险法》第十二条规定，保险利益是指投保人或被保险人对保险标的所具有的法律上承认的利益，亦称可保利益。保险利益包括以下两层含义。一是保险利益强调投保人或被保险人与保险标的存在利害关系，正是这种利害关系使得保险标的的安全与否直接关系投保人或被保险人的利益，若保险标的安全，投保人或被保险人可以从中获益；若保险标的受损，投保人或被保险人必然遭受损失。二是保险利益强调投保人或被保险人对保险标的的利害关系必须是法律上承认，受法律保护的，若不被法律承认，即便存在利害关系，那也不是保险利益。投保人或被保险人对保险标的存在上述利害关系，则投保人或被保险人对保险标的具有保险利益。

2. 保险利益原则的概念

保险利益原则是保险合同必须遵循的基本原则，它要求投保人或被保险人必须对保险标的具有保险利益。保险利益是保险合同成立的必要条件，投保人或被保险人对保险标的不具有保险利益的，保险合同无效。我国《保险法》第十二条明确规定，人身保险的投保人在保险合同订立时，对被保险人应当具有保险利益，否则保险合同无效；财产保险合同中，发生保险事故后，只有对保险标的具有保险利益的被保险人才具有索赔的资格，而且保险人的赔偿不得超过投保人或被保险人对保险标的的保险利益。

（二）保险利益的构成条件

并非所有的利益均可作为保险利益，一项利益要构成保险利益必须具备以下三个条件。

1. 保险利益必须是合法的利益

投保人对保险标的所具有的利益必须是被法律认可并受法律保护的利益，是可以依法主张的利益。投保人对保险标的所具有的利益必须是依法取得的，凡是违法或者损害社会公共利益而产生的利益都是非法的利益，不能作为保险利益。

2. 保险利益必须是确定的利益

保险利益必须是投保人对保险标的在客观上或事实上已经确定或者可以确定的利益，包括现有利益和期待利益。现有利益指事实上已经存在的利益或利害关系。比如投保人对已经依法取得的财产的所有权、使用权等而享有的利益就是现有利益。期待利益也称预期利益，是指客观上尚不存在，但是根据法律或者合同的约定可以确定在今后一段时间内将产生的利益。这种利益必须建立在客观物质基础上，而不能是主观臆断、凭空想象的利益。比如投保人可以将预期利益作为保险标的投保营业中断险或利润损失险。

3. 保险利益必须是经济上的利益

投保人或被保险人对保险标的具有的利益必须能够用货币来计算、衡量和估价。因为被保险人在保险事故发生后丧失的是其在保险标的上的经济利益，需要得到经济补偿，保险的目的是补偿损失，如果损失不能用货币计算或估价，就难以确定应予赔偿的标准，保险赔付也就难以兑现。在人身保险中，人的生命或身体是无价的，难以用货币来衡量，但是人身保险可以根据投保人的需要及其支付保费的能力约定一个金额来确定其保险利益的经济价值。

二、保险利益原则的产生及确立的意义

（一）保险利益原则的产生

伴随海上保险的发展，保险利益原则逐渐产生，到 18 世纪中期，英国以法律规定的形式将保险利益原则确立下来。

海上保险产生的初期,投保人不需要证明自己与所投保的保险标的之间具有法定利益,这就导致了赌博性质的保险行为发生,一些不法分子将与自己毫无利益关系的货物、船舶进行投保,一旦发生保险事故,投保人便会请求保险赔偿因而谋取暴利,即使不发生保险事故,投保人也只是损失小额的保费支出。这种没有保险利益限制的投保行为使得保险变成了投机与赌博行为,完全背离了保险的本质,严重影响了正常的保险秩序,使海上保险面临危机。这种情况在16世纪末17世纪初比较严重。为了禁止类似案件的发生,英国率先确立了1745年《海上保险法》,规定投保人或被保险人必须证明保险利益的存在,将保险利益原则首先纳入保险法中。

在人身保险发展的早期,法律上并没有禁止赌博性质的保险契约,这给了不法分子以可乘之机,使得人身保险领域的道德风险在18世纪频繁发生。为了遏止这种保险赌博与道德风险,英国国会于1774年制定了人身保险法,规定投保人与被保险人之间必须存在利害关系,否则保险合同无效。1906年英国《海上保险法》以及加拿大、澳大利亚的《海上保险法》和美国各州的保险法律,都继承了这个原则。1906年英国《海上保险法》在海上保险领域里取代了1745年的《海上保险法》。该法试图给保险利益下一个定义,但是却没有直接给出定义,只是规定了什么样的人应当被认定为具有保险利益,归纳起来就是被保险人对保险标的不仅应具有经济利益关系,还应具有法律上的关系。此后,这一原则运用范围被推广扩大,并逐渐成为保险合同订立所必须遵循的原则。

(二)确立保险利益原则的意义

 1. 划清保险与赌博的界限

保险合同是射幸合同,其具备的机会性或偶然性特点与赌博有相似之处,但是保险从根本上有别于赌博。赌博是一种投机风险,既有损失可能也有获利可能,参与赌博是抱着侥幸心理为获取不当利益而甘冒风险,其结果可能一本万利,也可能血本无归。保险承保的是一种纯粹风险,保险的目的是补偿被保险人的实际损失,绝对没有获利的可能性。如果保险关系不是建立在投保人对保险标的具有保险利益的基础上,而是投保人可以就任意标的投保,那么保险就变成了一种赌博行为。18世纪中叶,英国政府颁布禁止赌博性质保险的法律,规定被保险人投保和索赔时一定要对保险标的具有保险利益,否则法律不予承认。因此,保险利益原则的确立从根本上划清了保险与赌博的界限,维护了社会的正常利益和保险的正常秩序。

 2. 预防与控制道德风险的发生

如果允许投保人对不具有任何利害关系的标的投保,即便发生了保险事故,投保人或被保险人在不受到任何利益损害的情况下却能得到保险理赔,必然使某些怀有不良动机的人违反道德规范,在签订保险合同后故意制造保险事故或者纵容保险事故的发生,以谋取巨额的保险赔偿,这就助长了道德风险的发生。而保险利益原则强调投保人必须对保险标的具有法律上认可的利害关系,那么即使发生了保险事故,投保人或者被保险人也只能获得损失补偿,绝不会有额外获利。坚持保险利益原则可以预防和控制道德风险的发生。

 3. 界定保险理赔的最高限额

保险的保障作用是保证被保险人因保险事故而遭受经济损失时,得到及时的赔付。在保险利益原则的规制下,被保险人能获得的赔偿是基于他对保险标的具有的保险利益,保险人的赔偿不能超过保险利益的价值,否则被保险人就会额外获利。坚持保险利益原则,既保证了被保险人获得充分的补偿,又不会使被保险人额外获利,也明确了保险人承担责任的最高限额。

三、各类保险的保险利益认定

(一)财产保险的保险利益认定

财产保险的保险利益认定有以下几种情况。
(1)财产所有权人、经营管理人对其所有或经营管理的财产具有保险利益。
(2)抵押权人、质押权人对其抵押、质押的财产具有保险利益。
(3)财产的保管人、货物的承运人、各种承包人、承租人对其保管、承运、承包、使用的财产具有保险利益。
(4)经营者对其合法的预期利益具有保险利益。比如企业基于财产的现有利益而存在的确实可得的预期利润可以作为保险利益,从而产生了利润损失保险。
其中前三种属于对现有利益具有保险利益。

(二)责任保险的保险利益认定

责任保险的保险标的是被保险人对第三者依法应负的经济赔偿责任,投保人对其应负的民事损害赔偿责任具有保险利益。主要包括以下四种情况。
(1)公众责任。各种固定场所的所有人或经营人,如商场、影剧院、酒店、医院、游乐场所等,对因固定场所存在缺陷或管理上存在过失致其顾客、观众等受到人身伤害或财产损失,依法应承担经济赔偿责任的,具有保险利益,相应的险种有公众责任保险。
(2)产品责任。产品的制造商或销售商等,因商品质量或其他问题给消费者造成人身伤害或财产损失,依法应承担经济赔偿责任的,具有保险利益,相应的险种有产品责任保险。

(3)职业责任。各类专业人员,如会计师、律师、美容师、医生、药剂师等,由于工作上的疏忽或过失致使他人遭受损害而依法应承担赔偿责任的,具有保险利益,相应的险种有职业责任保险。

(4)雇主责任。雇主对雇员在受雇期间因从事与职业有关的工作而患职业病或伤残、死亡等依法应承担相应经济赔偿责任的,具有保险利益,相应的险种有雇主责任保险。

(三)信用和保证保险的保险利益认定

信用和保证保险的保险标的是一种信用行为。在经济交往中,权利人与义务人之间基于各类经济合同而存在经济上的利益关系。当义务人因种种原因而不能履约时,会使权利人遭受经济损失。因而权利人对义务人的信用具有保险利益,而义务人对自身的信用当然具有保险利益。当权利人对义务人的信用存在疑虑时,可以以义务人的信用为标的购买保险,这就是信用保险。权利人也可以要求义务人以其自己的信用为标的购买保险,这就是保证保险。

(四)人身保险的保险利益认定

保险实务中,人身保险的保险利益认定既以各国法律为依据,又取决于投保人与被保险人之间的关系。如果投保人以他人作为被保险人投保人身保险,原则上要求投保人对被保险人必须具有保险利益,但各国法律规定有所不同。有些国家规定,只要具有保险利益,就可订立合同;有些国家规定,不论是否具有保险利益,都要被保险人同意;也有一些国家规定,两个条件都需具备,既要求投保人对被保险人具有保险利益,又要求得到被保险人的同意。

我国《保险法》对人身保险中保险利益的认定,采取保险利益和被保险人同意相结合的原则。根据《保险法》第三十一条规定,投保人对下列人员具有保险利益。

(1)本人。当投保人为自己投保,以自己为被保险人时,对自己的生命和身体具有保险利益。

(2)配偶、子女、父母。当投保人以与自己有亲属血缘关系的人为被保险人时,我国《保险法》规定,配偶之间基于合法的婚姻关系具有保险利益,父母与子女之间基于血缘关系且拥有法定的相互抚养、赡养关系因而具有保险利益。

(3)前两项以外与投保人有抚养、赡养或者扶养关系的家庭其他成员、近亲属。前两项之外的家庭成员、近亲属,他们之间的血缘关系可能不是很密切,但如果相互间存在抚养、赡养或扶养,有经济利害关系,法律上可以认定他们相互间具有保险利益。一般而言,在同一个家庭生活的成员相互之间存在保险利益。

(4)与投保人有劳动关系的劳动者。雇主对与其有劳动关系的劳动者具有保险利益。为提升企业文化,增强企业凝聚力,雇主为雇员投保商业养老保险、人寿保险或医疗保险作为员工福利,这是现代企业普遍存在的现象。

(5)除前 4 项规定外,被保险人同意投保人为其订立合同的,视为投保人对被保险人具有保险利益。比如债权人对债务人、合伙人对其他合伙人、公司法人对其董事与职员存在合法的经济关系,只要被保险人同意,投保人对被保险人就具有保险利益。

为了保证被保险人的人身安全,我国《保险法》严格限定了人身保险利益。《保险法》第三十四条规定了"以死亡为给付保险金条件的合同,未经被保险人同意并认可保险金额的,合同无效",但父母为其未成年子女投保的人身保险不受此限制。

四、保险利益原则的时效与保险利益的变动

(一)保险利益原则的时效

保险利益既是保险合同的客体,又是保险合同成立与生效的要件,不仅对保险合同的成立有意义,而且对保险合同的效力维持也有意义。保险利益原则的时效是指投保人或被保险人对保险标的的保险利益应当在何时存在,才能作为评价保险合同具备法律效力的因素。

《保险法》第十二条规定"财产保险的被保险人在保险事故发生时,对保险标的应当具有保险利益"。第四十八条进一步规定"保险事故发生时,被保险人对保险标的不具有保险利益的,不得向保险人请求赔偿保险金"。以海上货物运输保险为例,买方往往在投保时货物所有权还未到手,而货物所有权的转移是必然的。为了便于保险合同的订立,此时,保险利益不必在保险合同订立时存在,但当损失发生时被保险人必须对保险标的具有保险利益,否则,被保险人就没有权利索赔。

《保险法》第三十一条规定,人身保险中,"订立合同时,投保人对被保险人不具有保险利益的,合同无效"。人身保险强调的是保险合同订立时保险利益必须存在,但是在保险合同效力持续时间内和发生保险事故时,保险利益是否存在并不重要。也就是说,在发生保险事故时,即使投保人对被保险人失去了保险利益(如夫妻离婚),也不影响保险合同的效力,保险人仍要承担保险责任,履行给付保险金的义务。

显然,财产保险强调的是在保险事故发生时具有保险利益,而人身保险强调的是在订立保险合同时具有保险利益。

(二)保险利益的变动

保险利益并不是永远存在的,有时会由于各种原因而消灭或转移。保险利益的消灭是指投保人或被保险人对保险标的的保险利益因保险标的的灭失而消灭。保险利益的转移是指在保险合同有效期间,投保人将保险利益转移给受让人,保险标的受让人承继被保险人的权利和义务。具体包括以下情形。

1. 保险利益因继承而变动

财产保险中,大多数国家保险立法规定,财产保险的投保人或被保险人死亡的,其对保险标的的保险利益自动转移给财产继承人,保险合同继续有效。我国保险实务中也承认这种保险利益的转移。

人身保险中,如果保险合同约定死亡为给付责任,比如死亡保险、两全保险等,当被保险人发生死亡情形的,保险公司履行给付保险金责任后保险合同终止;如果保险合同不包含死亡给付责任,被保险人发生死亡情形的,合同的保险利益因保险标的灭失而消灭,保险合同终止。如果保险合同是以他人为被保险人,若投保人死亡,投保人原有的对被保险人的保险利益是否能够转移给其继承人,分两种不同的情况:如果人身保险合同是基于债权债务关系而订立,这时对被保险人的保险利益专属于投保人(债权人),当投保人死亡时保险利益可以由投保人的合法继承人继承;如果人身保险合同是基于特定的人身关系而订立,比如基于血缘关系、抚养关系等,这时对被保险人的保险利益并非专属于投保人,保险利益一般不得转移。

 2. 保险利益因转让而变动

财产保险中,保险标的的转让会影响保险利益的变动。《保险法》第四十九条规定"保险标的转让的,保险标的的受让人承继被保险人的权利和义务","被保险人或者受让人应当及时通知保险人",这明确了保险利益因保险标的的转让自动转移给受让人,保险合同继续有效。

人身保险中,保险标的是人的生命、身体,保险利益一般是不能转让的,也不发生保险合同的效力问题。但基于债权而产生的保险利益可以随着债权的转让而转移,且一般认为原保险合同对新的受让人发生效力。

 3. 保险利益因破产而变动

财产保险中,被保险人破产,保险利益转移给破产财产的管理人或债权人。保险合同仍为破产债权人而存在。但各国法律一般规定一个期限,在此期限内保险合同继续有效。超过这一期限,破产财产的管理人或债权人应与保险人解除保险合同。

人身保险中,投保人的破产对人身保险合同没有影响。被保险人的破产,对人身保险合同也不产生保险利益的转移问题。

五、保险利益原则的运用

◇ 同步案例4-3

投保人丧失了保险利益会影响保险合同的有效性吗?

【案情】

张某年初为新买的小轿车投保了机动车辆损失保险、第三者责任保险,保险期限到当年12月底截止。当年7月同一品牌又出了一个新款车型,张某非常喜欢,于是将年初买的车卖给了黄某,且张某也告知了保险公司。黄某在11月的一天开车途中发生意外撞车事故,车辆损失需要修理费用8000元。张某认为事故发生在保险期内,于是向保险公司索赔。

【思考】

张某对此保险标的还有保险利益吗?保险合同还有效吗?保险公司会赔给张某吗?

【分析】

案例中,张某将小轿车卖给黄某的那一刻,他就丧失了对保险标的的保险利益,根据《保险法》相关规定"保险事故发生时,被保险人对保险标的不具有保险利益的,不得向保险人请求赔偿保险金",因此,此案例中,张某无权向保险公司索赔,保险公司不会给张某赔偿金。

根据《保险法》相关规定"保险标的转让的,保险标的的受让人承继被保险人的权利和义务",案例中黄某是受让人,意味着张某将小轿车卖给黄某之后,保险合同仍然有效,只是合同中的被保险人不再是张某而是黄某。本案中保险事故发生在保险期内,黄某有权向保险公司索赔。

第三节　损失补偿原则

一、损失补偿原则的含义及其意义

（一）损失补偿原则的含义

补偿经济损失是保险的基本职能，也决定了损失补偿原则是保险的重要原则，这一原则一般适用于财产保险。所谓损失补偿原则是指在保险有效期内，如果保险标的遭受保险责任范围内的损失，保险人应当按照合同约定，及时赔偿被保险人遭受的实际损失。但是保险赔偿只能使被保险人在经济上恢复到受损前的同等状态，不能让被保险人因保险赔偿额外获利。

理解损失补偿原则应把握以下几个要点：① 保险事故发生时，被保险人对保险标的具有保险利益才能获得赔偿，这是保险利益原则的要求；② 被保险人遭受的损失只有在保险责任范围内才能获得赔偿，保险责任范围之外的，保险人不予赔偿；③ 被保险人遭受的损失是经济上的，只有能用货币来计量的损失才能获得赔偿。

（二）损失补偿原则的意义

1. 有利于保障保险基本职能作用的发挥

在损失补偿原则的规制下，对被保险人发生的保险损失，保险人必须及时履行约定的赔偿责任，使被保险人在经济上恢复到受损之前的状态，这是保险基本职能的体现，也是保护被保险人合法权益的要求。

2. 有利于防止被保险人额外获利

在损失补偿原则的规制下，被保险人有损失且属于保险责任才能得到保险赔偿，否则得不到保险赔偿，且保险赔偿不得超过被保险人的实际损失，这就限制了被保险人因保险赔偿额外获利。

3. 有利于防止道德风险的发生

在损失补偿原则的规制下，被保险人不能额外获利，这在很大程度上可以防止为获取保险赔偿而故意制造事故和损失行为的发生，有利于防止道德风险的发生，维护社会良好秩序。

二、损失补偿原则的基本内容

（一）保险赔偿的限制

基于损失补偿原则的含义及其意义，保险人在履行赔付义务时，要明确赔偿的最高限度，绝不能允许被保险人因保险赔付额外获利。

1. 以实际损失为限

实际损失是根据保险损失发生时保险标的的市场价值来确定的，保险赔偿金额不能超过该标的损失时的市场价值。

2. 以保险金额为限

保险金额是保险双方签订合同时依据标的的保险价值确立的，是被保险人缴纳保险费的依据，也是保险人承担赔偿责任的最高限额。保险赔偿金额只能等于或小于保险金额，不能超过保险金额。

3. 以保险利益为限

发生保险事故时被保险人对保险标的具有保险利益是其索赔的前提，保险赔偿正是基于被保险人对保险标的的保险利益，保险赔偿金额不得超过保险利益。

保险实务中，保险理赔遵循上述三项最高限额，以上述三项中最低的为限。

（二）保险人的赔偿方式

保险人可以选择的赔偿方式有以下三种。

1. 货币赔偿

这是保险理赔最常见的一种方式,保险人根据应赔付的金额支付相应的货币。

2. 修复

当被保险人的财产遭受部分损失或者部分零部件损坏时,保险人可以出资把损坏的部分修好,使保险标的恢复到受损前的状态。

3. 置换

当被保险人的财产遭受损失时,保险人可以赔偿与损毁财产同等规格、型号和性能的财产。

(三)保险赔偿的计算方法

1. 比例赔偿方式

比例赔偿就是按照保险金额与出险时保险财产实际价值的比例来赔偿被保险人损失。保险金额与出险时保险财产实际价值的比例反映了保险的保障程度,因此比例赔偿方式也称为按保险保障程度赔偿的方式。其计算公式为:

保险赔偿金额 = 损失金额 × (保险金额 ÷ 出险时保险财产实际价值)

当保险金额与出险时保险财产实际价值相等时,保障程度为百分之百,即构成足额保险,此时被保险人的实际损失可以得到全部补偿;当保险金额低于出险时保险财产实际价值时,保障程度不足百分之百,即构成不足额保险,此时被保险人的损失只能得到部分补偿;当保险金额大于出险时保险财产实际价值时,保障程度超过百分之百,即构成超额保险,此时如果不存在道德风险,保险人仍应承担保险责任,但是超过部分是无效的。被保险人得到的补偿与足额保险一样。

例如,出险时,保险标的的实际价值为 100 万元,保险期内保险财产损失金额为 50 万元,当保险金额不一致时,赔偿金额也不相同。

① 如果保险金额是 80 万元,属于不足额保险,保险赔偿金额为 40 万元;
② 如果保险金额是 100 万元,属于足额保险,保险赔偿金额为 50 万元;
③ 如果保险金额是 120 万元,属于超额保险,在不存在道德风险的情况下,合同有效,但超过保险财产实际价值的 20 万保险金额无效,按足额保险赔付,保险赔偿金额是 50 万元。

2. 第一危险赔偿方式

第一危险赔偿方式实际上是将保险财产的价值分为两个部分,第一部分为保险金额以内的部分,也称为第一危险,此部分损失由保险人负责赔偿;第二部分为超出保险金额范围的财产部分,此部分损失保险人不负责任。其特点就是不论足额保险,还是不足额保险,保险人都在保险金额以内赔偿被保险人的实际损失。它与比例赔偿方式的区别是在不足额保险情况下,对被保险人更为有利。

仍以上面例题为例,采用第一危险赔偿方式,其赔偿结果如下。

① 如果保险金额是 80 万元,属于不足额保险,保险赔偿金额为 50 万元。
② 如果保险金额是 100 万元,属于足额保险,保险赔偿金额为 50 万元。
③ 如果保险金额是 120 万元,属于超额保险,保险赔偿金额是 50 万元。

显然,在不足额保险情况下,采用第一危险赔偿方式,被保险人获得的赔偿金额较比例赔偿方式更多。

3. 限额赔偿方式

限额赔偿方式是保险双方订立合同时约定一个限额作为赔偿的依据,保险人只负责赔偿实际价值与标准限额之间的差额,又称为固定责任赔偿方式。这种方式适用于农作物保险,当实际收成达不到事先确定的限额时,由保险人赔偿其差额。其计算公式为:

$$赔偿金额 = 限额 - 实际收获价值$$

例如,某保险公司开办水稻收成保险,每亩限额责任为 800 元,某农户投保 200 亩,由于遭受水灾,每亩实际收获 300 元。保险赔偿金额计算如下:

$$保险赔偿金额 = (800 - 300) \times 200 = 10(万元)$$

(四)被保险人不得因为保险赔偿而额外获利

保险赔偿只能使被保险人在经济上恢复到受损前的同等状态,不能让被保险人因保险赔偿额外获利。为此,保险实务中应注意以下几点。

第一,如果保险财产遭受部分损失仍有残值,保险人在计算赔款时,对残值应做相应的扣除。

第二,如果保险事故是由第三者责任造成的,保险人可以根据保险合同赔偿给被保险人,但是被保险人必须将其对第三者进行追偿的权利转让给保险人。

第三,如果被保险人将一份财产向多个保险人投保,当保险事故发生时,被保险人获得的赔偿不得超过财产的实际损失。

三、损失补偿原则的派生原则之一：权益转让原则

（一）权益转让原则的概念及意义

 1. 权益转让原则的概念

权益转让原则是指在保险期内发生了保险事故，被保险人的全部或部分损失从保险人处获得赔偿后，应将保险标的的所有权益或向肇事的第三方追偿的权利转让给保险人。它是由损失补偿原则派生的，属于财产保险特有的原则。在保险实务中的运用主要体现在保险代位追偿和保险委付两方面。

 2. 确立权益转让原则的意义

(1)有利于维护保险双方的利益。在权益转让原则的规制下，被保险人向保险人行使索赔权可以及时获得保险赔偿。同时，被保险人将保险标的的相应权益转让给保险人，使保险人能挽回全部或部分损失，这样维护了保险双方的利益。

(2)有利于防止被保险人额外不当获利。在权益转让原则的规则下，当因为第三者造成保险标的发生了保险责任范围内的损失，保险人履行赔偿义务后，被保险人应将向第三者追偿的权益转让给保险人，以免被保险人在一次损失中获得双重或多重补偿，防止被保险人额外不当获利。同理，当保险标的发生了推定全损，保险人全额赔付的情况下，被保险人应将保险标的的所有权益转让给保险人。否则，被保险人额外不当获利，既与保险补偿原则不符，又违背了保险的宗旨。

(3)有利于维护社会公共秩序。社会公共秩序和公共安全在法律上要求肇事者对其造成的损害承担经济赔偿责任。如果被保险人因为从保险人处获得了赔偿而不追究肇事者的责任，就会使肇事者逍遥法外，有违社会公平，也容易助长其他肇事行为的发生，干扰社会安全秩序。在权益转让原则的规制下，保险人履行赔偿责任之后，依法行使向肇事者追偿的权利，有利于维护社会公共秩序。

（二）保险代位追偿

 1. 保险代位追偿的概念

依据《保险法》第六十条规定，保险代位追偿是指因第三者对保险标的的损害而造成保

险事故的,保险人自向被保险人赔偿保险金之日起,在赔偿金额范围内代位行使被保险人对第三者请求赔偿的权利。

 2. 保险代位追偿产生的前提条件

(1)保险标的遭受的损失必须是保险责任范围内的原因所致。此种情形下被保险人享有向保险人请求赔偿的权利,否则保险人不需要承担赔偿责任,也就不存在代位追偿问题。

(2)保险标的遭受的损失必须是第三者造成的,且第三者在法律上或依照合同应承担责任。此种情形下被保险人依法依约对第三者享有请求赔偿的权利。否则,若没有第三者的赔偿责任,被保险人就没有追偿权的转让,也就不存在代位追偿问题。

(3)事故发生后保险人已经支付了赔偿金。如果保险人没有对被保险人的损失履行赔偿义务,就没有权利取代被保险人向第三者进行追偿。

以上三个条件缺一不可,同时具备才能产生代位追偿。

 3. 保险代位追偿权的限制

一般而言,任何对保险标的的损害负有赔偿责任的第三者都可以成为代位追偿权的行使对象。但是,保险实务中,对保险人行使代位追偿权有所限制。首先,对代位追偿的对象有限制。各国立法都规定保险人不得对被保险人本人及其一定范围的亲属或雇员行使代位追偿权,除非保险事故是由上述人员故意造成的。因为上述对象是一个经济共同体,如果对上述对象行使代位追偿权,被保险人就得不到实际赔偿,保险也失去了意义。我国《保险法》第六十二条将"被保险人的家庭成员或者其他组成人员"限定为代位追偿权的除外对象。其次,代位追偿权的适用范围被限制于财产保险合同,不能用于人身保险合同。《保险法》第四十六条规定:"被保险人因第三者的行为而发生死亡、伤残或者疾病等保险事故的,保险人向被保险人或者受益人给付保险金后,不享有向第三者追偿的权利,但被保险人或者受益人仍有权向第三者请求赔偿。"因此,代位追偿不适用于人身保险。人身保险的保险标的是人的生命或身体,无法用货币衡量其价值,不存在额外获利的问题。如果被保险人因为第三者造成保险事故死亡,即便被保险人买了多家保险公司的多份人身保险,保险合同约定的受益人也既可以获得多家保险公司的保险金,又可以获得第三者责任方在经济上的相应赔偿。

 4. 保险代位追偿中保险双方的权利与义务

根据《保险法》第六十条、六十一条、六十三条相关规定,保险代位追偿中保险双方的权利义务如下。

(1)保险人的权利:① 被保险人在保险人赔付之前放弃对第三者的追偿权的,保险人不予赔偿;② 被保险人在保险人赔付之后未经保险人同意放弃对第三者的追偿权的,该放弃行为无效;③ 被保险人故意或者因重大过失致使保险人不能行使代位请求赔偿权利的,保险人可以扣减或者要求返还相应的保险金;④ 保险事故发生后,被保险人已经从第三者责任方获得损害赔偿的,保险人赔偿保险金时,可以相应扣减被保险人从第三者已取得的赔偿金额。

(2)被保险人的权利:保险人行使代位请求赔偿的权利,不影响被保险人就未取得赔偿的部分向第三者请求赔偿的权利。

(3)被保险人的义务:在保险人向第三者行使代位追偿权时,被保险人应当向保险人提供必要的文件和其所知道的有关情况。

5. 保险代位追偿权中保险人的追偿权益范围

保险代位追偿权中保险人的追偿权益范围仅限于保险赔偿金额以内。如果保险人追偿所得大于保险赔偿金,其超过的部分应当归被保险人所有。

保险实务中,保险人有时选择主动放弃代位追偿权。比如被保险人事先与第三人约定意外事故免责,且投保时明确告知保险人,则保险人可在合同中列明放弃对该第三人的代位追偿权。在汽车保险中,承保人之间可以达成"碰撞"协议,当投保的汽车碰撞受损时,各承保人负责赔偿各自的被保险人,而放弃向对方的追偿权。

(三)保险委付

1. 保险委付的概念

保险委付是指保险标的处于推定全损状态时,被保险人将其所有权及其派生的一切权利和义务转移给保险人,而请求支付全部保险金额。保险委付是被保险人放弃物权,争取最大损失赔偿的一种请求。对被保险人的委付请求,保险人一旦接受,则保险委付成立。保险委付主要适用海上船舶保险和货物保险等业务。

2. 保险委付的前提

保险委付的前提是推定全损。推定全损是指当保险标的虽未达到全损程度,但有全部损失的可能,或其修复费用将超过保险价值时,保险人按照全损处理的一种推定性的损失。由于推定全损状态下的保险标的并未全部损失,还有残值或保险标的上还附有其他的利益,保险人赔付后理应取得保险标的所有权,否则被保险人就会额外获利。被保险人为取得全部保险赔偿,必须将保险标的的残余利益或标的物上的一切权利及义务转移给保险人。

3. 保险委付的成立条件

(1)保险委付应以推定全损为条件。保险委付的前提条件是推定全损,若保险标的发生实际全损,则没有物权可转移,被保险人无须转移物权即可获得全部赔偿。

(2)保险委付必须由被保险人向保险人提出。我国《保险法》对保险委付未做规定,但《海商法》明确规定,"保险标的发生推定全损,被保险人要求保险人按照全部损失赔偿的,应当向保险人委付保险标的"。委付通知是被保险人向保险人做推定全损索赔之前必须提交的书面文件,如果被保险人没有提交委付通知,保险人对受损的保险标的只能按部分损失处理。

(3)保险委付应就保险标的物的全部提出请求。保险委付具有不可分割性,委付请求应就标的物的全部提出。但是,若标的物是由可分的独立部分组成,其中仅有一部分发生委付的原因,则可仅就该部分保险标的请求委付。

(4)保险委付不得附有任何条件。被保险人发出委付请求,不得向保险人提出任何附带条件。比如,船舶发生推定全损,被保险人请求委付,同时又向保险人提出,一旦失踪船舶找到,将返还保险金并取回船舶。这是法律禁止的。

(5)保险委付必须经过保险人承诺才能成立。委付只是被保险人的一种单方面的请求,保险人有权接受,也有权拒绝,但是保险人应当在合理的时间内将接受或拒绝的决定通知被保险人。一旦保险人接受委付请求,就不得撤回。

保险委付成立后,保险人对保险标的物的全部权利和义务同时接受,且标的物自委付的原因出现之日起发生转移。保险人在处理标的物时得到的利益超过赔偿的金额,这也应属于保险人所有。

四、损失补偿原则的派生原则之二:重复保险的分摊原则

(一)重复保险及其分摊原则的概念

1. 重复保险

根据《保险法》第五十六条,重复保险是指投保人对同一保险标的、同一保险利益、同一保险事故分别与两个以上保险人订立保险合同,且保险金额总和超过保险价值的保险。

保险实务中,重复保险不可避免。重复保险的投保人应当将重复保险的有关情况通知各保险人,只要投保人不存在道德风险,不是恶意的重复保险,那么保险事故发生后,对被保险人的损失,各保险人都应承担责任。

构成重复保险应同时满足以下几个条件:① 具备几个"同一",同一投保人针对同一保险标的,基于同样的保险利益投保同样的风险;② 向两个以上的保险人分别投保,签订了两个以上的保险合同;③ 几张保险单保险金额总和超过了保险标的的保险价值;④ 几张保险单的保险期限有重叠,保险事故发生在重叠的保险期内。

2. 重复保险的分摊原则

重复保险的分摊原则是指在重复保险的情况下，发生保险事故造成损失后，被保险人向各家保险公司索赔时，为防止被保险人所得的赔偿金额超过其实际损失而额外获利，由各保险人采用适当的方法来分摊被保险人的损失。它是在重复保险的情况下产生的损失补偿原则的一个派生原则。

（二）重复保险分摊的方法

1. 比例责任分摊

比例责任分摊中将各保险人保险金额相加，去除各个保险人的保险金额，得出每个保险人应分摊的比例，然后按比例分摊损失金额。计算公式为：

某保险人的赔偿金额＝被保险人的损失额×（某保险人的保险金额÷所有保险人的保险金额之和）

例如，某企业将 1000 万元的固定资产分别向甲、乙两家保险公司投保企业财产保险基本险，甲保险公司承保的保险金额为 300 万元，乙保险公司承保的保险金额为 900 万元。在保险有效期内，企业发生火灾造成固定资产损失 500 万元。该企业向甲、乙两家保险公司索赔，计算甲、乙两家保险公司的赔偿额。

甲保险公司的赔偿金额＝500×[300÷（300＋900）]＝125（万元）

乙保险公司的赔偿金额＝500×[900÷（300＋900）]＝375（万元）

2. 限额责任分摊

限额责任分摊中，保险人分摊赔款额或分摊被保险人的损失额不以保险金额为基础，而是按照在没有其他保险人的情况下各保险人单独应负的责任限额进行比例分摊赔款。计算公式为：

某保险人的赔偿金额＝被保险人的损失额×（某保险人的独立责任限额÷所有保险人的独立责任限额之和）

仍以上题为例，采用限额责任分摊方法，首先确定甲、乙保险公司的独立责任限额分别为 300 万元、500 万元，则甲、乙保险公司的赔偿金额分别为：

甲保险公司的赔偿金额＝500×[300÷（300＋500）]＝187.5（万元）

乙保险公司的赔偿金额＝500×[500÷（300＋500）]＝312.5（万元）

3. 顺序责任分摊

由先出立保险单的保险人首先在其保险金额内负责赔偿,第二个保险人只负责赔偿超出第一个保险人的保险金额的部分,如果仍有超出部分,即依次由第三、第四个保险人负责赔偿。

仍以上述例题为例,采用顺序责任分摊,甲保险公司先赔付300万元,乙保险公司赔付200万元。

顺序责任分摊对有的保险人有失公平,目前各国实务中一般不再采用,多采用前面两种方法。我国《保险法》第五十六条有规定"除合同另有约定外,各保险人按照其保险金额与保险金额总和的比例承担赔偿保险金的责任",我国一般采用比例责任分摊的方法。

五、损失补偿原则的运用

1. 保险代位追偿原则的运用

  同步案例4-4

被保险人李某能同时获得保险人与肇事方的全额赔付吗?

【案情】

假设李某的私家车足额投保了机动车辆损失保险,保险有效期内因为第三者张某违章驾驶撞坏了李某的车,发生修理费用5万元。李某向保险公司提出索赔并获得5万元赔付,李某又向肇事方张某索赔,要求张某赔偿其车辆损失5万元(见图4-1)。那么,被保险人李某的要求合理吗?能实现吗?为什么?

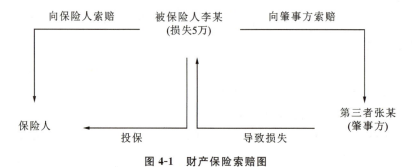

图4-1　财产保险索赔图

【分析】

本案例中被保险人李某的车辆损失是张某违章驾驶造成的,李某拥有两种索赔权,既可以根据保险法及保险合同向保险人索赔,又可以依据民法向肇事的第三方张某索赔。

李某已经向保险人索赔,全部损失已获得赔偿。如果李某再向张某索赔且获得张某的赔偿就会存在额外不当获利,这既不符合保险补偿原则,也违背了保险宗旨。所以李某的要求既不合理,也不会实现。

根据《保险法》第六十条相关规定,保险人对被保险人履行赔付义务后就取得向肇事的第三方追偿的权利,因此,李某应将向张某索赔的权利转让保险人。

◇ 同步案例4-5

被保险人高某能同时获得保险人与肇事方的全额赔付吗?

【案情】

假设高某外出乘飞机旅行,临行前他买了3份综合人身意外伤害保险。不幸的是,他乘坐的飞机在滑行中偏离方向与另一架飞机相撞,飞机受损,高某残疾(见图4-2)。那么,被保险人高某能否获得3份保险金的理赔以及航空公司的赔付呢?

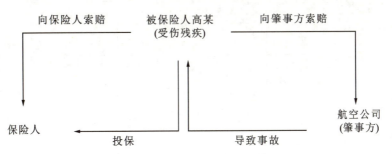

图4-2 人身保险索赔图

【分析】

本案例中被保险人高某拥有两种索赔权:既可以根据保险法及保险合同向保险人索赔,又可以依据民法向肇事的第三方航空公司索赔。

本案例属于人身保险,根据《保险法》第四十六条,"被保险人因第三者的行为而发生死亡、伤残或者疾病等保险事故的,保险人向被保险人或者受益人给付保险金后,不享有向第三者追偿的权利,但被保险人或者受益人仍有权向第三者请求赔偿"。因此,本案例中被保险人不仅可以获得3份保险理赔金,还可以向航空公司索赔。

启示：将两个案例分析对比可知，保险代位追偿原则只适用于财产保险，人身保险中不存在代位追偿问题。

 2. 重复保险分摊原则的运用

◇ **同步案例4-6**

本案例属于重复保险吗？

【案情】

陈女士将自己价值50万元的财产分别向A、B、C三家保险公司投保家庭财产保险，保险金额分别是30万元、25万元、20万元（见图4-3）。保险期限基本相同，从2020年3月1日到2020年12月31日保险期限是重叠的。假如在重叠的保险期内发生保险事故造成损失20万元，那么本案例属于重复保险吗？各保险公司该如何赔付？

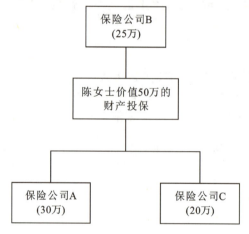

图4-3 财产保险示意图

【分析】

陈女士是以同样的保险标的，基于同样的保险利益——所有权，向三家保险公司购买的同样保险，保险期限有重叠，且保险金额总和超过了财产的保险价值，属于重复保险。

保险事故发生在重叠的保险期内，三家保险公司都有赔偿责任。为防止被保险人额外不当获利，对被保险人的损失应由三家保险公司来分摊。

因为双方没有约定损失分摊的方法，根据《保险法》相关规定，采用比例责任分摊的方法。

A 赔偿额＝20×[30÷(30＋25＋20)]＝8(万元)
B 赔偿额＝20×[25÷(30＋25＋20)]＝6.67(万元)
C 赔偿额＝20×[20÷(30＋25＋20)]＝5.33(万元)

第四节　近因原则

一、近因原则的概念

1. 近因

所谓近因,是指对保险事故发生最有效最直接的原因,是起决定作用的原因。反之,引起保险标的损失的间接的、不起决定作用的原因称为远因。近因不能理解为时间上和空间上与损失最为接近的原因,它可能在时间、空间上与损失并非最接近,但它一定是直接导致保险标的损失的最有效的或起决定作用的原因。1907年英国法庭对近因的定义是,引起一连串事件,并由此导致案件结果的能动的、起决定作用的原因,后来又进一步将其解释为,处于支配地位或起决定作用的原因,即使在时间上它并不是最近的。

2. 近因原则

近因原则是判断事故与保险标的损害之间的因果关系,从而确定保险责任的一项基本原则。保险实务中,保险人是否应该对事故损害承担责任,要看引起事故损害的原因是否属于保险责任范围。但是引起事故损害的原因是多样的,可能是单个或多个原因,也可能是一连串的原因,或者是一系列毫不相干的原因,这就需要有一个判定的原则,于是产生了近因原则。

近因原则是世界各国保险人在处理保险理赔过程中认定保险责任的基本原则。在处理保险理赔案时,首先要将引起事故发生的远因排除掉,找寻出近因,然后判断近因是否属于保险责任范围,再判断保险公司是否应该承担责任。保险公司赔偿与给付保险金的条件是造成保险标的损害的近因必须属于保险责任,否则,保险公司不承担责任。具体而言,若造成保险标的受损的近因属于保险责任范围,保险公司承担责任;若造成保险标的受损的近因不属于保险责任范围,而属于责任免除,保险公司不承担责任;若造成保险标的受损的近因兼有保险责任与除外责任,应分不同情况来处理。

二维码 4-1
近因原则
产生的
典型案例

我国的《保险法》中并未对近因原则做明文规定,但在保险实践中,一般将近因原则作为保险理赔的基本原则之一。

坚持近因原则对保险双方都有利。在近因原则规制下,保险人只对近因属于保险责任范围的情形承担理赔责任,避免了保单项下不合理的索赔。同时,在近因原则规制下,可以防止保险人以损失原因不属于近因为借口不承担应有责任,从而有利于保护被保险人利益。

二、近因原则的应用

(一)近因的认定方法

从理论上看近因原则内容相对简单,但近因原则的实际运用却存在相当多的困难。对近因的分析与判断是运用近因原则的关键,要从纷繁复杂的众多原因中排除远因、找出近因并非易事。认定近因的关键是确定风险因素与损害之间的关系,确定近因的基本方法有以下两种。

1. 从原因推断结果——顺推法

从最初的事件出发,按照逻辑关系,顺序探索由该事件可能引起的一系列事件,直到损失的发生。如果能确认第一事件肯定导致第二事件,第二事件肯定导致第三事件,如此能够一直推导至最终事件,而最终事件恰恰就是保险标的发生的损失,那么就能断定第一事件是损失的近因。用这种方法确定近因,必须要能够保证事件链中的每一个环节都存在确定的因果关系,如果某一环节的上下事件之间不存在明显的因果关系,就不能断定第一事件(最初的事件)是损失的近因。

2. 从结果推断原因——倒推法

从损失开始,按顺序自后向前追溯,探索造成这个损失的上一事件,然后再探索造成上一事件的原因,如此类推,直至探索出初始原因。如果追溯到初始原因时前后各事件没有中断,那么该原因就是近因。

(二)近因原则的运用

通过认定近因来确定保险责任,主要包括以下几种情形。

 1. 由单一原因造成的损害

如果造成保险标的损害的原因只有一个,这个原因就是近因。若近因属于保险承保范围,保险公司理应承担赔偿损失或给付保险金的责任;若近因不属于保险承保范围,保险公司不承担责任。

◇ **同步案例4-7**

单一原因造成事故的近因与保险责任认定

【案情】
被保险人吴某将价值50万元的家庭财产向某保险公司投保家庭财产保险,保险金额为50万元,保险期限1年,自2017年4月4日零时至2018年4月3日24时止。不料,在2018年1月17日,吴某家发生意外火灾,造成投保的财产损失20万元。

【思考】
造成损失的近因是什么?保险公司是否该承担责任?

【分析】
此案例造成损失的原因只有火灾一个单一原因,那么火灾就是事故损失的近因,且火灾也是家庭财产保险承保的风险,属于保险责任,因此,保险公司应赔偿被保险人的损失20万元。

 2. 由同时并存的多个原因造成的损害

如果造成保险标的损害的原因有多个,这些原因几乎同时发生,无法区分时间上的先后顺序,且它们对事故损失都起决定作用,那么这些原因都属于近因。保险公司是否承担保险责任应区分不同情况。① 如果这些近因都属于保险承保范围,保险公司应负全部保险责任。② 如果这些近因都不属于保险承保范围,保险公司不用承担保险责任。③ 如果这些近因中,既有保险公司承保范围内的,又有不属于保险公司承保范围的,保险公司是否该承担保险责任,应该看损失的结果是否容易分别计算。对于损失结果可以分别计算的,保险公司只负责承担承保责任内的损失;对于损失结果难以分别计算的,有的学者主张保险公司对损失概不负责,也有学者主张按照公平原则分摊,人们通常采用后一种主张。

3. 由连续发生的多个原因造成的损害

如果造成保险标的损害的多个原因连续发生、持续不断,且具有前因后果的关系,那么最先发生并造成一连串事件的原因即为近因。保险公司是否承担保险责任分不同情况:① 各原因都属于保险承保范围,保险公司负全部保险责任;② 前因和后因都属于除外责任,保险公司不承担保险责任;③ 前因属于保险承保范围,后因不属于保险承保范围,且后因是前因的必然结果,保险公司承担全部的保险责任;④ 前因不属于保险承保范围,后因属于保险承保范围,后因是前因的必然结果,保险公司不承担保险责任。

4. 由间断发生的多个原因造成的损害

多种原因间断发生,前因与后因并不连续,后因与前因不相关联,后因不是前因的必然、直接结果,而是新的相对独立的原因,正因为这一新的、独立的原因介入导致了损害,那么这一原因就是近因。这一原因属于保险承保范围,保险公司承担保险责任;反之,保险公司不承担保险责任。

◇ **同步案例4-8**

由间断发生的多个原因造成事故损害的近因与保险责任认定

【案情】
魏某于2015年5月5日向甲保险公司投保了人身意外伤害综合保险。在保险期内的某天,魏某过马路时被轿车撞倒,造成髋骨与肋骨骨折,被送往医院治疗。交通部门裁定轿车司机负全部责任,轿车司机向魏某赔付一定金额后结案。不料,魏某在医院治疗的第四天,因突发心肌梗塞死亡。魏某的家属在料理完魏某后事之后向甲保险公司申请给付死亡保险金。

【思考】
造成魏某死亡的近因是什么?甲保险公司会同意魏某家属的申请吗?为什么?

【分析】
本案例中造成被保险人死亡事故的原因有两个:一个是被保险人先遭受了意外伤

害,另一个是被保险人住院治疗期间突发心肌梗塞,这两个原因是间断发生的,不存在因果关系。

被保险人死亡的直接原因是突发心肌梗塞,心肌梗塞并非意外伤害造成,而是遭受意外伤害后介入的一个新的、独立的原因,正是这个原因直接造成了被保险人的死亡。因此,此案例的近因是心肌梗塞。

既然被保险人死亡的近因不是意外伤害,那么甲保险公司不应承担给付死亡保险金的责任。但是被保险人因意外伤害所致的伤残,甲保险公司应根据相应程度给付伤残保险金。

二维码 4-2
第四章
练习与思考

二维码 4-3
第四章练习与
思考答案

第五章 保险市场

◇ **学习目标**

知识目标：
1. 掌握保险市场的概念、类型；
2. 理解保险市场的重要模式；
3. 区别保险人和保险中介人的各种组织形式；
4. 识别影响保险供给和需求的各种因素。

能力目标：
1. 知晓保险市场产生的基础；
2. 了解保险市场组织形式的同时充分认识保险人和保险中介人的重要作用；
3. 在深刻理解保险供给与需求本质内涵的基础上，正确分析影响保险供给与需求的相关路径。

情感目标：
1. 把握现代保险市场的基本框架，了解中外保险市场发展状况及其差异；
2. 提升对我国保险市场发展的关注热情，培养观察分析市场现实问题的能力。

◇ **学习重点**

1. 保险市场的基本类型；
2. 保险市场的基本模式；
3. 保险供给分析；
4. 保险需求分析。

◇ **本章关键词**

保险市场　完全竞争型保险市场　完全垄断型保险市场　垄断竞争型保险市场　寡头垄断型保险市场　保险市场组织形式　劳合社　股份保险公司　相互保险公司　保险代理人　保险经纪人　保险公估人　保险供给　保险需求

◆ 导入案例

我国保险中介市场的开放[①]

为切实贯彻落实保险业扩大对外开放有关政策,进一步明确保险中介市场对外开放有关措施,放宽外资保险中介机构准入条件,中国银保监会近日印发了《关于明确保险中介市场对外开放有关措施的通知》(简称《通知》)。《通知》共三条:第一条大幅取消外资保险经纪公司的准入限制,不再要求股东经营年限、总资产等条件;第二条进一步降低外资保险中介机构的准入门槛,允许外国保险集团公司、境内外资保险集团公司投资设立的保险中介机构经营相关保险中介业务;第三条保险中介机构按照"放管服"改革要求,适用"先照后证"政策的相关规定。下一步,银保监会将持续稳妥推进银行业保险业对外开放,完善监管规则,改善营商环境,构建新型保险中介市场体系,提高我国保险中介市场服务水平,更好地服务于国民经济和社会发展。

■ 思考:
1. 为何我国保险中介市场要对外开放?
2. 开放市场后对我国保险业有何影响?

第一节 保险市场概述

一、保险市场的基本概念与要素

1. 保险市场的基本概念

保险作为一种特殊的商品,其经营活动必然离不开市场。保险市场是商品经济发展到

[①] 银保监会明确保险中介市场对外开放措施 大幅取消外资保险经纪准入限制[EB/OL].(2021-12-17). https://baijiahao.baidu.com/s?id=1719385966788985004&wfr=spider&for=pc.

一定阶段的产物,其形成有利于促进保险交易的完成与保险服务效率的提高。

狭义的保险市场是从空间概念上来理解,是指保险商品交易的场所。这类保险市场的典型有较早出现在英国的保险中心——伦巴第街保险市场,以及后来形成的"劳合社"海上保险市场。广义的保险市场则指在一定的时间、地点、条件下,保险商品交换关系的总和或是保险商品供给与需求关系的总和,是实行风险转嫁和风险交易的场所及其相关活动的总称,是促进保险交易实现的整个运行机制。随着保险业的发展、保险技术的进步、经济全球化以及信息技术的发展,保险交易逐渐突破时间与空间概念,保险市场发展为广义的市场。在这种发展趋势下,原有的买卖双方直接参与的交换关系越来越难以适应市场需求,保险市场的中介应运而生。因此,保险市场也是商业保险企业和商业保险投保人、被保险人以及保险中介的活动领域。

保险市场的交易方式多种多样,既有投保人与保险人面对面进行的保险交易,也有通过现代通信手段如网络等方式进行的交易。面对面交易是大众熟悉的传统保险展业方式,而网络交易则是近年来兴起的新型交易方式。此外,还有保险公司和银行合作于银行营业网点销售保险的银行保险。

 2. 保险市场的要素

无论采用何种方式进行保险交易,作为保险商品交换场所的保险市场都必须具备如下基本要素。

(1)保险市场交易的主体。保险市场交易的主体是在经济利益驱动下,在市场中从事风险交易活动的各种经济主体,包括个人、家庭、各类企业和经济单位、政府及其机构。包括保险买卖双方及保险中介。

(2)保险市场交易的客体。保险市场交易的客体是对特定风险的保险保障,是保险供求双方交易的具体对象,实现这种交易的工具是包含既定内容的保险合同。

(3)保险市场交易的价格。价格机制是在各类市场顺畅运行中起决定作用的市场机制,保险市场的价格体现为保险费率,保险费率机制的正常运作是保险市场正常运行的条件,是实现保险市场供求均衡和效率的机制。

◇ **知识链接5-1**

互联网保险

互联网保险是新兴的一种以计算机互联网为媒介的保险营销模式,有别于传统的保险代理人营销模式。互联网保险是指保险公司或新型第三方保险网以互联网和电子商务技术为工具来支持保险销售的经营管理活动的经济行为。互联网保险是实现保信息咨询、保险计划书设计、投保、缴费、核保、承保、保全变更、续期缴费、理赔和给付等保险全过程的网络化。2020 年 6 月 22 日,银保监会出台了《关于规范互联网保险销售行为可回溯管理的通知》[①],聚焦互联网保险销售页面管理与销售过程记录,明确互联网保险销售环节、页面内容与互动方式,创新销售页面版本管理机制,应对互联网背景下由于保险销售页面不断迭代更新带来的取证难等问题。2020 年 12 月 7 日,银保监会发布《互联网保险业务监管办法》[②],自 2021 年 2 月 1 日起施行。《互联网保险业务监管办法》共 5 章 83 条,具体包括总则、基本业务规则、特别业务规则、监督管理和附则。重点规范内容包括:厘清互联网保险业务本质,明确制度适用和衔接政策;规定互联网保险业务经营要求,强化持牌经营原则,定义持牌机构自营网络平台,规定持牌机构经营条件,明确非持牌机构禁止行为;规范保险营销宣传行为,规定管理要求和业务行为标准;全流程规范售后服务,改善消费体验;按经营主体分类监管,在规定"基本业务规则"的基础上,针对互联网保险公司、保险公司、保险中介机构、互联网企业代理保险业务,分别规定了"特别业务规则";创新完善监管政策和制度措施,做好政策实施过渡安排。

二、保险市场的特征

保险市场具有一般商品市场的共性,又因其交易对象的特殊性而具有自身的特征。

(一)保险市场是风险集聚与分散的市场

一般市场交易的对象是有形的商品与劳务服务,保险市场交易的对象是无形的特殊商品,是对特定风险的保险保障进行交易。保险人以收取保险费的方式接受投保人转嫁过来的风险,并根据大数法则将风险分摊给所有的被保险人,再以分保的方式进一步将风险分散出去,分摊给其他的保险与再保险公司。无论是原保险还是再保险市场,都是一方面表现为风险向保险人或再保险人转移与集聚,另一方面又表现为风险在所有的参保人之间分散或向承保人之外的保险人与再保险人分散。因此,保险市场的交易过程本身体现的是风险集聚与分散的过程。

---

① 中国银保监会关于规范互联网保险销售行为可回溯管理的通知[EB/OL].(2020-06-22). http://www.cbirc.gov.cn/cn/view/pages/ItemDetail.html?docId=912732&itemId=926.
② 互联网保险业务监管办法[EB/OL].(2020-12-07). http://www.gov.cn/zhengce/zhengceku/2020/12/14/content_5569402.htm.

（二）保险市场是交易非即时结清的市场

一般市场中交易过程一旦完成，买卖双方可以及时获知交易的结果，而且结果清楚、明确。由于风险具有不确定性以及保险具有射幸性特点，保险市场上交易双方都无法确切知道交易的最终结果。即便是保险交易行为已完成，保险合同已生效，买卖双方对于未来是否发生保险事故也是未知的、不确定的，因而保险市场是交易非即时结清的市场。

（三）保险市场是特殊的"期权"交易市场

保险市场上进行的交易都是保险人对未来保险责任范围内的风险事故所导致的损失或伤害提供经济保障的一种承诺，这种承诺能否兑现取决于保险期内约定的保险事故发生与否，因此，这种交易类似于一种特殊的"期权"交易。

三、保险市场的类型

根据保险标的、风险交易层次、保险活动范围和保险实施方式的不同，可以对保险市场进行如下划分。

（一）财产保险市场和人身保险市场

根据保险标的的性质，保险市场可以分为财产保险市场和人身保险市场。如图 5-1 所示，财产保险市场包括财产损失保险市场、责任保险市场和信用保证保险市场等；人身保险市场包括人寿保险市场、健康保险市场和意外伤害保险市场等。

保险市场结构会随着经济与社会的发展而发展。自 20 世纪 90 年代开始，人身保险市场规模已经超越财产保险市场规模，这一趋势无论是在发达市场经济国家还是新兴市场经济国家都同样明显。当今保险市场中，随着各国法律制度、信用制度及养老保险制度的不断发展与完善，责任保险、信用保险、健康保险与人寿保险市场发展迅速，潜力巨大。

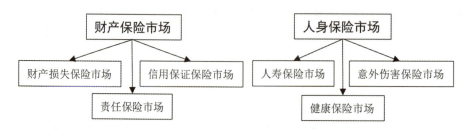

图 5-1　财产保险市场与人身保险市场结构

（二）原保险市场、再保险市场和保险证券市场

根据风险交易层次，保险市场可以分为原保险市场、再保险市场和保险证券市场。原保险市场是保险人和投保人、被保险人之间从事风险交易、实现风险分散和经济补偿保障的市场，属于风险交易的初级市场。再保险市场是保险人之间实现承保再分散、再交易的市场，是风险交易的二级市场。它对于化解保险企业的经营风险、扩大保险人的承保能力有重要作用。再保险市场的发育程度在一定程度上制约着原保险市场的扩张能力和运行质量，因此，完善的保险市场必须建立起相应的再保险市场，这对于新兴市场经济国家尤其重要。保险证券市场是在承保风险证券化的基础上形成的各种保险证券发行和交易的市场，它利用证券和金融衍生工具，按照再保险的分保技术，将原保险和再保险的风险加以组合，形成标准化的保险证券工具，在金融市场上销售转让，借以实现承保风险的再转移和再分散，这是风险交易的三级市场。保险证券市场是再保险活动在资本市场的一种延伸，它有助于扩大保险风险的分散范围、提高风险防范能力，是现代保险市场创新与发展不可或缺的新型市场。

（三）国内保险市场和国际保险市场

根据保险活动范围，保险市场可以分为国内保险市场和国际保险市场。以一定的主权和国界为范围的保险市场，对一国居民来说就是国内保险市场；反之，在一定的主权和国界范围之外的保险市场就是国际保险市场。一般来说，国际保险市场是除本国之外全球相对独立的各国保险市场的总和。

（四）自愿保险市场和强制保险市场

根据保险实施方式，保险市场可以分为自愿保险市场和强制保险市场。在自愿保险市场，投保人能够决定是否投保，保险人能够决定是否承保以及按照各种条件承保，双方在平等自愿的基础上签订保险合同，确定保险权利义务关系。而在强制保险市场，政府常以法律的形式对有关问题加以规定，个人没有选择的余地。

四、保险市场的模式

当今世界保险市场有多种模式，主要包括完全竞争模式、完全垄断模式、垄断竞争模式和寡头垄断模式。

（一）完全竞争模式

完全竞争模式是指保险市场不存在任何阻碍与干扰，保险公司可以自由进出市场，无任何市场壁垒，市场上有着数量众多的大小保险公司并存，竞争激烈，共同分享市场份额。在完全竞争模式的保险市场中，每个公司都能提供同质无差异的保险商品，所有的保险公司所占市场份额都不大，也不能单独左右市场价格。完全竞争模式是理想状态中的保险市场模式，它能最充分、最适度、最有效地利用保险资源。但事实上，现实中不存在完全竞争模式的保险市场。

（二）完全垄断模式

完全垄断模式是指保险市场完全由一家保险公司操纵，市场价格由该公司决定，其他公司无法进入保险市场。在完全垄断模式的保险市场中，没有任何竞争，消费者没有选择余地，只能购买该公司的保险产品。而这家保险公司可以凭借其完全垄断地位获取超额利润。完全垄断保险市场有两种变通形式，包括专业型完全垄断保险市场和地区型完全垄断保险市场。专业型完全垄断保险市场是指一个保险市场上同时存在多家保险公司，但各自垄断某类保险业务。古巴、朝鲜等国家的保险市场就属于此类，一个国家仅设立两家保险公司，分别专营国内的保险业务与涉外的保险业务。地区型完全垄断保险市场是指在一国保险市场上同时存在多家保险公司，但各自垄断某一地区的保险业务，彼此的业务互不交叉。比如印度就是设立了四家地区性的非寿险公司，分别垄断各自区域内的保险业务。

（三）垄断竞争模式

一般来说，保险市场多为垄断竞争模式的保险市场和寡头垄断模式的保险市场。垄断竞争模式的保险市场存在着若干处于垄断地位的大型保险公司和大量的小型保险公司，保险公司数量众多，各保险公司提供有差别的同类保险产品。保险公司进出市场较为自由，但也存在市场壁垒。由于大型保险公司的存在，尽管竞争很激烈，但市场中仍然有较强的垄断势力。在垄断竞争模式的保险市场中，垄断因素和竞争因素并存。

（四）寡头垄断模式

寡头垄断模式的保险市场垄断程度高于垄断竞争模式的保险市场。在这类保险市场中，保险公司的数量要少于垄断竞争模式的保险市场，只有几家大型保险公司彼此竞争，市场中存在着较多的进入壁垒。在寡头垄断模式的保险市场中，垄断势力要比垄断竞争模式的保险市场强大，市场份额由少数大型的相互竞争的保险公司分割，每个保险人在市场上都占有举足轻重的地位，对其险种的价格具有相当大的影响力。这种模式存在于保险监管比较严格，市场结构相对稳定的国家。

第二节 保险市场的组织形式

保险市场的主体包括保险供给方、保险需求方和保险中介,这里主要讨论保险需求方之外的两类主体,一类是承担保险责任的保险企业,即保险人,另一类是充当投保人和保险人服务中介的保险中介机构,包括保险代理人、保险经纪人和保险公估人。这两类主体有着多种多样的组织形式,在传统保险主体组织形式的基础上,还出现了多种新型保险市场组织形式,如银行保险人和保险交易所。

一、保险人的组织形式

保险人是指依法注册登记、以经营保险为业的组织。我国《保险法》第六条规定:"保险业务由依照本法设立的保险公司以及法律、行政法规规定的其他保险组织经营,其他单位和个人不得经营保险业务。"各国对保险人组织形式的规定不尽相同,我国保险组织形式使用《公司法》规定,可以采取有限责任公司和股份有限公司的组织形式。总体来说,保险人组织形式主要包括保险股份有限公司、相互保险公司、相互保险社、个人保险组织和政府保险组织。

(一)保险股份有限公司

我国保险公司主要采取的是保险股份有限公司的组织形式。保险股份有限公司的形式是现代保险最为普遍的组织形式,世界各国保险业广泛采用这一组织形式。早在1629年和1688年,荷兰和法国就分别采用这种形式,其后各国纷纷效仿。经过几百年的发展,保险股份有限公司的形式已经非常成熟。在我国,保险股份有限公司是依照《公司法》规定设立的,全部资本分为等额股份,股东以其所认购的股份对公司债务负责,公司以其全部资产对公司的债务承担责任的企业法人。

保险股份有限公司的组织形式有以下特点与优势。

(1)保险股份有限公司的组织机构包括股东大会、董事会、监事会和总经理,组织严密健全是其突出优势,追求盈利是其主要目标,这种组织形式有利于开拓业务、提高效率。

(2)保险股份有限公司由于参与的人数多,且可以以股票形式融资,能够募集巨额资本,使保险人获得雄厚的资金支持。资金越雄厚,越能增强保险人偿付能力,减少经营风险,保障被保险人的利益。

（3）股东在保险股份有限公司中承担的风险较小。保险股份有限公司采取资本和经营分离的制度，股东对公司承担的责任仅以其所认购的股份为限，即以其出资额为限度。如果公司年度结算有结余，则应该分配给股东；如果公司收支不平衡造成亏损，无法向投保人追收保费，此时保险公司经营不善的结果对于股东的影响有限，不超过其出资额。

（4）保险股份有限公司采取确定保险费制，这种制度对投保人的优势是保费负担确定，更符合现代保险的特征与投保人需要，有利于公司开发市场所需的业务。

与此同时，保险股份有限公司也存在诸多不足之处。

（1）公司的控制权为股东所掌握，公司经营者的经营目的是赚取更多的利润，被保险人的利益往往被忽视。尤其在保费计算中必须包括股东出资的利息、利润，因此保险成本增加，被保险人的负担提高。

（2）对保险金的赔偿或给付往往附以较多的限制性条款。

（3）对风险较大、利润不高的险种，如农业保险等，保险股份有限公司往往不愿意承保，只能由政府经营。

我国具有代表性的股份制保险公司主要包括平安保险、太平洋保险、泰康保险、华安保险、华泰保险、永安保险、新华保险等。目前，在我国保险市场中，保险股份有限公司在数量、资产规模、市场份额等方面都已经占据绝对优势，在我国保险公司组织形式的选择中占有举足轻重的地位。

（二）相互保险公司

相互保险公司是保险业特有的公司组织形式，是由投保人参与设立的法人组织，其经营目的不是盈利，而是为了给投保人提供低成本的保险。相互保险公司收入在除去偿付损失、营业开支和准备金后，如有结余，部分以"保单分红"的名义分配给被保险人，其余则用以加强公司的财力，但仍属于保单持有人的公有财产。相对于保险股份有限公司而言，相互保险公司具有如下特点。

（1）相互保险公司没有股东，保单持有人的地位与保险股份有限公司的股东地位类似，公司为保单持有人所拥有。当投保人购买公司保单之后，即成为公司成员，能够参与公司管理事务，并从盈利中分红。一旦其解除保险合同，就视为脱离公司，其成员资格即告丧失。

（2）相互保险公司没有资本金，也不能发行股票，其运营资金来源于保费，该公司设立前期所需资金一般通过借贷等方式由外部筹措；各成员也以其缴纳的保费为依据，参与公司的盈余分配和承担公司发生亏空时的弥补额。可见相互保险公司经营目的是降低保险成本。

（3）相互保险公司的投保人具有双重身份。相互保险公司的保单持有人是其会员，会员地位与保险股份有限公司的股东地位相似，他们既是公司的所有人，又是公司的顾客；既是投保人，也是保险人。

（4）相互保险公司的组织机构类似于保险股份有限公司。其最高权力机构是全体会员组成的代表大会，从代表大会中产生董事会，由董事会任命高级管理人员。在大型相互保公司中,无法由全体会员参与公司管理,而是由董事会和高级管理人员管理公司全部事务。

目前的国际保险市场中,保险股份有限公司与相互保险公司存在转制的趋势,相互保险公司的相互性在逐渐退化,由相互制转向股份制成为保险业发展的新趋势。

◇ 知识链接5-2

我国相互保险公司的兴起

相互保险公司是被保险人为保障自身经济利益而设立的合作性保险组织,其特点是被保险人同时也是保险人,保险资本通过由各成员认缴的方式聚集,并接受外部的参股资金。在非寿险业中,公司的业务仅限于内部成员;在寿险业务中,保单持有人,尤其是盈利性保单持有人在取得保单后即成为公司的股东。

我国相互保险公司包括阳光农业相互保险公司、信美人寿相互保险社、众惠财产相互保险社和汇友财产相互保险社等。阳光农业相互保险公司是在黑龙江垦区14年农业风险互助基础上建立的我国首家相互制保险公司,是黑龙江省唯一一家国家一级法人金融机构,公司于2005年1月11日正式开业。信美人寿相互保险社成立于2017年5月11日,业务范围涵盖普通型保险,包括人寿保险和年金保险;健康保险;意外伤害保险;上述业务的再保险业务;国家法律、法规允许的保险资金运用业务;经原保监会批准的其他业务。众惠财产相互保险社是中国首家经原保监会批准设立的全国性相互保险组织,住所位于金融创新窗口深圳前海,初始运营资金10亿元,主营业务包括信用保险、保证保险、短期健康和意外伤害保险等。汇友财产相互保险社于2017年06月28日成立,公司经营范围包括:住建及工程领域的企业家庭财产保险及工程保险(特殊风险保险除外)、责任保险、信用保证保险、短期健康意外伤害保险;上述业务的再保险业务(分入业务来源仅限会员);国家法律、法规允许的保险资金运用业务;经原保监会批准的其他业务等。

(三)相互保险社

相互保险社是早期出现的保险组织的原始形态,一般规模较小,主要集合某一行业成员,是为规避同类灾害造成的损失而组织起来的保险组织。当其中的某个成员遭受保险事故而导致损失时,全体成员共同分摊。相互保险社的保单持有人即为该社成员,各保单的保险金额没有高低之分,所以每个投保人都有相同的投票权。相互保险社在收取保险费时,并不按大数法则进行保费精算,而是按照损失金额进行分摊。

相互保险社在欧美国家仍然存在,像英国经营人寿保险的"友爱社"、美国经营人寿保险的"同胞社",还有海上保险方面的"船东互保协会"等,都属于此类保险组织形式。

(四)个人保险组织

个人保险组织以自然人为保险人来经营保险业务,这种形式在现代保险中少见,英国的劳合社是特例,也是当今世界上最大的个人保险组织,其总部位于英国伦敦。劳合社的历史可以追溯到17世纪,当时英国大力拓展海上霸权,向海外进行殖民扩张的一系列活动使英国航海业获得极大发展,英国的海上保险业也随之繁荣兴旺起来,劳合社便是在这种历史背景下出现的。

劳合社历史悠久,实力强大,是拥有几百年历史的最有实力的保险组织之一。它不以劳合社的名义签发保险单或从事保险业务,而是由承保会员以个人名义从事保险业务。劳合社只提供保险交易的场所,是一个保险市场,其中的成员才是保险商。

(五)政府保险组织

一种情况是有些商业保险人无力提供或者不愿意承保社会急需的险种,如地震、冰雹、洪水等大范围自然灾害保险;失业保险、暂时伤残收入保险、工伤保险、基本的养老和医疗等社会保障性质的保险及农作物保险、存款保险等。这些关系到社会经济生活正常运转的项目,可以由政府来提供保险。另外一种情况是出于国民经济政策的考虑,由政府独家经营保险业,防止外国资本掌握本国保险市场,这在发展中国家常常可以见到。

二、保险中介的组织形式

保险中介是指介于保险人之间、保险人与投保人之间和独立于保险人与被保险人,专门从事保险中介服务并依法获取佣金的单位或个人。如前所述,保险中介包括保险代理人、保险经纪人和保险公估人。

(一)保险代理人的组织形式

保险代理人是根据保险人的委托,在保险人授权范围内代为办理保险业务,并依法向保险人收取代理手续费的公司或个人。根据保险代理人销售的险种,可以将其分为产险代理人与寿险代理人,产险代理人是从事财产保险业务销售的代理人,寿险代理人是从事寿险保险业务销售的代理人;根据保险代理人从事的业务活动,可以将其分为承保代理人与理赔代理人,承保代理人是接受委托代办承保业务的保险代理人,理赔代理人是接受保险人委托从事保险事故现场查勘、索赔计算、进行追偿与损余处理的保险代理人;根据保险代理人的职权范围,可以将其分为专用代理人和独立代理人,专用代理人是指只为一个保险人或一个保险集团代理保险业务的代理人,独立代理人是同时独立地为多个保险人代理保险业务的代理人。

保险代理人的组织形式可以是自然人,也可以是法人。目前我国保险代理人分为三类,即专业代理人、兼业代理人和个人代理人。

专业代理人指专门从事保险代理业务的保险代理公司,其组织形式多为有限责任公司。其业务范围包括代理销售保险单、代理收取保险费、保险和风险管理咨询服务、代理保险人进行损失的勘察和理赔,以及监管部门批准的其他业务。

兼业代理人指受保险人委托,在从事自身业务的同时,指定专人为保险人代办保险业务的机构。比较普遍的形式是银行代理和行业代理。兼业代理人必须具有所在单位法人授权书,有专人从事保险代理业务,有符合规定的经营场所。兼业代理人的业务范围只限于代理销售保险单和代理收取保险费。

个人代理人指根据保险人委托,向保险人收取代理手续费,并在保险人授权范围内代为办理保险业务的自然人个人。2021年,经过我国银行保险监管部门的批准,独立个人保险代理人制度正式实施启动,我国保险个人代理人中将产生一批独立个人保险代理人,并将改善传统的"金字塔"型个人代理人制度。

◇ **知识链接5-3**

独立个人保险代理人的特点[①]

与传统的个人保险代理人相比,独立个人保险代理人有如下特点。

一是独立。独立个人保险代理人是独立地自主展业,不能组建销售团队,可以聘请最多三位辅助人员协助工作,但辅助人员不得直接销售保单。

二是收入来源于销售佣金。与传统的个人代理相比,独立个人保险代理人的收入只有销售佣金收入,没有来自团队的增员收入或管理津贴收入。但销售同样的产品,独立个人代理人可以拿到比团队个人代理人更高的直接佣金。

三是性质上仍属于专属代理人。独立个人保险代理人仍然是专属于某家寿险公司的个人代理人,只能销售该寿险公司的产品和该寿险公司代理销售的其他公司的产品。

---

① 独立个人代理人制度对寿险业的影响有多大?[EB/OL].(2021-01-12). https://baijiahao.baidu.com/s? id=1688661667238808267&wfr=spider&for=pc.

（二）保险经纪人的组织形式

根据我国《保险法》第一百一十八条规定，保险经纪人是基于投保人的利益，为投保人和保险人订立保险合同提供中介服务，并依法收取佣金的机构。

根据组织形式不同，可以将保险经纪人分为个人保险经纪人、合伙保险经纪组织以及保险经纪公司。个人保险经纪人从事保险经纪业务活动在大多数国家是法律许可的，也是保险经纪行业的一种重要形式；通过订立合伙协议，共同出资、合伙经营、共享收益、共担风险，建立合伙保险经纪组织来经营保险经纪业务，在一些国家也是法律允许的；采用有限责任公司和股份有限公司的组织形式来从事保险经纪业务是最普遍的形式。

目前，根据《保险法》与《保险经纪公司管理规定》，我国对保险经纪公司的组织形式不认可个人保险经纪人，仅认可有限责任公司和股份有限公司的组织形式。

（三）保险公估人的组织形式

根据我国《保险法》和《保险公估机构管理规定》，保险公估人也称保险公估机构，是依法处理并接受保险当事人委托，专门从事保险标的的查勘、评估、鉴定、估损、理算等业务并给予证明的机构。一般说来，保险公估人是法人组织，它是直接服务于保险活动的辅助机构，也是独立于保险业之外的营利性实体，其主要工作就是接受保险人或者被保险人的委托，承办在保险合同有效期内保险标的遭损后的出损原因、损毁程度、残值的查勘、验损、估价等理赔的事项，提供公估查证报告。保险公估人所能提供的证明是处理赔案的重要依据，其费用由委托人支付。

保险公估人的组织形式主要有保险公估有限责任公司和合伙制保险公估行。

1. 保险公估有限责任公司

股东以出资额为限对公司承担责任、公司以其全部资产对公司的债务承担责任并开展保险公估业务的企业法人。这是保险公估人的主要组织形式。

2. 合伙制保险公估行

由合伙人订立合伙协议，共同出资共担风险、合伙经营共享收益，对合伙企业债务承担无限连带责任，并开展保险公估业务的营利性组织。保险公估有限责任公司是普遍采用的组织形式，我国也采用这种组织形式。

◇ **知识链接5-4**

我国保险公估人的发展状况[①]

目前国内保险公估人制度由于发展时间较短,缺乏相应技术、管理经验,在实务发展过程中面临诸多挑战。

首先,缺乏社会认知,市场业务受阻。由于发展时间较短,我国保险公估人制度在国内保险业务市场发展尚不成熟。相较于保险代理人制度、保险经纪人制度,保险公估人制度缺乏足够的社会认知,导致其市场业务开展受到局限。大众对于保险公估人的认知,大多停留在其属于保险公司体系下的业务结构,因此没有意识到保险公估人独立于保险人的公平属性特点。另外,保险公司没有充分认识到理赔评估业务专业分工的好处。由于保险公司自有勘察定损业务,它通常在主观上排斥保险公估人的市场业务。

其次,缺乏技术、人才力量积累。由于客观的业务操作要求,保险公估从业人员必须具备较强的专业技术背景与较成熟的业务经验能力;保险公估机构则必须拥有领域范围较广的专业技术人才。但目前国内保险公估市场明显缺乏相应的技术、人才力量积累。

最后,保险公估人制度管理问题。截至2018年底,全国已备案的保险公估公司共有353家。相较于最初发展阶段的几家,在数量上有着巨大的突破,但相应的管理问题也随之而来。如2019年5月,上海银保监局对六家保险公估公司开出13份罚单,这在保险公估监管领域还是很少见的。罚单问题主要集中在编制或者提供虚假的报告、报表、文件、资料,这对素来标榜公平、权威的保险公估机构,是一个沉重的信誉打击。此外,保险公估从业人员在实务操作上,也屡屡出现不规范操作,甚至存在利用信息不对称违规操作的现象。这都是目前国内保险公估制度存在的管理问题。

综上,保险公估人制度的健全发展,对于规范保险市场秩序,促进保险市场业务与行业发展有着重要作用。因此,提高对保险公估人制度的重视,探索解决其暴露的缺陷问题,完善保险公估人制度,无疑是我国保险业发展的又一个重点问题。

二维码 5-1

梧桐树首家

全国性保险

中介率先

启动独代模式

[①] 保险公估人是什么?我国保险公估人制度发展存在哪些问题?[EB/OL].(2022-02-22). https://baijiahao.baidu.com/s?id=1725432269790035976.

三、新型保险市场组织形式

（一）银行保险人

银行保险人是指向一般社会大众开发和销售银行和保险产品的经营实体，其经营范围涉及存款、信贷、抵押、保险等多种金融服务领域。银行保险人是在金融创新浪潮中，传统的银行业与保险业从分业经营逐步走向混业经营的过程中出现的新的市场组织形态。它首先兴起于欧美国家。在市场激烈竞争过程中，为创新发展、寻求新的业务增长点，银行或保险企业通过各种方式，如合资、独资控股、兼并收购等多种形式，建立以银行为主导方或者以保险企业为主导方的新型金融实体，实现了银行和保险业的综合经营、共同创新与融合发展。银行保险人的出现不仅对传统的金融体系构成产生重大影响，而且会加剧保险的竞争态势，并对金融监管提出新的挑战。

（二）保险交易所

保险交易所是在保险市场组织创新过程中，一些国家组织者借用证券市场的集合竞争而创造的一种保险交易形式。保险交易所于20世纪在美国纽约产生，是专门交易各类风险的场所。保险交易所具有如下特点。

1. 组织形式类似于劳合社

保险人可以委托经纪人在交易所内设立摊位，代表客户出售一定的合同。有资格进入交易所的保险人通常是有实力的大保险公司，它们组成财团辛迪加，要加入的成员必须经过注册并拥有足够的资本。

2. 交易的对象是政府管制相对宽松的险种

供求双方在保险交易所中进行交易的，往往是那些在费率等级要求、合同条款审查、税收和其他法律、行政、工商、管制等方面有严格要求之外的保险契约，这有利于保险公司在更广泛的领域和较为宽松的法律环境下开展业务。

3. 交易的风险种类丰富多样

保险交易所的交易范围涉及很多新兴领域，这些风险在传统保险业中可能难以寻觅。

4. 交易的合同金额巨大

保险交易所中成交的保险合同,其业务规模往往非常庞大。

第三节 保险需求与供给

一、保险需求及其影响因素

(一)保险需求的概念

保险需求是指消费者在一定时期内各种可能的价格下愿意购买并且有能力购买的保险商品数量。可见,保险需求的概念包括两层含义,一是消费者有购买保险的意愿;二是消费者有购买保险的能力。保险需求形式包括有形和无形两类。有形的保险需求指遭受意外事故或自然灾害时,投保人得到的经济补偿与给付;无形的保险需求指由于保险转嫁了意外损失风险,投保人获得保险保障后心理上的安全感。

(二)影响保险需求的因素

个人、家庭的风险态度与企业风险态度存在较大差异,其保险需求不尽相同,因此影响其保险需求的因素也各异,归结起来主要包括以下几方面。

1. 风险因素

正所谓"无风险,无保险",风险因素的客观存在是保险制度产生与发展的前提条件,也对保险需求有巨大影响。保险需求与风险因素呈正比:风险因素程度越大、范围越广,保险需求就越大;风险因素程度越小、范围越窄,保险需求就越小。

2. 社会经济因素

一方面,保险是社会生产力发展到一定阶段的产物,会随着社会生产力的发展而发展,因此社会经济发展能促进保险需求的增加,人们收入水平的提高也会增加保险需求;另一方面,保险是市场经济的重要组成要素,市场经济发展程度与保险需求呈正比,即市场经济越发达保险需求越大,市场经济越不发达保险需求越小。

3. 保险商品价格

保险商品价格与保险需求呈反比,即保险费率越高,保险需求越小;保险费率越低,保险需求越大。

4. 强制保险

强制保险是政府以法律或行政手段强制实施的保险保障方式,凡在规定范围内的被保险人都必须投保。因此,强制保险的实施相当于人为扩大了保险需求,与保险需求呈正比。

5. 其他因素

利率是影响保险需求的重要因素。对消费者而言,保险不仅能够提供风险保障,还具有投资功能。当利率升高,人们认为将资金投入银行比购买保险更加有利可图时,会选择将资金投入银行,使得保险需求量减少;当利率下降,人们认为将资金存入银行所获收益不及购买保险所获收益时,便会购买保险,使保险需求量增加。

宗教和文化传统也对保险需求量有一定影响,一些宗教认为生、老、病、死和灾害事故都是注定发生的,而购买保险是一种不敬行为;而在另一些文化中有"积谷防饥,养儿防老"的传统,人们更倾向于自保而不是购买保险。

(三)保险需求弹性

保险需求弹性是保险需求量对各个影响因素变化的反应程度。一般用保险需求弹性系数来表示保险需求弹性的大小:保险需求弹性系数=保险需求量变动率/各个因素变动率。保险需求弹性包括保险需求的价格弹性、保险需求的收入弹性和保险需求的交叉弹性。

1. 保险需求的价格弹性

保险需求的价格弹性是指保险价格的变动引起的保险需求量的变动情况,反映了需求量对价格变化的敏感程度,保险需求的价格弹性用 E_d 表示。E_d 的取值有以下五种情况。

① $E_d>1$,这种情况被称为富有弹性,当保险费率下降时,保险需求量的增加程度将大于价格的下降程度。

② $E_d=1$,这种情况被称为单一弹性,指保险费率的变化程度与其需求量变化程度是相等的。

③ $E_d<1$,这种情况被称为缺乏弹性,当保险费率下降时,保险需求的增加程度将小于价格的下降程度;

④ $E_d=0$,这种情况被称为完全无弹性,即无论保险费率怎样变化,均不能影响保险需求量。

⑤ $E_d=\infty$,这种情况被称为完全有弹性,保险费率只要有轻微的变动,便会使保险需求量大幅度下降或上升。

2. 保险需求的收入弹性

保险需求的收入弹性是指保险商品需求数量的相对变动对于消费者收入量的相对变动的反应程度。相对于其他商品而言,保险需求的收入弹性较大,一是随着收入增长,边际消费率递减,边际储蓄率递增,人们对具有储蓄功能的保险需求会变得强烈;二是购买保险的人通常属于收入水平较高的群体,因此保险需求的收入弹性较大。

3. 保险需求的交叉弹性

保险需求的交叉弹性是指在一定时期内保险商品的需求量的变动相对于它的相关商品价格变动的反应程度,即保险商品需求量的变动率和它的相关商品的价格变动率的比值。保险需求的交叉弹性既可以为正值,也可以为负值:当保险商品与相关产品是替代关系时,其值为正;当保险商品与相关产品是互补关系时,其值为负。

二维码 5-2
疫情之下的
保险弹性

二、保险供给及其影响因素

(一)保险供给的概念

保险供给是指保险市场上保险人一定时期内在各种可能的价格下愿意提供并且能够提供的保险商品数量,即各保险公司承保能力之和。保险供给形式也包括有形和无形两类。有形保险供给是指保险人对遭受损失或损害的被保险人,按照保险合同规定的责任范围给予一定金额的经济补偿或给付;无形保险供给是指保险人对所有被保险人提供心理上的安全感。一般而言,有形的经济保障供给是局部的、少数的,而无形的经济保障供给则是经常的、大量的。保险供给内容包括质和量两方面。保险供给的质指的是保险供给者提供的各种不同险种或每一具体险种质量的高低;而保险供给的量则是指保险供给者为某一险种提供的经济保障额度,或所有保险人为全社会提供的保险经济保障总额。

(二)影响保险供给的因素

保险供给是以保险需求为前提的,在保险需求既定的前提下,保险供给主要受到保险公司、保险市场和保险监管三方面因素的制约。

1. 保险公司因素

保险公司供给市场业务水平受自身经营资本限制,一般来说,保险资本量越大,保险公司数量越多,保险供给就越大。保险资本量取决于保险业经营利润率:如果保险公司利润率比社会平均利润率高,则投资将流向保险市场,保险供给随之扩大;如果保险公司利润率比社会平均利润率低,则资本将被驱逐出保险市场,保险供给随之缩小。而保险业经营利润率取决于保险业经营的收益与成本。其中,保险公司经营管理水平决定保险公司收益,保险公司经营管理需要专业技术人才对保险各项业务进行运作,每项业务环节水平的高低都会影响保险公司收益。保险公司成本包括实际支付的保险金和经营管理费用。在同等收益条件下,成本越高,利润就越少,保险供给也随之缩小;成本越低,利润就越大,保险供给也随之扩大。

除此之外,保险公司经营管理人员素质、保险供给者数量与质量、保险公司对保险市场的预期都会影响保险供给。保险公司经营管理人员素质越高,专业技术能力越强,保险供给也随之扩大。保险供给者数量和质量与保险供给也呈正相关关系。此外,如果保险公司对保险市场预期良好,则会增加保险供给。

2. 保险市场因素

保险市场因素指保险市场内是否存在垄断机构、垄断行为,保险经纪人、保险代理人与保险公估人等中介机构发展状况等竞争环境因素。除此之外,保险市场因素还包括国内外宏观经济环境,既包括国内税收、社会保障等政策环境,也包括保险市场声誉等社会环境,还包括立法、司法、执法等法律环境。比如,从国际经验来看,社会保障被看作保险的替代品,一般情况下,社会保障水平越高的国家,其保险业发展程度越低;相反,社会保障水平越低的国家,其保险业发展程度越高。因此,社会保障水平也影响着保险供给。

3. 保险监管因素

保险监管因素影响保险业的发展,决定保险企业的经营性质、保险市场的竞争性质、保险业声誉以及保险功能的发挥。许多国家都对保险业进行较为严格的监管,主要体现在设置较高的保险行业准入条件、规定保险公司偿付能力等。因此,政府对保险业的监管也影响着保险供给。

(三)保险供给弹性

保险供给弹性是指一定时期内保险的供给量相对于其他因素变动的反应程度,保险供给弹性包括保险供给的价格弹性和保险供给的利润弹性。

 1. 保险供给的价格弹性

保险供给的价格弹性反映了保险供给对保险费率变动的反应程度,一般用 E_s 表示。E_s 的取值包括以下五类。

① $E_s>1$,这种情况表示保险供给富有弹性,即保险供给量的变动比率大于保险费率的变动比率。

② $E_s=1$,这种情况表示保险供给为单一弹性,即保险供给量的变动比率与保险费率的变动比率相同。

③ $E_s<1$,这种情况表示保险供给缺乏弹性,即保险供给量的变动比率小于保险费率的变动比率。

④ $E_s=0$,这种情况表示保险供给完全无弹性,即无论保险费率如何变动,保险供给量都保持不变。

⑤ $E_s=\infty$,这种情况表示保险供给完全有弹性,即使保险费率不再上升,保险供给量也无限增长。

影响保险供给价格弹性的因素包括时间因素和保险成本随供给变化而变化的程度。

 2. 保险供给的利润弹性

保险供给的利润弹性指保险供给变动对利润变动的反应程度。保险供给对利润率比较敏感,呈正相关关系;利润率提高,将会带来保险商品供给量的增大;而利润率下降时,保险商品的供给量也会随之下降。因此,保险供给的利润弹性为正值。

二维码 5-3
第五章
练习与思考

二维码 5-4
第五章练习与
思考答案

第六章 保险经营

◇ **学习目标**

知识目标：
1. 通过本章的学习，理解保险公司经营活动的特点；
2. 掌握保险经营的基本原则；
3. 掌握保险经营的基本环节；
4. 了解保险订费的基本原理。

能力目标：
1. 能够解释保险公司在经营活动中基本原则是如何实现的；
2. 能够解释保险金额损失率、赔付率等保险公司经营指标；
3. 能说明保险经营各环节中的工作重点。

情感目标：
1. 立足保险公司，培养在保险营销、投保、承保、查勘理赔等经营环节的工作能力；
2. 理解保险公司在经营活动中风险防范、风险处置、公平理赔、合理订费和理性投资的重要性。

◇ **学习重点**

1. 保险经营的基本原则及具体体现；
2. 保险经营的主要环节，保险营销的基本内容，保险承保和保险理赔环节的基本程序；
3. 保险订费的基本原理，非寿险在和寿险在费率厘定上的区别。

◇ **本章关键词**

保险经营　保险营销　承保　理赔　保险订费　纯保费　生命表　附加保费　危险保费　储蓄保费　稳定系数　现值　终值　贴现因子

◆ 导入案例

互联网时代的保险公司[①]

随着互联网时代的到来,保险公司越来越重视在科技领域的投入。例如,平安保险首先成立了平安科技以支撑内部科技发展,然后打造金融壹账通输出科技能力,再到孵化一系列科技独角兽,平安保险在保险主业的基础上构建了一个完整的保险科技生态。据不完全统计,截至 2018 年上半年,传统保险公司共计发起设立各类科技子公司近 50 家,其中较为典型的包括人保集团成立的人保金服、中国再保险集团成立的中再巨灾管理公司和太平保险成立的太平科技保险股份有限公司等。

成立于 2013 年的众安保险是我国首家互联网保险公司。2016 年底,众安保险孵化成立众安科技,开始向外进行科技赋能,标志着国内保险科技市场发展日趋成熟。2017 年,众安保险在香港成功挂牌上市,意味着市场对保险科技的认可,保险科技行业发展进入爆发期。国内的互联网公司依托庞大的用户资源以及在科技领域天然的优势,使得互联网保险公司得以迅猛发展。以腾讯公司的微保平台为例,通过微信这一数亿级用户规模的平台入口,微保为其平台上承载的保险产品提供了高质量的客户流量来源。同时,依托其强大的数据收集、管理和分析能力,微保也为保险公司提供了更有效的客户需求分析,能够帮助保险公司进行产品的开发。

■ 思考:
1. 保险公司与一般企业相比,经营活动有哪些特点?
2. 互联网时代给保险公司带来了哪些机遇和挑战?

第一节 保险经营的特征

保险经营的对象是风险,保险公司根据社会公众的需求,提供具有各类风险保障功能的保险产品。保险风险本身所具有的特殊性质,决定了保险公司的经营活动不同于一般企业,

---

[①] 众安金融科技研究院.新保险时代——金融科技重新定义保险新未来[M].北京:机械工业出版社,2018:85-87.

其在成本管理、影响供需的主要因素以及产品属性等方面具有一定的特殊性质。

一、保险经营的成本存在不确定性

保险公司基于社会中存在的风险来开展经营活动，而风险本身是存在不确定性的。风险的不确定性导致了保险公司经营成本的不确定性。

保险商品的价格，无论是纯保费还是附加费用部分，都是根据保险公司的经验数据来进行测算的，预期的风险事故发生概率和实际的风险事故发生情况会存在一定偏差。特别是在某一年度遭遇特大灾害时，保险赔款支出的大幅增加会导致保险公司的经营成本出现明显上涨。

由于风险的不确定性，重大的意外事故和灾害的发生，不仅给保险公司带来巨额的赔款支出，而且严重影响保险公司的经营状况。例如，新冠肺炎疫情暴发的第一季度，慕尼黑再保险公司季报显示其发生相关理赔约 8 亿欧元，净利润大幅下降至 2.21 亿欧元，比 2019 年同期下降了 65%；此外，还有多家保险公司报告投资亏损及经营亏损。保险公司的经营成本，除必要的营业费用之外，主要是在面临同质风险的投保人或被保险人之间来进行分摊。因此，从严格意义上讲，保险公司每年的成本核算只是一种暂时核算，实质上是不能确定的。

二、保险经营的产品不易为人们所接受

保险商品所提供的是一种无形的保险保障，除储蓄型或返还型的保险产品外，保险人所提供的保险金的补偿是不确定的，人们选择投保并不一定能获得保险赔偿。由于风险损失本身具有不确定性，人们不能准确知道遭受风险损失后能够获得多少补偿。对投保人或被保险人来说，当其认为保险商品的价格过高，超过必要的风险处置成本时，就会拒绝投保，转而选择自留风险或者以其他的方式来处置风险。因此，虽然人们普遍认识到风险的存在，但是保险并不是人们管理风险的唯一手段，人们对通过保险分摊风险的方式不轻易接受。同时，风险本身是客观存在的，但是由于人们普遍存在侥幸心理，大都不会将这些风险与自己联系在一起，从而对风险不加以重视。只有在遭受风险损失后，人们才会重视对风险的防范，考虑采用保险等手段来进行风险损失分摊。但是，如果之后在相当长的时间内都未遭受风险损失，人们就可能逐渐丧失对风险的警惕性，从而放弃对保险的需求。

三、保险经营的产品需求易受收入因素的影响

保险产品的需求建立在人们基本生活需求得到满足的基础上，是人们迫切追求安全保障的一种需求。风险态度是影响保险需求的内在主要原因。风险态度不同，面对未来客观

存在的风险,不同的人有不同的防备危险的需求,也就有了不同的保险动机,进而产生不同的保险需求。人们进行保险消费,无外乎是出于对风险的厌恶、对转移风险的要求。现实生活中,绝大多数人都是厌恶风险的。但是,人们只有在基本生活需求得到满足之后,才可能产生对安全保障的需求。因此,只有在经济收入达到一定水平之后,人们才可能有比较强烈的保险需求。也就是说,保险需求受人们收入因素的影响大于保险费率的影响。因此,人们对保险的需求,主要取决于其经济承受能力,在具有经济能力的前提下,保险需求由人们对保险的价值判断、保险费率、保险公司的服务等因素所决定,而费率高低并不是决定保险需求的唯一因素。

四、保险经营活动具有社会公共性

保险活动涉及社会生产和人们生活的方方面面,具有稳定生产和生活的功能,因此,保险具有相当高的社会公共性。若保险公司经营不善出现问题,不仅可能导致保险公司破产倒闭,还会使保险公司在自然灾害和意外事故发生的时候,无法发挥保险的风险损失补偿功能,使得人们正常的生产和生活不能顺利进行,严重损害被保险人和受益人的利益,这一问题还可能成为导致社会不稳定的因素。与此同时,保险公司特别是人寿保险公司,通过收取保险费,建立起一笔巨额的保险基金,该基金在进行投资运用的时候,将对金融市场带来非常大的影响,一旦保险人投资亏损严重,不仅广大被保险人的利益受损,而且会影响整个社会经济。因此,为了维护社会稳定和社会公众的利益,世界各国都对保险公司的经营活动予以严格的监督管理。另外,与银行业相比,银行所吸收的是社会的闲散资金,不是用以维系自然灾害和意外事故的准备金,因此保险业的社会公共性更强。特别是人寿保险,因其是资金的长期积累,给付往往发生在数年,甚至数十年以后,积累资金巨大,直接涉及千家万户的利益,因此其社会公共性较其他种类的保险程度更高。正因为如此,我国《保险法》第八十九条规定了"经营有人寿保险业务的保险公司,除因分立、合并或者被依法撤销外,不得解散"。

第二节 保险经营的原则

商业保险公司的经营活动,与一般企业相同,均以追求盈利为最终目的。但是,保险商品的特殊性决定了保险公司经营原则也区别于其他一般企业。这些原则贯穿整个保险活动的始终,主要体现在风险管理、费率厘定、保险赔付等方面。

一、风险大量原则

风险大量原则就是在可保风险的范围内,保险公司要根据自己的承受能力,争取承保尽可能多的具有同类性质与同类价值的风险与标的,也即同质风险。或者说,保险公司应该努力扩大承保面,争取尽可能多的单位和个人参加保险。一方面,大数法则是保险经营的数理基础,根据大数法则,承保尽可能多的风险和标的,能使风险发生的实际结果更接近预测的风险结果,这样才能确保保险公司制定合理的产品价格,获取正常的商业利润,以保证保险经营的稳定性。另一方面,保险的经营过程实际上就是风险管理过程,而风险的发生是偶然的、不确定的,保险人只有承保尽可能多的风险和标的,才能确保合理的保险产品价格,建立资金雄厚的保险基金、高效的风险损失分摊机制,进而成功地分散风险,以保证保险经济补偿职能的履行。

二、风险选择原则

风险选择原则是指保险人对投保人所投保的风险性质、风险程度和保险金额等应有充分和准确的认识与评估,并根据该认识和评估做出选择,决定是否接受投保。大数法则的条件是随机事件的大量重复出现,因此,保险公司的经营,不仅需要订立大量的保险合同,更需要保证其承保的风险尽可能相同,即风险具有同质性。所以,保险公司不能对投保人的投保要求来者不拒,而应当有一定的选择。保险公司不仅要选择投保人、被保险人,同时还要选择风险的种类、风险程度、保险金额等。一方面,尽量选择同质风险的标的承保;另一方面,尽量淘汰那些超出可保风险条件或范围的投保对象和保险标的。一般来说,风险选择以确定承保为节点,有以下两种方式。

1. 事前选择

事前选择即承保前的选择,即对投保人的要求决定是否承保以及以什么样的条件承保的选择。事前选择包括对人和对物的选择,对人的选择是对投保人或被保险人的评估和选择;对物的选择是对保险标的的评价和选择。

通常,保险人对于难以测定的风险应当拒绝承保或者附加承保条件,如提高费率、以附加条款的方式约束被保险人行为等。现实生活中,投保人一般都有以对自己最为有利的方式,选择对自己最为不利的风险进行投保的倾向。例如,年老者投保死亡保险,而年龄轻、身强力壮者投保生存保险,这就是保险中常说的逆选择。因此,承保之前,在财产保险中,核保人员必须对投保人的信誉、经营能力、保险标的的用途、使用情况进行了解。对于不符合保险条件的,应予以拒绝或者提出附加的承保条件,如提高免赔额、保险费率或者其他限制性条款等;在人身保险中,则应当就被保险人的实际年龄、职业工种、健康状况等进行了解。

二维码 6-1 保险公司为什么会拒绝你的投保?

2. 事后选择

事后选择是指保险公司在承保后,若发现保险标的有较大的风险存在,对合同做出淘汰性选择。保险合同的淘汰通常有以下三种方式。第一,等待保险合同期满后不再续保。第二,保险人若发现投保人或被保险人有明显误告或欺诈行为,可中途终止承保。例如,我国《保险法》第三十二条有规定"投保人申报的被保险人年龄不真实,并且其真实年龄不符合合同约定的年龄限制的,保险人可以解除合同,并按照合同约定退还保单的现金价值"。第三,按照保险合同规定的事项进行保单注销。保单注销是指保险责任开始前,投保人书面提出解除保险合同要求,或者保险公司依法律规定或合同约定提出解除保险合同并经投保人书面同意时,对保单进行注销处理,不产生任何相关费用。

◇ 案例分析6-1

新手9个月内出了6次车险 收到终止保险责任通知书[①]

【案情】

崇先生向某财产保险公司投保了1年期的机动车辆保险合同。因是新手,崇先生的汽车在9个月内出了6次事故。9月13日,他到该公司办理最近一次的索赔手续时,理赔员将一份终止保险责任通知书下发给他,要求崇先生必须于9月28日之前来公司办理退保手续,并领回剩余部分保险费,逾期不办合同将自动终止,剩余保险费公司也将不再退还。崇先生与该公司签订的车辆保险合同还有3个月才到期,而合同上也没有退保的相关说明,崇先生因此质疑该公司此举不合理。

崇先生指出,在所签合同以及附带条款中,都没有提到退保一说;崇先生还发现,按保险条款,如果投保人提出终止合同,须支付百分之五的退保手续费,而如果保险公司终止合同则无须承担任何责任。他随后找该保险公司相关部门理论,却被告知《保险法》规定保险人有权终止合同,只要客户出险次数超过公司规定,他们就可随时终止合同。

---

① 9个月内出了6次车险 收到终止保险责任通知书[EB/OL]. (2012-12-29) http://www.autohenan.com/news/1212/488863.html

保险公司解释说，车辆出险在3次以上或者索赔金额较大的客户，公司都会在赔偿后向客户下发退保通知书。合同中虽然没有明确规定退保的相关事项，但我国《保险法》中有相关规定。

【思考】

在本案例中，保险公司有没有权利提出终止合同？

【分析】

我国《保险法》第五十八条规定："保险标的发生部分损失的，自保险人赔偿之日起三十日内，投保人可以解除合同；除合同另有约定外，保险人也可以解除合同，但应当提前十五日通知投保人。合同解除的，保险人应当将保险标的未受损失部分的保险费，按照合同约定扣除自保险责任开始之日起至合同解除之日止应收的部分后，退还投保人。"因此，本案例中保险公司有权终止合同，但是要提前15日通知投保人。

三、风险同质原则

风险同质原则指保险人在承保环节，针对同类业务的不同保险标的，尽量使其在风险种类、风险性质、保险价值等方面相近或基本相同。出于保险公司在经营上对于风险大量性的要求，为了能够更准确地在保险经营中运用概率统计与大数法则，在承保时保险人应该对保险风险进行进一步的筛选或选择。当承保的风险单位在种类、品质、性能及价值等方面相近时，保险人对于风险发生概率和可能的损失程度的预期结果会更接近于实际结果，能够有效地控制保险人的财务风险。例如，货物运输保险可能涉及陆路运输、海上运输、空中运输以及联运等多种形式，针对不同货物采用不同的运输形式，决定了其可能的风险种类、事故频率和损失程度都不一样，因此，从风险同质原则的角度来看，不能将所有的货物运输保险作为同一类业务来承保，而应该根据其运输特点设置不同的险种。

四、风险分散原则

风险分散原则是保险人为了保证经营稳定性，应尽可能扩大风险分散的范围，由多个保险人或被保险人共同分担某一风险责任。如果保险人承保的风险过于集中，一旦发生保险事故，就可能产生责任累积，使保险人无力承担保险责任。例如，长安责任保险公司的核心偿付能力充足率曾从2018年第二季度的76.1%剧跌至2018年第三季度的−41.5%，原因之一就是长安责任保险公司承保了存利网、土豆金服、融金所等多家P2P平台的履约责任保险,产生了大量的保险合同赔付款项。① 保险公司在经营活动中应该高度重视风险分散:在承保之前分散风险可以扩大营业区域,分散风险单位,避免风险集中在某一地区;提高保险单的数量,扩大风险承担单位;采用不足额保险或共同保险;规定免赔额或免赔率等。在承保之后分散风险可以利用再保险分出部分业务,由再保险公司承担部分保险责任。

五、费率合理原则

费率合理原则,就是保险公司应根据不同的风险状况,不同的风险性质,适用不同的费率,充分体现保费负担公平。保险费率应尽可能合理,保险公司的保费收入必须与预期的保险金赔偿及给付对称,被保险人所负担的保费应与其在风险损失分摊机制中承担的责任相一致,保费的多寡应与险种、保险期限、保险金额、被保险人的基本情况等对称。风险性质相同的被保险人应承担相同的保险费率,风险性质不同的被保险人则应承担有差别的保险费率。不可因保险费率过高而使保险人获得超额利润,也不可因费率过低而使保险公司遭受损失。保险公司所收取的保险费要充分考虑到合理的营业费用、税收、公司的预期利润以及保险人足够的偿付能力。

六、公平理赔原则

保险理赔指在保险标的发生保险事故而使被保险人财产受到损失或人身安全受到损害时,或保单约定的其他保险事故出现而需要给付保险金时,保险公司根据合同规定,履行赔偿或给付保险金责任的行为。理赔行为能直接体现保险补偿风险损失的基本职能。保险公司能否根据保险合同,做到公平合理地进行赔付,对保险公司的信誉影响极大。公平理赔,不仅要求保险人对有关案件进行及时处理,即当被保险人或者受益人报案后,保险公司应当迅速派相关人员前往现场查勘定损,而且要求保险人收到被保险人或者受益人的赔偿或者给付保险金的请求后,应当及时做出核定,根据具体情况,正确确定保险责任、给付标准、给付金额,严格依照保险合同的约定,履行赔偿或者给付保险金义务,保证被保险人或受益人能够获得公正、及时的保险赔款。

二维码 6-2
重大灾害
事件中的
通融赔付

---

① 被"履约险"坑惨! 长安责任保险偿付能力亮"红灯"[EB/OL]. (2019-01-16) https://baijiahao.baidu.com/s? id=1622770677337349057&wfr=spider&for=pc

第三节　保险经营的主要环节

一、保险营销

广义的保险营销是指围绕保险商品进行的一系列经营活动,包括保险市场的调查与分析、保险产品的开发与定价以及保险产品的宣传与推销等内容。狭义的保险营销是保险销售人员引导具有保险潜在需要的人参加保险的行为,也可以理解为保险人或保险中介宣传保险,争取保险业务的过程,保险营销是保险经营活动的起点。

（一）保险营销的基本要求

保险公司以风险为经营对象,通过提供保险保障获得商业利润。保险公司营销行为作为保险经营活动的一部分,也必须遵循一定的市场要求。

1. 保险营销是为了创造保险需求

人们都有寻求安全保障的经济需求,这种需求是与生俱来的。满足人们安全保障需求的方式很多,比如,进行粮食储备以满足灾荒年对粮食的需求;为稳定生活,进行银行储蓄,满足人们遭受意外伤害时或者年老失去工作能力后的资金需求等。但是,并不是只有保险才能够满足人们抵御风险损失的需求,保险不是满足人们安全保障需求的唯一选择。因此,保险营销应力争以保险的经济性、效益性和合算性来唤起人们的保险需求。营销人员可以根据客户的消费习惯、需求动向、经济情况和储蓄倾向等因素,引导他们选择保险商品来满足其对安全保障的需求。保险营销的过程也可以说是创造保险需求的过程。

2. 保险营销应专注于服务竞争

保险机制的有效运行,建立在对风险发生频率的准确预测上,并以科学制定保险费率为基础。保险事故发生的频率,并不为人们的主观意志所左右。对各保险公司来说,在精算水平上应该没有太大差距,也即它们根据风险损失概率所测定出的纯费率相差不大。因此,保险费率水平的差异,主要来自附加费率,而附加费率在很大程度上取决于保险公司的经营管理水平。保险需求的价格弹性本来较小,一味地进行费率竞争,只能使保险公司处于不利的地位,因此,保险竞争不应像一般企业那样,通过价格竞争手段来扩大市场占有率,而应以非费率竞争为原则,从提高服务质量入手来扩大承保面。

3. 保险营销应引导人们正确认识保险

随着科技的进步、经济的发展,人们的行为习惯、活动空间、消费行为等都发生了巨大的变化。此时,旧的风险可能消亡,但新的风险仍会出现。保险虽然不是应对风险的唯一手段,但是在应对财产损失、疾病和意外事故等风险时,它是一种简单易行的有效手段,人们可以通过保险进行风险转嫁并获得相应的保障。

在保险营销活动中,保险人应引导人们正确认识风险,并通过细致全面的服务,唤起人们的保险意识,让人们通过保险手段来应对日益复杂的风险环境。在现代社会,人们可以通过多种途径来获取知识,因此更需要专业知识扎实、风险管理经验丰富的保险人来引导消费者正确认识保险,树立保险业的良好形象。在保险营销中要尤其注意避免夸大或虚假宣传、电话轰炸式推广等不利于行业形象的做法。

(二)保险营销的基本内容

1. 保险市场的调查与分析

保险市场的调查与分析是指对保险公司市场营销活动有关的信息进行搜集、整理和分析,这有助于为保险产品的开发提供科学依据。对于保险市场的调查可以以走访、问卷等形式开展,结合保险公司自身的定位及发展趋势,调查相关保险产品的需求、市场环境及产品的市场竞争力,最终对掌握的数据进行分析并形成调查报告。通过对保险市场的分析,可以寻找产品机会、制订营销计划。

2. 保险产品的开发与定价

保险产品的开发与定价是指保险公司根据调查分析的结果,分析保险市场需求及变化,对现有产品进行改良或创新产品以适应市场需要;并根据潜在的保险标的所面临的风险概率及损失程度、保险公司经营成本等因素来确定单位保险金额应收取的保险费的过程及行为。新型保险产品的推出,需要用文字对保险期限、保险责任与除外责任、保险对象、保险双方当事人的权利义务等方面进行翔实严谨的表达,最终形成保险条款。

3. 保险产品的宣传与推销

保险产品销售情况的好坏直接影响保险人的业务经营量。保险公司可以通过自营网点、保险中介及互联网等渠道来开展营销活动。自营网点销售是指保险公司依靠自己的业务人员去争取业务,这适合于规模大、分支机构健全的保险公司以及金额巨大的险种。国内外的大型保险公司除了使用自营网点直接营销外,还广泛地建立代理网,利用保险中介开展业务。保险中介对保险市场和风险管理富有经验,能为投保人制订合适的风险管理方案,并物色适当的保险人,是保险营销活动的重要主体。随着科技进步,互联网渠道的保险营销也实现了保费的高速增长。大数据可以精准分析消费者的保险需求,通过互联网自营平台、第三方网络平台等向目标客户提供保险产品和服务。金融科技与传统保险的融合,有助于深化人们的风险意识,促进保险行业发展。

保险宣传对于保险业务的顺利开展和增强国民的保险意识具有十分重要的作用。只有更多的人了解和认识保险,才能吸引更多的个人、家庭和企业投保。保险公司应结合当地特点和保险案例并充分利用电视、公众号、网络自媒体等方式开展多样化的宣传活动。同时,保险宣传应着重介绍参加保险的条件、承保和理赔程序、保险责任与除外责任、投保方权利与义务等内容;特别注意应杜绝虚假、夸大宣传,遵守国家有关法律法规和银保监会的相关政策和规定,严禁对保险条款进行扩展性解释或超越权限向投保人私自承诺,误导投保人购买保险。

二、保险承保

保险承保是保险人对投保人所提出的投保申请进行审核,决定是否接受承保这一风险,并在接受风险的情况下,确定承保条件和保险费率的过程。承保实质上是保险双方当事人达成协议、订立保险合同的过程。实际上,进入承保环节,就进入了保险合同双方就保险双方的权利和义务进行实质性谈判的阶段。保险承保从流程上来看,主要有以下环节。

1. 接收投保单

投保单是保险合同的一部分,是确定保险合同内容的依据。保险业务中普遍存在以下几种容易导致保险合同纠纷的情况:一是没有投保单,尤其是在续保业务中;二是保险公司业务人员代投保人填写投保单;三是投保单填写的内容不真实、不完整。

2. 保险核保

保险核保是保险公司在做出承保决策前进行风险选择的过程。核保是十分重要的环节,保险公司除了要大量承揽业务以外,还要控制业务的风险,否则保险公司的赔付率就会失去控制,影响公司的正常经营,严重的还会影响公司的偿付能力,甚至带来社会危害。因此,保险公司都十分重视对核保的管理。保险核保主要包括以下几方面内容。

(1)审核投保人的资格。这一过程应该重点审核投保人是否具有民事行为能力,以及投保人与被保险人对保险标的物是否具有保险利益。通过对投保人及被保险人基本财务状况、健康情况及风险状况的了解，对其已经存在的基本风险进行评估，并及时发现潜在的风险，以便采取相应的措施，在承保前降低和控制风险。

(2)审核保险标的，即根据投保单或其他资料核查被保险人及保险标的的风险状况，也就是对被保险人或保险标的及其利益的选择过程。审核保险标的分为财产保险和人身保险两种。财产保险需要查验投保财产所处的环境、投保财产的主要风险隐患和重要防护对象及防护措施状况、查验有无正处于危险状态的财产、查验各种安全管理制度的制定和落实情况等。人身保险需要查验医务和事务两个方面：医务从健康状况、个人病史、家庭病史等方面进行；事务包括年龄、性别、财务状况、职业、是否吸烟、是否酗酒、是否吸毒、有无高风险的运动和度假习惯、有无航空风险、居住环境等。

(3)审核保险费率。一般的财产和人身可能遭遇的风险主要表现为自然灾害或意外事故。保险公司可以按照不同标准，对风险进行分类，制定不同的费率等级，在一定范围内使用。特别是有些风险情况不固定的保险业务，承保的每笔业务都需要保险人根据以往的经验，结合风险的特性，制定单独的费率。

3. 保险责任控制

(1)控制逆选择。所谓逆选择，就是指那些具有较大风险的投保人试图以平均的保险费率购买保险的行为。在保险交易中，双方当事人拥有的信息资讯往往存在很大差别。例如，健康状况一般的人倾向于为自己购买医疗保险，而且为了支付较低的保险费，很可能隐瞒病情或自身的健康状况，如果都是这种被保险人购买健康保险，那保险公司很可能因为这种逆选择的情况而财务困难。因此，保险公司为了生存，必须加强核保，对不符合承保条件者不予承保，或者有条件地承保。

(2)控制保险责任。对于常规风险，保险人通常按照基本条款予以承保，对于一些具有特殊风险的保险标的，保险人需要与投保人充分协商后进行有条件的承保，如采用附加条款与特约条款，或以加收保费为条件适当扩展责任，或是加批限制性条款以控制保险金额等。

(3)控制人为风险。人为风险主要有道德风险和心理风险两类。道德风险是指人们以不诚实或故意欺诈的行为促使保险事故发生，以便从保险中获得额外利益的风险因素。投保人产生道德风险的原因主要有以下两点：一是丧失道德观念；二是遭遇财务上的困难。从承保的观点来看，保险人控制道德风险发生的有效方法就是将保险金额控制在适当额度内。例如，我国《保险法》第三十三条规定了父母为其未成年子女投保的人身保险，因被保险人死亡给付的保险金总和不得超过国务院保险监督管理机构规定的限额。心理风险是指由于人们的粗心大意和漠不关心，增加了风险事故发生机会并扩大损失程度的风险因素。保险人在承保时常用的控制心理风险的手段包括实行限额承保和规定免赔额(率)。

4. 做出承保决策

核保程序完成之后，保险人应该做出承保决策。承保决策主要有正常承保、附条件承保和拒绝承保三种情况。当被保险人或保险标的的风险与标准费率承保的风险基本相当时，保险公司可以正常承保；若被保险人或保险标的的风险略高于标准费率承保的风险时，保险公司会进行风险修正，以上调保险费率或增加限定性条款等方式来承保；当被保险人或保险标的的风险远高于标准费率承保的风险时，出于保险经营的安全性考虑，保险公司应拒绝承保。

5. 缮制单证

缮制单证即保险人接受业务后填制保险单或保险凭证的过程。保险单及相关材料是载明保险合同双方当事人权利与义务的书面凭证，是被保险人向保险人索赔和保险人处理理赔事项的主要依据。因此，缮制单证是承保工作的重要环节，其质量的好坏，直接关系到保险合同当事人双方的义务和权利能否正常履行与实现。填写保险单时要注意以下几点。

（1）单证相符。保险单、投保单、财产清单、人身保险的体检报告及其他单证都要符合制单要求，其重要内容如保险标的的名称、数量、地址等都应一致。

（2）保险合同要素明确。保险单中要正确填写被保险人姓名、单位名称及详细地址；人身保险合同中还要填写受益人姓名、地址及与被保险人的关系；保险单中应标明保险标的的范围及地址、保险利益内容；此外还有保险责任、保险金额、保险期限、保险费及其支付办法、被保险人义务及其他特约事项等。特别是涉及保险费、保险金额、免赔额（率）的相关数字应该准确，数字代表着投保双方的基本利益，即使微小疏忽，也可能给双方当事人带来重大损失或导致不必要的保险纠纷。

6. 复核签章

承保活动中每种单证上都要求复核签章，例如：投保单上必须有投保人的签章；查验保险标的的报告中必须有具体承办业务员的签章；保险单上必须有投保人、保险公司及其负责人的签章；保险费收据上必须有财务部门及其负责人的签章；批单上必须有制单人与复核人的签章等。单证复核是业务承保工作的一道重要程序，也是确保承保质量的关键环节，因此，复核时应注意审查投保单、保险报告、保险单、批单、明细表及其他各种单证是否齐全，内容是否完整符合要求，字迹是否清楚，计算是否正确，并与原始凭证相对照，力求无差错。一切复核无误后，要加盖公章及负责人、复核员签名，然后对外发送，收取保险费。

7. 清分发送

业务内勤将保单、批单正本、明细表、保险证以及保费收据、填写发送单证和收付款项流转签收簿等交外勤人员签收并送交保户。

8. 单证管理

各种保险单证和附属材料,均是重要的档案,必须按规定编号、登记、装订牢固,做好承保归档的工作,实行专柜专人管理,并符合防火、防盗、防潮和防蛀的要求。

9. 续保

续保是在原有的保险合同即将期满时,投保人在原有保险合同的基础上向保险人提出续保申请,保险人根据投保人的实际情况,对原合同条件稍加修改而继续签约承保的行为。保险人在续保时应注意的问题有以下几点:① 及时对保险标的进行再次审核及续保,以避免保险期间中断;② 如果保险标的的危险程度有增加或减少,应对保险费率做出相应调整;③ 保险人应根据上一年的经营状况,对承保条件与费率进行适当调整。

三、保险理赔

保险理赔是指当保险合同所规定的事故发生后,保险人履行合同的承诺,对被保险人提供经济损失补偿或给付保险金的处理程序。保险理赔程序一般是依据保单条款来解释的,由于保单条款一般不列细节,通常按照政府有关法规的规定、法院的判决、有关行业权威部门出具的鉴定或援用过去的惯例等事实酌情处理。保险理赔是保险经营的重要环节,其意义在于通过理赔使被保险人所享受的保险利益得到实现,及时恢复被保险人的生产,安定其生活,促进社会生产顺利进行与社会生活的安定,提高保险的社会效益和经济效益。

(一)保险理赔的原则

1. 重合同、守信用的原则

这是保险人在理赔工作中应遵循的首要原则。保险合同明确规定了保险双方的权利和义务,因此保险公司在处理赔案时,必须首先做到"重合同、守信用",要严格按照保险合同中的条款来理赔,既不能"惜赔",也不能"滥赔"。这关系到保险经济赔偿职能的充分发挥,也有利于维护被保险人的正当权益和保险企业的信誉。

2. 实事求是的原则

虽然保险条款对赔偿责任做了原则性规定,但实际案情却是千变万化的,保险合同不可能把所有情况都考虑进去。因此,保险公司在理赔工作中,一方面应坚持按保险合同条款约定来履行其义务,另一方面又必须实事求是地根据实际情况,恰当地运用条款进行处理。特别是一些重大疑难赔案,更要慎重处理,不能机械地根据条款进行拒赔。在理赔中,保险人的通融赔付就是贯彻实事求是原则的一个具体体现。所谓通融赔付,是指按照保险条款的规定,保险人本不该赔付的赔款,却由于某些因素的影响,保险人给予了全部或部分的赔付。保险人的通融赔付通常是基于以下几种考虑:第一,为了保险业的稳定和发展;第二,为了维护保险公司的信誉和在市场竞争中的地位;第三,为了社会的安定团结。

3. 主动、迅速、准确、合理的原则

这是保险理赔工作的"八字方针",也是衡量理赔质量的重要标准。其中,"主动、迅速"要求保险人在处理赔案时,积极主动,不拖延并及时深入事故现场进行查勘,及时理算损失金额,对于属于保险责任范围内的灾害事故造成的损失,应迅速赔付,以利于受灾者及时恢复生产、安定生活。"准确、合理"则是要求保险人在受理赔案时,分清责任,合理定损,准确履行赔付义务。对那些不属于保险责任范围内的案件,应及时向被保险人或受益人发出拒赔通知书,并说明不予赔付的理由。我国《保险法》第二十三条对保险理赔的时限进行了明确要求,"保险人收到被保险人或者受益人的赔偿或者给付保险金的请求后,应当及时作出核定;情形复杂的,应当在三十日内作出核定,但合同另有约定的除外。保险人应当将核定结果通知被保险人或者受益人;对属于保险责任的,在与被保险人或者受益人达成赔偿或者给付保险金的协议后十日内,履行赔偿或者给付保险金义务。保险合同对赔偿或者给付保险金的期限有约定的,保险人应当按照约定履行赔偿或者给付保险金义务。保险人未及时履行前款规定义务的,除支付保险金外,应当赔偿被保险人或者受益人因此受到的损失"。

(二)保险理赔的程序

1. 出险通知

出险报案是被保险人必须履行的义务,保险合同规定,被保险人遇到保险责任事故后,必须在规定的时间内将事故发生情况通知保险人,并提出索赔申请。例如,在家庭财产保险合同条款中对被保险人的义务要求是:知道保险事故发生后,被保险人应及时通知保险人,并书面说明事故发生的原因、经过和损失情况;若被保险人故意或者因重大过失未及时通知,致使保险事故的性质、原因、损失程度等难以确定的,保险人对无法确定的部分,不承担赔偿保险金的责任,但保险人通过其他途径已经及时知道或者应当及时知道保险事故发生的除外。及时的出险通知有助于保险人协助防灾防损,并进行查勘理赔,获得赔案的第一手信息。

2. 现场查勘

保险人在接到出险通知后,应当立即安排外勤人员进行现场查勘,或委托代理查勘。现场查勘是了解出险情况、掌握"第一手"材料和处理赔案的重要依据。现场查勘的主要内容包括调查和核实出险地点、出险时间、出险原因与经过,此外还需要施救、整理受损财产、妥善处理损余物资、索取出险证明、核实损失的范围和程度等。

3. 审核保险责任

保险人收到损失通知、索赔单证后,内勤人员进行单证审核,以决定是否有必要进入理赔程序。单证审核内容主要包括以下几点。

(1)保险单的有效性。主要审核保险事故是否发生在保险单有效期内;受损对象是否为被保险人;事故发生的地点是否在承保范围内;投保人或被保险人是否认真履行了有关告知、保证、缴费、危险通知等义务。如果保险单是无效的,就不需受理该案件,并向对方做出说明。

(2)是否构成保险事故。主要审核损失的原因是否为保险风险,损毁对象是否为保险标的,其损失是否在承保责任范围之内并构成索赔条件等。如果保险标的的损失是由不保责任造成的,或者保险责任造成的是非保险标的的损失,保险公司不承担保险责任,也不需要进一步开展理赔工作。

(3)审核各种索赔单证的有效性。保险人应审核每一相关单证的真实性和有效性。如人身保险中理赔人员要审核缴费凭证、被保险人或受益人的身份证、死亡案件中的死亡证明等单证是否真实有效。又如海上保险业务中除了审核保险单外,还要审核损失证明是否合法,货物的发票、提单与保险单是否一致。

(4)要求赔付的主体是否有权提出索赔要求。主要审查申请索赔的主体,在索赔时对保险标的是否具有保险利益,或者是否是被保险人指定的受益人或合法继承人等。

经过审查后,凡属应该受理的案件,理赔人员均应及时在"出险立案登记簿"上编号立案,进入赔偿环节。

4. 核定赔款

保险人在现场查勘的基础上,根据被保险人提供的损失清单和施救费用清单,对照有关账册、报表、单据等,逐项核实受损标的的品种、数量、价值、损失程度和损失金额,还要查清修理费用和施救费用是否合理,为计算赔款提供真实依据。关于保险赔偿金额的计算,因保险合同种类的不同而有所区别。通常人身保险合同采取定额给付的方式,即保险事故发生时,保险人按照双方事先约定的金额给付保险金。财产保险的保险赔款要根据损失情况,在扣除残值、免赔额之后,分别按照保险标的的损失、施救费用等项目来核定赔款。

5. 赔偿、给付保险金

保险人就赔偿金额与被保险人或受益人达成协议后,应及时支付赔款或给付保险金。若被保险人对赔款金额有异议,应协商处理,不能达成一致的,可以通过仲裁机构或法院进行仲裁或诉讼解决。

6. 损余处理和代位求偿

保险公司在支付赔款后,清理有关赔案的文件和单证,归档处理,以便日后查阅。财产保险中,若被保险人已经从有关责任方取得赔偿,保险人赔偿保险金时,可以相应扣减被保险人已从有关责任方取得的赔偿金额。如果涉及第三者责任,保险理赔人员还要注意追偿:① 保险事故发生后,在保险人未赔偿保险金之前,被保险人放弃对有关责任方请求赔偿权利的,保险人不承担赔偿责任;② 保险人向被保险人赔偿保险金后,被保险人未经保险人同意,放弃对有关责任方请求赔偿权利的,该行为无效;③ 由于被保险人故意或者因重大过失致使保险人不能行使代位请求赔偿的权利的,保险人可以扣减或者要求返还相应的保险金。

第四节 保险订费

一、保险费率的构成

保险费是投保人为获得保险保障向保险人缴纳的费用。保险费率是保险费与保险金额的比率,保险费率也可看作是每单位保险金额的价格。作为保险价格的保险费率是不同于其他商品的价格的,因为保险人制定费率时主要是以过去的风险事故发生概率和事故损失情况为依据,而不是目前投保的保险标的的损失情况。

保险费率由纯费率和附加费率两部分构成。习惯上,将纯费率和附加费率相加所得到的保险费率称为毛费率。

1. 纯费率

纯费率是纯保费与保险金额的比率，是保险费率中最重要的部分。它是依据风险发生概率测定的主要用于保险赔付和建立保险基金的费率。财产保险纯费率的计算依据是某一险种过去多年的保险金额损失率，人寿保险纯费率的计算依据是利率和生命表。

2. 附加费率

附加费率是附加保费与保险金额的比率。它是根据保险公司自身的业务管理费用、合理利润及税款等确定的用于保险人经营业务开支的费率，通常以占纯费率的一定比例表示。附加费率由费用率、营业税率和利润率构成。

二、保险费率的厘定原则

保险费率水平的高低直接关系到保险公司的偿付能力和被保险人或受益人的利益，保险人在厘定保险费率时，总体上要做到权利与义务对等，具体包括以下几个原则。

1. 费率适用原则

费率适用原则是指保险公司依据保险费率收取的保险费，必须足够用于支付赔款、营业费用和税款，并保证一定的结余作为合理利润。可见，该原则的核心是保证保险人有足够的偿付能力。鉴于保险商品的特殊性，如果保险费率过低，就会降低保险人的偿付能力，给被保险人和受益人带来风险，严重的甚至可能影响到社会的稳定。为了贯彻费率适用原则，避免保险人之间以降低保费为代价进行"价格"竞争，很多国家都对保险费率实施监管，例如我国《保险法》第一百三十五条规定：关系社会公众利益的保险险种、依法实行强制保险的险种和新开发的人寿保险险种等的保险条款和保险费率，应当报国务院保险监督管理机构批准。

2. 公平合理原则

公平合理原则是指保险公司在厘定费率时必须兼顾保险当事人双方的利益。所谓公平，对保险人来说，是指收取的保险费应与其承担的风险相当，保费率应以风险的发生概率、风险造成损失的程度为依据，保证保险公司的偿付能力，防止因费率过低导致保险公司破产倒闭；对被保险人来说，是指其负担的保险费应与其所获得的保障水平相当。所谓合理，是指在公平的基础上，恰当地制定保险费率的档次，利润和附加费用所占的比重不能过高，否则，被保险人负担太重，不符合公众利益。

3. 相对稳定原则

相对稳定原则是指保险费率应保持稳定性，不宜经常变动。但这种稳定的费率也是相对的，也要随着风险、保险责任和市场需求等因素的变化及时做出调整。保险费率厘定后，应当在一定时期内保持稳定，以维护保险公司的信誉。稳定的费率有利于保险公司的业务核算，也能确保被保险人对自身保费支出有稳定的预期。频繁调整保险费率会给保险公司的经营活动带来负面影响，影响业务发展，也会增大保险公司的业务工作量，导致业务费用的增加。

4. 促进防灾防损原则

促进防灾防损原则是指保险人厘定的保险费率应有利于投保人和被保险人加强防灾防损工作。具体来说，对重视防灾防损工作的投保人或被保险人采取较低的费率，给予经济上的鼓励。贯彻这一原则有两个好处：一方面，鼓励被保险人将防灾防损原则落实到日常生活和经营活动中，可以降低风险事故发生的概率和损失程度，从而减少保险人的赔款支出；另一方面，引导被保险人重视安全生产等防灾防损行为，可以减少整个社会的物质财富损失，有助于发挥保险"社会稳定器"功能。

三、非寿险的费率厘定

保险费率厘定需要分别确定纯费率和附加费率。纯费率的厘定是以保险金额损失程度为基础的，保险人通过计算保险金额损失率及其均方差求出纯费率。附加费率的厘定是以公司的营业费用、税款以及预期利润为基础来计算的。将纯费率和附加费率相加即得出非寿险的保险费率。

（一）纯费率的确定

依照保险费率的厘定原则，纯费率应当与保险事故发生的概率和保险事故发生后的赔偿金额有关。因此，确定纯费率，需要研究保险事故的概率分布及损失情况，即保额损失概率。通常采用的方法是，根据历年的有效索赔数据，计算保险金额损失率的算术平均数。但这一算数平均数与实际的保险金额损失率并不相等，两者会出现一定的背离。保险金额损失率的均方差越大，其背离程度也越大，保险公司的经营风险也会增加。因此，一般以均方差作为稳定系数对保险金额损失率进行修正，进而确定纯费率。

1. 确定保额损失率

保额损失率是赔款支出占保险金额的比率,它综合反映了保险标的的风险状况,其计算公式为:

$$\text{保险金额损失率} = \frac{\text{总赔款支出}}{\text{总保险金额}} \times 100\%$$

由于保险事故的发生在实践上具有很强的随机性,只有在一个较长的时期里才比较稳定,因此纯费率的计算应当取一个较长时期的数据,通常不少于 5 年。根据过去数年的保险金额损失率,可计算保险金额损失率的算术平均数:

$$\overline{X} = \frac{\sum_{i=1}^{n} X_i}{n}$$

2. 计算均方差

均方差能反映过去数年保险金额损失率与平均保险金额损失率的背离程度,均方差越小,其准确性越高;反之,则准确性越低。若以 S 表示均方差,则其计算公式为:

$$S = \sqrt{\frac{\sum_{i=1}^{n}(X_i - \overline{X})^2}{n}}$$

3. 计算稳定系数

稳定系数是均方差与保险金额损失率的算术平均数之比。它衡量期望值与实际结果的密切程度,即平均保险金额损失率可以代表各实际保险金额损失率的程度。稳定系数越小,保险经营稳定性越高;反之,保险经营的稳定性越低。一般认为,稳定系数在 10%~20% 是较为合适的。稳定系数的计算公式为:

$$V_S = \frac{S}{\overline{X}}$$

4. 确定纯费率

纯费率的计算公式为:

$$\text{纯费率} = \text{平均保额损失率} \times (1 + \text{稳定系数})$$

【例 6-1】 假定某保险公司某类保险业务过去 7 年间的保险金额损失率的统计资料如表 6-1 所示。

表 6-1 保险金额损失率统计表

年份	保险金额损失率 (X)/‰	偏差 $(X-\overline{X})$	偏差的平方 $[(X-\overline{X})^2]$
1	4.0	0	0
2	3.5	−0.0005	0.00000025
3	4.6	0.0006	0.00000036
4	4.3	0.0003	0.00000009
5	3.6	−0.0004	0.00000016
6	3.8	−0.0002	0.00000004
7	4.2	0.0002	0.00000004
合计	28	0	0.00000094

首先,计算以往 7 年平均保险金额损失率:

$$\overline{X} = \frac{\sum_{i=1}^{n} X_i}{n} = 0.004$$

其次,计算均方差:

$$S = \sqrt{\frac{\sum_{i=1}^{n}(X_i - \overline{X})^2}{n}} = \sqrt{\frac{0.00000094}{7}} = 0.000366$$

最后,计算稳定系数:

$$V_S = \frac{S}{\overline{X}} = \frac{0.000366}{0.004} = 0.0915$$

因此,本例中纯费率为:

$$\begin{aligned}纯费率 &= 平均保额损失率 \times (1 + 稳定系数) \\ &= 0.004 \times (1 + 0.0915) \\ &= 4.366‰\end{aligned}$$

(二)附加费率的确定

附加费率指保险公司的业务费用占保险费收入的比例,它是以过去年度的营业费用为计算基础的。主要包括按保险费的一定比例支付的业务管理费、代理手续费及缴纳的税金,保险人支付的工资及预期利润等。

附加费率的计算公式为:

$$附加费率 = \frac{业务费用总额}{保险费收入总额} \times 100\%$$

除了按上述公式计算附加费率外,还可以按纯保险费率的一定比例来确定附加费率,如规定附加保险费率为纯保险费率的 20% 或 30%。

纯费率和附加费率之和就是通常所说的毛费率,其计算公式为:

$$毛费率＝纯费率＋附加费率$$

通过保险金额损失率计算出来的保险费率只是某一类财产的保险费率。在实践中,还需根据保险标的的不同情况,进行风险修正,即根据不同风险程度的保险标的,调整其保险费率。这种依据保险标的风险等级的不同所制定的费率就是级差费率,只有级差费率才是保险公司最终的营业费率。

四、寿险的费率厘定

(一)寿险保费的构成

和非寿险一样,人寿保险的费率也包含纯费率和附加费率两项。不同的是,人寿保险的纯保费大部分采用均衡保费的形式。所谓均衡保费,是指保险人将不同年龄的被保险人的自然保费结合利息因素,均匀地分配在各个保险年度。被保险人在年轻时缴纳的保险费超过其实际风险水平,但在年老时缴纳的保险费低于其实际风险水平,最终缴纳的保险费处于与其相同的水平,这种保险费即为均衡保费。均衡保费避免了被保险人到了晚年,收入水平下降,因保险费的上升而无力续保的问题,因此适合长期性的人寿保险。

均衡保费形式下投保人缴纳的纯保费部分,可以分为危险保费和储蓄保费两部分。危险保费是用于当年保险赔款及死亡给付的;储蓄保费是纯保费中扣除危险保费后的剩余部分,这部分保费逐年以复利计息,用于将来保险金的满期给付和退保金支出等。

人寿保险保费的构成如图 6-1 所示。

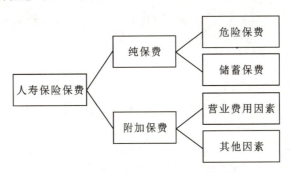

图 6-1 人寿保险保费的构成

因此,人寿保险纯费率的厘定不仅需要考虑死亡概率和生存概率因素,通过生命表来进行风险测定,还需要考虑利息因素,根据约定的领取金额,在既定利率水平下确定其现值。

（二）寿险费率厘定的理论基础

寿险是以人的生命为保险标的的保险，以被保险人的"生存"或"死亡"为保险金给付条件，在厘定人寿保险费率时必须计算被保险人的生存或死亡概率。因此，生命表是人寿保险费率计算的重要依据。人寿保险通常是长期合同，投保人预先支付保险费，保险金要在多年后才能获得，在厘定人寿保险费率时必须考虑货币的时间价值，即利息因素。因此，现值表是人寿保险费率计算的重要工具。

1. 生命表

生命表又称死亡表，它是以数字表示一群代表人自出生到死亡一段过程中生命情况的统计表。通常假设以 10 万人为一单位群，收集这 10 万人中每一个人从出生至死亡，直至 10 万人全部死亡的记录。也就是假设在一年开始时，有 10 万个婴儿（男女分开计）同时出生。这 10 万个婴儿因先天与后天的差别，在以后的各年间生存人数不断减少、死亡人数不断增加，直到这 10 万人全部死亡为止。把这种由出生至死亡各年间的情况，用统计方法加以整理和分析并编制成包含各年龄的生存、死亡比率及平均期望寿命等数据的表格，所得到的便是生命表。生命表在社会经济政策的制定、寿险公司的保费及责任准备金的计算等方面都有着极为重要的作用。生命表中最重要的内容就是每个年龄的死亡率。影响死亡率的因素主要有年龄、性别、职业、习性、以往病史和种族等。一般情况下，在设计生命表时，主要考虑年龄和性别。

生命表一般由下列几项构成：

x：表示年龄。

生命表的年龄自 0 岁起，一岁为一组。自出生时算起，一直到最高年龄为止，按从小到大顺序排列下去，如 0,1,2,3,……

l_x：表示生存人数。

生存人数为到 x 岁仍然生存者人数。生存人数在 0 岁时便为出生时人数（通常是 10 万人）。在一岁时就是出生的人数中经过一年的时间，去掉死亡者后仍然生存的人数。其他年龄的生存人数依此类推。

d_x：表示死亡人数。

死亡人数是各年龄间（x 至 $x+1$ 岁）死亡者人数，如 0 岁到 1 岁之间，有若干人死去；1 岁到 2 岁之间，有若干人死去。生存人数和死亡人数关系如下：

$$d_x = l_x - l_{x+1}$$
$$l_{x+1} = l_x - d_x$$

【例 6-2】 在一张生命表中，生存至 30 岁者有 98330 人，这年内有 68 人死亡，则至 31 岁时仍生存的人数为：

$$l_{31} = 98330 - 68 = 98262(人)$$

p_x：表示生存率。

生存率是各个年龄之间生存的概率,即各年龄的生存人口中,每人自某一年龄至次一年龄生存的可能性。生存率的计算公式为:

$$p_x = \frac{l_{x+1}}{l_x}$$

x 岁者至 $x+n$ 岁时仍生存的概率为:

$$p_x = \frac{l_{x+n}}{l_x}$$

【**例 6-3**】 一张生命表中,生存至 30 岁者有 98330 人,生存至 35 岁者有 97933 人。30 岁者在未来 5 年内仍生存的概率为:

$$p_{30} = \frac{97933}{98330} = 0.995963$$

q_x：表示死亡率。

死亡率为各个年龄之间死亡的概率,即各年龄的生存人口中,每人自某一年龄至次一年龄死亡的可能性。死亡率的计算公式为:

$$q_x = \frac{d_x}{l_x}$$

x 岁者在未来 n 年内死亡的概率为:

$$q_x = \frac{l_x - l_{x+n}}{l_x}$$

【**例 6-4**】 在一张生命表中生存至 30 岁者有 98330 人,生存至 34 岁者有 98205 人。年龄 30 岁者在未来 4 年内的死亡概率为:

$$q_{30} = \frac{l_{30} - l_{34}}{l_{30}} = \frac{98330 - 98205}{98330} = 0.001271$$

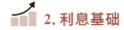

2. 利息基础

利息是在一定时期内,资金拥有人将使用资金的自由权转让给借款人后所得到的报酬。利息的数额取决于本金的数量、利率的高低、借贷期间的长短。在利息的计算中,利息的水平是以利率来度量的。所谓利率是指在单位时期内单位本金所获得的利息。最常用的利息计算方式有两种:单利计算和复利计算。

若计算利息时,仅对原来的本金计息,则称为单利计算。使用单利计算的地方很多,如银行发放的贷款、政府发行的国债等。单利计息无论时间长短,均以本金乘以利率和时期来计算利息。

若以 P 表示本金，i 表示利率，n 表示计息期数，I 表示利息，S 表示本利和，则单利的计算公式为：

$$I = P \times i \times n$$
$$S = P + I = P \times (1 + i \times n)$$

复利是指将按依据本金计算出来的利息额再加入本金，一并计算出来的利息。复利的计算公式为：

$$S = P(1+i)^n$$
$$I = S - P = P[(1+i)^n - 1]$$

保险公司在确定投保人缴纳的保险费时必须考虑利息因素，并需要根据保险人给出的预定利率及被保险人或受益人将来领取的保险金来计算其现值。因为人寿保险大都是长期性业务，所以往往在复利条件下计算其现值。

一笔资金在一定利率下存放一定时期后所得的本利和称为终值。在复利的条件下，终值可以表示为：

$$F = P(1+i)^n$$

现值和终值是相反的概念。现值是指未来本利和的现在价值，也就相当于本金。由终值的计算公式可以推得：

$$P = \frac{F}{(1+i)^n} = F \times V^n$$

式中，V 称为贴现因子，$V = \frac{1}{1+i}$ 表示 1 年后的 1 元在年初时刻的现值，V^n 表示 n 年后的 1 元在年初时刻的现值。

3. 寿险纯保费的计算原理

以原保监会 2016 年发布的第三套生命表为依据，如表 6-2 所示，28 岁的男性被保险人死亡率为 0.711‰，假设被保险人在 28 岁时投保 1 年期的定期死亡保险，每一个单位的保险金额在 10 万个被保险人之间进行分配的结果是每人分摊 0.000711 元，若被保险人投保的保险金额为 10 万元，那么不考虑其他因素，他应缴的保险费就应该是 71.1 元。若考虑到利息因素，那么在利率为 2% 的情况下，贴现因子为 0.98，被保险人年初应缴纳的保费应该为 70.266 元。

表 6-2　中国人身保险业经验生命表（2010—2013）（节选）

年龄	男	女
20	0.000508	0.000269
21	0.000527	0.000274
22	0.000547	0.000279
23	0.000568	0.000284

续表

年龄	男	女
24	0.000591	0.000289
25	0.000615	0.000294
26	0.000644	0.000300
27	0.000675	0.000307
28	0.000711	0.000316

4. 寿险的附加保费

寿险的附加保费的计算是以保险公司的营业费用、税款和预期利润等为基础的，还应该考虑保险代理人佣金等因素。寿险在保单生效的第一年，不论年期长短、保额高低，附加费用都较高。第一年所需的附加费用与以后各年所需的附加费用差异很大，因此，保险公司按每张保单在保险期内的不同阶段和不同用途，附加三种费用。

（1）新单费用。它是寿险公司承保的新业务在第一年度所必须支付的费用，如体检费、签单费等，它是一次性费用且在签订保险合同的当年支出，一般按保额的一定比例计算。

（2）维持费用。它是从签单的第一年开始至保单终止时为止，全部保险期间内维持契约效力所必须支付的费用，如催缴保费、契约变更等所需费用。维持费用一般分摊于整个缴费期。

（3）收费费用。包括员工工资等，也是分摊于整个缴费期，一般按总保费的一定比例计算。

二维码 6-3
第六章
练习与思考

二维码 6-4
第六章练习与
思考答案

第七章 保险投资

◇ **学习目标**

知识目标：
1. 掌握保险投资的基本概念；
2. 理解保险投资的基本原则；
3. 了解国内外保险投资的基本情况以及主要形式。

能力目标：
1. 明确保险投资的资金来源；
2. 了解各项保险准备金的基本概念；
3. 能根据保险投资的基本原则判断某项投资是否适合于保险投资。

情感目标：
1. 认识到保险资金在社会建设、经济发展中起到的积极作用；
2. 理解我国保险投资发展历程的多次变革，认识到只有不断完善、改进符合我国国情的保险投资方式、方法、法规，才能使保险投资所带来的整体社会效益最大化。

◇ **学习重点**

1. 保险资金的主要来源，各项保险准备金的基本概念；
2. 保险投资的基本原则；
3. 保险投资的主要形式；
4. 我国保险投资实务及发展方向。

◇ **本章关键词**

保险投资　保险责任准备金　安全性原则　流动性原则　多样性原则　收益性原则　协议存款　债券投资　股票投资　不动产投资　境外投资

◆ **导入案例**

回眸2021：新华保险服务实体经济典型投资案例揭晓[①]

2021年，新华保险积极响应党中央、国务院关于支持实体经济、服务国内国际双循环等国家战略，落实中投公司、汇金公司要求，通过发挥保险资金规模大、期限长、投资稳的天然优势，支持实体经济发展，护航国家战略落地。新华保险秉承价值投资理念，坚持绝对收益目标，厚植合规稳健投资文化，历年投资收益名列前茅。

1. 新华—北辰集团基础设施债权投资计划

2021年1月，公司投资新华-北辰集团基础设施债权投资计划6亿元，资金用于国家会议中心二期（会展中心）项目建设。国家会议中心是北京市承办国际大型活动的重要平台之一，在北京冬奥会期间将作为国际广播中心和主新闻中心使用。

2. 泰康—上海城市更新（棚户区改造）项目股权投资计划

2021年7月，公司投资泰康-上海城市更新（棚户区改造）项目股权投资计划49.9亿元，所募集资金专项投资于上海地产集团承担的并通过其控股子公司具体实施的纳入国家棚户区改造计划范围的上海市旧区改造项目。该项目属于国家及上海市重大民生工程，为上海市城市更新的顺利开展打下坚实基础，也为助力上海市高质量、可持续发展增添更多动力。

3. 中保投资—上海地产三林棚改基础设施债权投资计划

2021年11月，公司投资中保投资—上海地产三林棚改基础设施债权投资计划25亿元，资金用于支持上海三林楔形绿地地块"城中村"改造项目的开发建设。

上海三林楔形绿地地块"城中村"改造项目已由上海市旧区改造工作领导小组办公室列入2014年上海市"城中村"改造计划，属于上海市旧区（棚户区改造）范围，且已纳入2013—2017年全国1000万户棚户区改造范畴。通过"城中村"改造，能够更好地顺应人民群众对美好生活的向往，增强旧区内人民群众的获得感、幸福感、安全感。

4. 境内股权投资

2021年7月，新华保险认缴CPE人民币四期基金（厦门源峰股权投资基金合伙企业（有限合伙））份额3亿元。CPE人民币四期基金已对外投资32家企业，基金累计投资金额60.62亿元，涵盖先进制造、环保、生命科技、创新消费等行业。2021年7月，新华保险认缴源码人民币五期基金（南京源骏股权投资合伙企业（有限合伙））份额10亿元。源码人民币五期基金未来将在智能+、产业信息化、创新消费等新经济领域布局。

[①] 新华保险服务实体经济典型投资案例揭晓［EB/OL］．(2022-01-23). http://www.xj.xinhuanet.com/zt/2022/01/13/c_1128258963.htm.

5.境外股权投资

中法双边基金(以下简称"中法基金")由 Eurazeo、中国投资有限责任公司(以下简称"中投")和法国巴黎银行合作建立,专注于投资业绩优秀且有潜力进入中国或扩大在华业务的法国及欧洲中型公司。新华保险作为中投生态圈的成员,深入参与中投公司新型双边基金业务,实现各方共赢。2021年11月公司认缴投资中法基金1亿欧元。

■ 思考：

案例中新华保险分别进行了哪些类型的投资？这些类型的投资都有什么特点？

第一节　保险投资概述

一、保险投资的基本概念

（一）保险投资的定义

保险投资广义上是指保险公司、保险行业组织、保险管理机构等主体为了充分体现保险分摊风险和补偿损失的基本职能,对通过保险活动所筹集的资金,结合保险经营、保险资金的特点进行合理的、有效的运用,以使资金保值、增值的活动。就广义上来讲,可以将保险投资理解为保险资金的运用,保险投资的过程实质上就是保险资金的运用过程。而狭义上来讲,保险投资多指商业保险公司为了使资金增值、获得更多利益,根据实际经营情况做出相关资金运用安排的活动。

（二）保险投资的基础

保险投资的充分实现,与保险经营、保险资金所具有的特点密不可分。

1. 保险经营的特点

保险的经营方式与普通工商企业有着巨大差异。保险的经营属于负债经营，从保险合同成立、收受保费的那一刻开始，保险人相当于背负上了需要在约定期限届满或达到约定条件的情况下对投保人、被保险人承担经济赔偿或给付保险金的或有债务。对于保险人而言，这意味着其主要营业成本中需要按照约定履行的经济赔偿或给付的保险金数额具有不确定性，这种不确定性体现在直到约定期满或者达到约定条件之前，"营业成本"是否发生、发生的金额大小都无从知晓。正是因为存在这种不确定性，对于保险人而言，其所收受的保费作为未来可能需要承担的经济赔偿或给付保险金责任的主要资金来源，并不能够像普通工商企业一样被立即确认为"营业收入"。而现实收取保费的时刻与最终做出赔偿或者给付保险金的时刻间存在着时间差，这段时间内保险人虽然无法在真正意义上获得所收取的保费的所有权，却对该笔资金具有实质的掌控权。保险的这种经营特点为保险投资的实现奠定了重要的实质基础。

 2. 保险资金的特点

保险所具有的特殊性，包括保险经营的特点在内，使得保险资金体现出某些有利于保险投资实现的特点。

首先，保险需要尽可能集合众多的面对相同或者类似的风险的个体，并对每个个体收受相应保费。虽然对于单个投保人而言，保费的金额通常不高，但是对于保险人而言，由于投保人基数众多，其可以较为迅速地汇集大量的资金。这使得保险资金能够较为自由地参与需要较高金额投入的投资项目。

其次，通常保险资金的收支之间存在着较长时间差。大多数的保险合同签订周期为一年，以人寿保险作为典型代表的保险合同则可长达数十年。对于投资而言，通常将资金占用时间为一年内的投资称为短期投资，一年以上十年以内的投资称为中长期投资，十年以上的投资称为长期投资。保险所掌控的大量中长期资金在投资市场上拥有广泛的需求，同时，较长的资金使用时间也使其可以灵活配置资金、多次进行短期投资。这使得保险资金能够较为自由地选择适应于其需求的投资项目。

（三）保险投资的意义

 1. 有利于保险经营的稳定

首先，由于保险事故的发生具有不确定性，保险所需要承担的赔偿或给付的保险金金额、时间都不可预知，难以彻底排除"集中赔付"的可能性，如果能够对保险资金加以合理、妥善的利用,那么保险投资所获得的收益将成为未来进行赔偿或给付保险金的重要补充资金来源。

其次,由于保险资金的特点,保险公司注定会汇集大量的闲置资金,如果不对这部分资金加以合理、妥善的利用的话,保险公司、管理机构等就面临着较大的机会成本,而对于有着大量资金需求的金融投资和实业市场而言,这将成为一种资源的浪费。

再次,随着保险市场的竞争越来越激烈,保险行业不断缩减附加保费,保险的主要利润来源逐步向投资收益倾斜,保险投资的重要性愈发明显。在部分发达国家,经常出现仅仅依靠保费收入不足以保证拥有足够的偿付能力并维持正常运转的保险公司,它们通过合理、妥当的保险投资获得收益,在弥补保险金支出、企业营运成本后还能够留存适当的盈余作为净利润。

可以说,只有越发重视保险投资,越发合理、妥当地进行保险投资,才能够在目前各行各业竞争激烈的大环境下维持较为稳定的保险经营,才能够取得相对竞争优势,才能够实现保险行业整体的稳定发展。

2. 有利于市场、经济的发展

通过保险投资,保险公司逐渐成为资本市场的重要参与者与最具有实力的机构投资者。对于资本市场而言,一方面保险资金的流入能够为资本市场提供较为充足的资金保障,解决大额、长期资金的需求,维持资本市场的活力,促进资本市场的稳定运行;另一方面保险资金所要求的安全性较高、流行性较强的投资特点,也能促使资本市场不断深入创新,开发符合各类需求的金融产品。

同时,保险资金还能够通过某些渠道投资于实业,可以参与到国家、地区经济建设中具有较长投资期限要求的项目开发中,进一步促进经济环境的整体繁荣。

综合来看,合理、妥当的保险投资,能够促进资本市场繁荣稳定,推进国家、地区经济建设,扩大社会的再生产能力,提高社会整体资源利用效率。

3. 有利于保险以及风险管理的推广与进步

进行保险投资,还能带来一些积极的外部作用。当合理、妥当的保险投资在取得较好的收益或促进了市场、经济发展时,其也将引起较为广泛的社会关注,这对于普及保险相关知识,扩大承保基数与范围都有着积极作用,进而能够促进保险更加充分地分散风险,如此反复便可以进入良性循环,进一步放大保险的功效。

而保险作为风险管理中的一项重要手段,其本身的推广与进步也必然有利于风险管理的推广与进步。同时,进行保险投资的过程中必须对投资风险进行相应管理,因此保险投资活动也可以为风险管理积累大量宝贵的实际经验。合理、妥当地进行保险投资便可在这种相互作用之下,提升社会整体的风险管理效果。

二、保险投资资金的主要来源

保险投资资金有多种来源,包括保险公司的资本金、保险责任准备金以及其他资金。

(一)资本金

保险公司的资本金属于保险公司的自有资金,是保险公司成立的必要条件和保险经营的前提条件。由于保险行业是为风险提供保障的特殊行业,通常各国法律都会对保险公司的注册资本金做出要求。以我国为例,《保险法》规定保险公司的最低注册资本金不得低于人民币两亿元,并且要求为实缴货币资本。对保险公司注册资本金加以较为严格的限制的目的在于确保保险公司成立之初便拥有足够资金满足正常运营的需要,同时能够在一定程度上保障保险公司的偿付能力。

(二)保险责任准备金

所谓保险责任准备金,是指保险公司为了承担未到期责任和处理未决赔偿而从保险费收入中提存的一种准备资金,是保险公司按法律规定为在保险合同有效期内履行赔偿或给付保险金义务而将保险费予以提存的资金。计提的保险责任准备金不是保险公司的营业收入,而应看作保险公司的负债。

1. 非寿险责任准备金

1)保费准备金

保费准备金又称未到期责任准备金或未了责任准备金,是指保险公司在进行年终会计决算时,把属于未到期责任部分的保费提存出来,以备将来在发生退保时用于退还保费或支付赔偿。由于保险公司的会计年度未必和保单有效期一致,保险公司不能够将当年所收受的所有保费全部计入损益,而是需要将保费在各个保险责任期内进行分摊。在一个会计年度内,当年度满期的保单所对应的该年度已经入账的保费称为已赚保费,当年度未满期的保单对应的已经入账的保费按照会计年度划分,超期部分属于下一年度的保费收入,称为未赚保费。之所以需要提取未到期责任准备金,是因为保险公司对保单超出本会计年度的剩余保险期限依旧负有承保的责任,权利义务关系并未随着会计年度终了,不能完全将已收取的保费计入营业收入;同时,一旦在保险合同到期前因故需要解除保险合同,保险公司还有可能需要履行退还未到期部分保费的义务。

2)赔款准备金

赔款准备金是指在会计年度末保险公司进行年终决算时,为本会计年度内发生的应付但未付的保险赔付所提存的准备金。它主要包括未决赔款准备金、已发生未报告赔款准备金和已决未付赔款准备金。

未决赔款准备金是指保险公司为那些已经发生了索赔,但尚未明确是否属于保险责任或尚未确定最终赔付金额的案件所提存的准备资金。它是衡量保险人某一时期内应负的赔偿责任以及理赔费用的估计金额。在保险公司的会计年度中,总会有一部分保险事故已经发生、被保险人已经提出索赔请求,但尚未于该会计年度内完成最终决算的保险案件,未决赔款准备金则是依据审慎经营的原则,对这些案件依法提取的计入当期营业支出中的赔款准备资金。

已发生未报告赔款准备金是指保险公司为那些已经发生了保险事故,但被保险人尚未提出索赔请求的案件所提存的准备资金。在保险公司的会计年度中,总会有一部分保险事故已发生,但被保险人由于需要准备相关证明材料或因其他个人原因无法在该年度中向保险公司提出赔款请求的案件,已发生未报告准备金就是对这类情况提取的赔款准备资金。

已决未付赔款准备金是指保险公司为那些已经发生了保险事故、被保险人已经提出了索赔请求、确定了最终赔付金额,但保险公司尚未及时完成赔付工作而提存的准备资金。在保险公司会计年度中,可能存在部分案件在该年度已经明确赔付责任、赔付金额,但由于保险公司赔付流程需要或根据保险合同赔付方式安排,需要跨年度履行赔付责任的案件,已决未付赔款准备金就是为此提存的赔款准备资金。

2. 寿险责任准备金

寿险准备金是保险公司将投保人历年缴纳的纯保费和利息收入累积起来,作为将来给付保险金和退还保费的责任准备金。由于寿险具有长期性,保单期限往往超过一年,保险人所需要承担的保险责任的期限通常需要跨多个会计年度,故保险人为保证如约履责,应当根据不同的保费缴纳形式按照会计年度提取对应数额的责任准备金,以备被保险人在保单有效期限内发生保险事故时用以给付保险金,或因故解约、退保时退还综合考虑利息因素后的保费余额。寿险责任准备金具有长期性与储蓄性的特点,是保险公司长期、稳定的资金运用来源。

1)自然保费缴费方式下的寿险责任准备金

自然保费是指每年都按照当年对应条件缴纳当年保费的缴费方式,相当于每年都签订一份一年期的定期寿险,并逐年更新缴纳相应保费。由于被保险人每年年龄都在增长,对应当年的生命风险程度都在增加,因此每年应缴纳的保费也不相同。自然保费属于分期缴费的方式,可以一定程度上避免一次性缴纳巨额保费为投保人所带来的经济负担,使投保人投保更具灵活性,投保人可视自身情况决定是否续保。但自然保费的缴费方式下,投保人随着年龄增长,死亡率逐年上升,每年应缴保费对应增加,不符合普通人的收入规律,不利于保险的存续。

自然保费的缴费方式下,投保人每年缴纳的保费应该等于当年度被保险人经过精算后可能获得的保险金金额,保险人所收受的总保费收入理论上应该等于当年保险金支出,因此自然保费无须在会计年度内计提责任准备金。

2）趸缴保费方式下的寿险责任准备金

趸缴保费是指投保人在投保时一次性缴清保费，保费相当于结合利息因素精算后未来所给付的保险金金额的现值。趸缴保费可以让投保人选择在经济实力较强的时期一次性缴清保费，但保费总金额较大，通常较少有投保人选择趸缴保费的形式。虽然采用趸缴保费的形式后期不用再缴纳保费，但保险人的保险责任却并未随着保费缴清而结束，保险人还需要对以后的保险期限内的各年度承担给付保险金的责任，因此保险人需要对趸缴保费方式下的长期寿险按照年度计提长期责任准备金。

3）均衡保费缴费方式下的寿险责任准备金

均衡保费是指投保人根据整个保险周期内所需要缴付的保费总额，结合利息因素后均匀地将总保费分摊至每个年度，每年都缴纳固定金额保费的缴费方式。均衡保费的缴费方式可以使投保人在整个保险周期内都能稳定地支付保费，不至于某个时期需要承担高额的保险费用，有利于投保人合理地作出资金规划，有利于长期保险的存续。均衡保费的缴费方式下每年缴纳的保费金额虽然相等，但随着被保险人的年龄增长，保险人所可能承担的保险金给付金额却在不断增长，这样就会导致保险存续前期投保人所缴纳的保费金额高于自然保费，而保险存续后期投保人所缴纳的保费金额低于自然保费，因此保险人需要在保险周期前期提存所收受保费与精算后应支付保险金的差额，作为应对保险周期后期所收受保费不足以支付保险金情况的责任准备金。

3. 总准备金

总准备金是指保险公司为长期经营可能会发生的年度超常赔付、巨额赔付、巨灾赔付、集中赔付而提存的准备金。总准备金是为会计年度内保险金支付总额超过当年度所提存的责任准备金金额的备用基金。总准备金一般在税前利润中按一定比例提取，逐年累计，总准备金积累越多，保险经营越稳定。一般只有在当年保险经营发生亏损，而投资收益也不足以弥补时才能够动用总准备金，所以总准备金金额通常较大且对于流动性需求较小，非常适合作为保险公司长期运用的资金来源。

（三）其他资金

除了上述主要的资金来源外，广义上来讲，保险投资可以运用的资金还包括保险保障基金、投资收益等其他资金。

保险保障基金是指保险机构为了有足够的能力应付可能发生的巨额赔款，从年终结余中专门提存的后备基金。保险保障基金与一般责任准备金不同。普通的责任准备金是保险机构的负债，用于正常情况下的赔款，而保险保障基金则属于保险组织的资本，主要是应付巨大灾害事故导致的特大赔款，只有在当年业务收入和其他准备金不足以赔付时方能运用。为了保障被保险人的利益，支持保险公司稳健经营，保险公司应当按照《保险保障基金管理办法》的规定,根据不同的保险业务类别,按照不同比例从业务收入中提取保险保障基金。业务收入,是指投保人按照保险合同约定,为购买相应的保险产品支付给保险公司的全部金额。该项基金提取金额达到保险公司总资产的10%时可停止提取。保险保障基金应单独提取,专户存储于中国人民银行或中国人民银行指定的商业银行。保险保障基金应当集中管理,统筹使用。通常,只有在保险公司被撤销或者被宣告破产而时,其清算财产不足以偿付保单利益时,才能由保险保障基金按照相应规则提供救济。

保险公司或者相关保险组织当期通过保险投资取得的投资收益,在经过当年度的会计核算后如果还有剩余,同样可以成为下一期保险投资的资金来源。妥善、合理地做好保险投资能够带来长期增长式的收益,因此,保险投资已经成为当前最受保险公司、相关保险组织等保险经营者重视的课题之一。

三、保险投资的基本原则

保险资金的运用既要取得一定的收益,也必须符合保险经营的需求,因此,在进行保险投资的过程中需要遵循一些基本的投资原则,这样才能够保证保险投资是有效、合理、有利于保险长期经营和保险行业整体发展的。

(一)安全性原则

安全性原则是指保险投资应当尽可能地保证按时收回投资本金并获得投资收益。保险投资中大部分资金是对被保险人的负债,最终有可能用于保险赔付或给付保险金。在实现资金保值增值的目标过程中必须格外注意投资风险,如果投资失败、造成巨额亏损,不仅有损于保险的稳定经营,稍有不慎还可能影响保险偿付能力,带来严重的社会问题。因此,保险投资必须充分保证资金的安全,安全性原则是保险投资需要着重关注的投资原则。我国《保险法》第一百零六条规定:"保险公司的资金运用必须稳健,遵循安全性原则。"各国的保险投资活动都会基于安全性原则考虑,要求以安全、稳妥为宜,不宜选择过于投机、冒进的投资工具和投资方式。

当然,所谓安全性原则也并非要求任何一笔投资都不能出现亏损。根据市场规律,要获得一定的收益,必然需要承担一定的风险,如果只是一味地追求安全性原则,那么保险投资活动难以进行,资金保值增值的目的也无法达成。在进行保险投资时,我们应该从整体出发考虑安全性原则,做到单笔投资可能面临的损失在可承受范围内,所有投资的整体风险可控,并且做好发生集中亏损的特殊情况下的风控预案。

(二)流动性原则

流动性原则是指在保险投资的过程中应当尽可能地保证因投资所占用的资金拥有迅速

且充足的变现能力。风险事故的发生具有随机性、不确定性,因保险投资所占用的资金需要保证能够及时收回,以满足赔付的需求,所以保险投资必须遵循流动性原则。

同样,我们也应该从保险投资整体角度出发考虑流动性原则。通常,相较于人身保险而言,财产保险因其保险期限更短等经营特点,对于资金流动性的需求也更高。但不论是财产保险还是人身保险,都应该保持资金总体上有较强的变现能力。坚持流动性原则要求保险投资需要注重资产与负债的相互匹配,长期资金用于长期投资,短期资金用于短期投资;注重合理安排投资结构,既要有部分资金投入变现能力强的项目,也要有适当资金投入变现能力较弱但是收益稳定的项目。只有做出了合理、妥当的投资安排,才能够保证投资整体流动性良好,满足保险资金的取用需求。

(三) 多样性原则

多样性原则是指保险投资应当适当地丰富投资手段与渠道,尽可能地保证所投资的行业、项目具有多样性,以保证能够充分地分散投资风险,实现预期收益。保险投资同样遵循着"不要将鸡蛋放在同一个篮子里"的投资原理,将保险资金合理地进行多样化投资组合,避免投资方式、结构过于单一,避免过多资金集中于相同、类似行业及项目,能够有效地分散单一投资方式、结构、行业、项目所面临的风险,使投资组合整体所承受的总体风险得到有效控制,降低保险资金整体的风险。遵循多样性原则是保证保险资金得到安全稳妥运用并获得可观预期收益的重要手段。

(四) 收益性原则

收益性原则是指保险投资不仅需要关注保险资金的运用是否安全,也需要注意保险资金的运用是否能够带来一定的投资收益。在现实生活中,很难要求某一项投资保证不出现本金的损失同时还能够带来可观的收益,往往安全性越高的项目,其预期收益较低,而收益较高的项目,其发生亏损的风险又较大。在进行保险投资的过程中,我们需要理性地看待安全性与收益性的关系,既不能一味追求安全性而放弃谋求投资收益,也不能盲目追求高收益而牺牲安全性。

可以看出,保险投资的安全性、流动性、多样性、收益性原则是既相互关联又相互制约的关系。只有以安全性作为保险投资的基石,在保证充足流动性的前提下,合理利用具有多样性的投资手段,才能够实现取得可观收益的目标。这就要求我们进行保险投资时必须站在全局的角度合理规划资金的运用,做好投资组合管理,保证在总体风险可控的前提下,适当地将保险资金分散运用到各个不同领域和行业的短期、中长期、长期项目上,只有这样才能真正地发挥出保险投资的助力保险稳定经营,助力市场、经济稳步发展,助力社会整体风险稳固控制的功效。

第二节　保险投资的形式

一、保险投资的主要形式

理论上保险资金可以选择任何符合其需求的投资形式,但由于其高负债性的资金特征,通常各国对保险投资的形式都有较为严格的限制与规定。通常而言,保险投资的形式主要包括银行存款、债权债务类投资、权益类投资、不动产投资和境外投资等类别。

（一）银行存款

银行存款是指将保险资金以货币的形式存放在银行。银行存款的投资形式能够较好地满足保险资金高安全性与高流动性的需求,但能够取得的收益往往较低。现代保险公司在运用保险资金时往往仅留存较小比例的资金用于银行存款,以备随时支取应对保险赔偿或给付保险金。

因资金量较大,保险资金在投向银行存款的时候往往可以选择协议存款等较为特殊的存款方式,以便获取更高的收益。协议存款是商业银行根据中国人民银行或中国银行业监督管理委员会的规定,针对部分特殊性质的中资资金如保险资金、社保资金、养老保险基金等开办的存款期限较长,起存金额较大,利率、期限、结息付息方式、违约处罚标准等由双方商定的人民币存款品种。该存款可作为存款类金融机构的长期资金来源,不属于同业存款,应计入存贷比指标。协议存款不可以提前支取,其协议存款凭证可用作融资质押物。协议存款的特点是利率较为灵活,由双方事前约定,可选择固定利率也可选择浮动利率,一般比同期银行定期存款利率高 10%～15%,不足之处是起存金额较大(通常在 3000 万元以上)、期限较长(通常 3～5 年)。

在我国,银行存款是最基本的保险投资方式,也是长期以来最主要的投资方式。在我国保险业发展的起步阶段(1980—1987 年),银行存款是保险资金唯一可用的投资方式。随着我国金融市场逐渐成熟,保险投资渠道逐渐拓宽,保险监管逐渐规范,保险资金才逐渐从银行存款流向其他投资形式。时至今日,由于我国保险投资较为重视安全性与流动性,银行存款依旧在保险投资中占有着较高的比例。

（二）债权债务类投资

保险资金还可以运用于基于债权债务关系的投资，主要包括购买债券类金融产品、直接发放贷款等形式。

 1. 债券投资

债券是发行者为筹集资金而发行的一种有价证券，债券持有人可以在约定的时间内要求发行人还本付息。保险资金通常投资的债券可以根据发行主体不同划分为政府债券、金融债券、企业债券三种。

政府债券是指以国家或地方政府作为发行者，承诺到期可兑换约定本金以及利息用于募集资金的一种票券。政府债券以国家或政府信用作为背书，具有较高的信用等级和安全性，但收益率较低，通常仅略高于等期银行定期存款利率。

金融债券是指以金融机构作为发行者，承诺到期可兑换约定本金以及利息用于募集资金的一种票券。各个国家通常都会通过法律法规等手段对金融机构作出较为严格的规制与监管，所以金融机构的信用资质普遍优于普通工商企业，金融债券以金融机构的信用作为背书，虽不及政府债券，却也具有相当高的信用等级和安全性，其收益率往往也高于政府债券。

企业债券是指以普通工商企业作为发行者，承诺到期可兑换约定本金以及利息用于募集资金的一种票券。通常各个国家对于普通工商企业的资质要求以及监管相对较松，工商企业间的信用情况差异较大，辨别其信用资质较为困难，普通工商企业为了实现其融资需求往往愿意支付更多的融资成本。因此，企业债券相对安全性较低，收益率通常高于政府债券与金融债券。

在我国，债券投资也是主要的保险投资形式之一。我国保险资金虽然已经有投资债券的较长历史，但往往集中于安全性更高的政府债券。近年来，随着保险投资的需求越发旺盛，保险投资的管理越发科学，保险资金加大了对金融债券和企业债券的投资比例，但总体投资结构和投资比例还有优化空间。

 2. 发放贷款

保险资金也可以用于发放贷款，其主要形式为直接发放贷款和保单质押贷款。

直接发放贷款是指保险公司作为非银行金融机构向社会提供贷款。为确保保险资金能安全返还，直接发放贷款一般须有担保。其按担保形式可分为：不动产抵押贷款、有价证券抵押贷款、信用保证贷款（如财团担保、银行保付等）。贷款的对象可以是国家、国际机构、政府有关机构、公共团体、企业、消费者等。

保单质押贷款也称为保单贷款，是指投保人将所持有的保单质押给保险公司，按照保单现金价值的一定比例获得资金的一种借贷方式。以长期寿险为代表，在趸缴保费或均衡保费的缴纳方式下,保险人为履行合同责任通常需要提存责任准备金,提存的责任准备金余额扣减相关费用后即保单的现金价值,若投保人、被保险人因故需要当期解约或退保,保单的现金价值可作为退保金返还。财产保险、意外伤害保险、健康保险等短期险种因没有现金价值或现金价值极小,所以通常不能进行保单贷款。依照法律或合同的规定,申请保单贷款时,有时要征得被保险人或受益人的同意。保单贷款的贷款金额一般不能超过保单项下积累的责任准备金或退保金(即如果当时申请退保能够领到的现金)的一定比率(如80%、90%、95%等),贷款期限一般为一年,并须支付利息。贷款期满归还本息后可继续贷款。保险事故发生或保险满期需要给付保险金时,如果有尚未归还的本息,保险人可以从保险金中扣除。如果投保人或被保险人逾期不归还贷款,贷款本息达到或超过责任准备金或退保金时,保险合同即行失效。

在我国,发放贷款并非主要的保险投资形式。1987—1995年,在我国保险行业发展的早期阶段,监管机构曾允许保险资金直接发放贷款,但由于缺乏较为有效的管理与约束机制,出现了无序发展的现象,形成了巨额的不良保险资产,随即这一政策被叫停。目前,我国《保险资金运用管理办法》中第十八条第五款明确规定,除中国保监会另有规定以外,保险集团(控股)公司、保险公司从事保险资金运用,不得将保险资金运用形成的投资资产用于向他人提供担保或者发放贷款,个人保单质押贷款除外。而保单质押贷款在我国发展时间较短,群众理解、接受程度尚显欠缺,作为保险投资形式所能够运用的资金占比较小,还有待进一步发展完善。

值得一提的是,随着民间借贷行为在我国法律上被认可,以保险公司作为出借方,向其他企业或机构出借自有资金的行为理论上应当得到法律的认可,但由于保险资金难以严格区分自有资金与责任准备金,保险公司的企业间借款行为是否符合相关监管规定也长期存疑。通常,我国保险公司所存在的企业间借款行为仅存在于保险集团公司同其所控股或参股的企业产生的关联交易中。随着《保险集团公司监督管理办法》的正式推出与实行,其中第七章第六十二条明确:保险集团公司及其保险子公司不得为非保险子公司的债务提供担保,不得向非保险子公司提供借款,银保监会另有规定的除外。该项规定的出台进一步规范了我国保险公司的借款行为,为维持保险投资的稳健运行、巩固保险资金的安全性奠定了基础。

二维码7-1 《保险资金运用管理办法》

二维码7-2 《保险集团公司监督管理办法》

(三)权益类投资

保险资金也可以运用于权益类型的投资形式,主要包括股票投资、资产管理类金融产品投资和股权、项目投资等形式。

1. 股票投资

股票是股份有限公司公开发行的用以证明投资者的股东身份和权益,而股东据以获得股息和红利的凭证。股票一经发行,持有者即为发行股票公司的股东,有权参与公司的决策,分享公司的收益,同时也要分担公司经营的责任和风险。股票一经认购,持有者不能以任何理由要求退还股本,只能通过证券市场转让出售。

股票投资具有流动性强、收益性好,但是风险性较高的特点,因此保险资金运用于股票投资时需要足够审慎,并做好风险管理。

在我国,保险资金运用于股票投资经历过多次变迁。1987—1995年,我国保险市场在着力发展的阶段首次允许保险资金用于股票投资,但由于缺乏有效监管,引发了一系列乱象,随后包括股票投资在内的诸多投资方式受到了严格限制。直至2004年,保险资金才再次获准投资股票市场,但又因2015—2016年股市发生动荡,保险资金大幅入场抄底、举牌等较为激进的投资行为引发了多方质疑,随后相关部门又进一步加强了对于保险资金投资股票市场的监管力度。目前,保险资金依旧能够直接用于股票投资,但是投资比例和可用以投资的股票类型、标的等都作出了较为合理的规定。

2. 资产管理类金融产品投资

资产管理类金融产品是指以基金、信托、证券等金融机构作为资产管理人(即受托人),根据资产管理合同约定的方式、条件、要求及限制,对委托人所有的资产进行经营运作,代表委托人在金融市场进行投资,为客户提供证券及其他金融产品的投资管理服务,为委托人创造收益并收取一定费用的金融产品。资产管理类金融产品主要包括证券投资基金、信托产品、资产管理计划等类别。资产管理类金融产品通常会将受托资产划分成等价份额,委托人所认购的份额占受托资产总份额的比例作为分享资产管理类金融产品投资收益与承担对应风险的依据。资产管理类金融产品的投资对象既可以是资本市场上的股票、债券,也可以是货币市场上的短期票据,还可以是金融期货、黄金、期权、不动产,甚至是未公开发行的股权或者债券等。投资于资产管理类金融产品实质上是一种通过广义的信托形式将资产交由专业的投资管理人代为打理的投资方式,同其他投资形式相比,投资于资产管理类金融产品能够享受到更为专业的投资规划及风险控制服务,能够一定程度上利用金融杠杆获得较高收益,能够通过以信托产品为代表的途径形成资产隔离保障保险资金与公司经营互不影响,还能够较好地丰富保险资金能够投资的底层产品种类。

在我国,资产管理类金融产品投资是重要的保险投资形式之一。1999年,保险监管规定允许保险资金运用于证券投资基金,成为保险资金间接进入股票市场的重要渠道,直至我国正式允许保险资金投资于股市(2004年)。目前,投资于以证券投资基金为代表的资产管理类金融产品的金额在保险资金运用总额中占据着相当大的比例。

3. 股权、项目投资

股权、项目投资是指保险资金投资于企业非公开发行的股份,或者通过与其他企业、机构合作的形式投资到特定项目的建设、生产、经营中去。由于该投资方式往往需要面对较大的经营风险,并且通常资金变现能力较差,具有较高的流动性风险,所以各国保险资金投资总额中股权、项目投资的比例相对较小,各国监管机构也都对该类投资行为作出了较为严格的规制。

在我国,《保险资金运用管理办法》中规定,保险资金投资的股权,应当为境内依法设立和注册登记,且未在证券交易所公开上市的股份有限公司和有限责任公司的股权。同时,保险集团(控股)公司、保险公司对其他企业实现控股的股权投资,应当使用自有资金并满足有关偿付能力监管规定,且应当限于下列企业:保险类企业,包括保险公司、保险资产管理机构以及保险专业代理机构、保险经纪机构、保险公估机构;非保险类金融企业;与保险业务相关的企业。保险集团(控股)公司的保险子公司不符合中国保监会偿付能力监管要求的,该保险集团(控股)公司不得向非保险类金融企业投资。

(四)不动产投资

保险资金同样可以运用于不动产投资。不动产投资也就是房地产投资,是指运用保险资金购买土地、房产,并从中获取收益的投资方式。保险不动产投资已存在较长的历史,在19世纪中叶就已经出现于欧洲,在日本保险资金运用形式中也长期受到重视。保险不动产投资主要有两种类型:一种是保险公司因自身经营所需建造或者购置的不动产,如建造的办公大楼、购置的营业场所等;另一类是为了取得投资利益而投资的不动产,如投资于可用于开发的土地,进行与正常营业活动无关的商业性地产买卖等。不动产投资通常都具有如下特点:首先是投资所需资金量巨大,不论是购置土地或是建造建筑物,都需要大量的资金投入;其次是投资周期较长,不论是经营用不动产还是为取得投资利益而投资的不动产,通常都会持有较长时期;再次是流动性较弱,不动产投资作用的底层资产即土地或建筑物具有"因地制宜""因时制宜"的差异性,使不动产投资的变现能力受到了较大限制,往往不能够立刻通过出售或其他途径换取资金;最后是风险性相对较高,虽然不动产投资运用得当或选到了较为优质的投资标的,往往能够具备较优秀的抗通胀能力,形成长期的较为稳定的现金流,同时还有机会获得资产增值收益,但是如果经济环境发生变化或者投资标的选择失误,则有可能使投资收益出现大幅度波动,甚至存在损失所投资本金的风险。虽然不动产投资在多国保险资金运用形式中均占有着重要地位,但是其流动性较差、风险性相对较高的特性又使各国对保险资金投资于不动产较为审慎。

在我国,保险资金投资于不动产受到了较为严格的规制。2010年,中国保监会印发了沿用至今的《保险资金投资不动产暂行办法》。其中第十四条对保险公司投资于不动产(不含自用性不动产)的资金比例作出了如下要求:不高于本公司上季度末总资产的10%,投资不动产相关金融产品的账面余额,不高于本公司上季度末总资产的3%;投资不动产及不动产相关金融产品的账面余额,合计不高于本公司上季度末总资产的10%;投资单一不动产投资计划的账面余额,不高于该计划发行规模的50%,投资其他不动产相关金融产品的,不高于该产品发行规模的20%。第十六条规定:保险公司不得投资开发或者销售商业住宅;不得直接从事房地产开发建设(包括一级土地开发);不得投资设立房地产开发公司,或者投资未上市房地产企业股权(项目公司除外),或者以投资股票方式控股房地产企业,已投资设立或者已控股房地产企业的,应当限期撤销或者转让退出。

值得注意的是,虽然已有专项法规对不动产投资作出了约束,但我国保险资金运用于房地产投资的机制尚不完善,存在着诸多其他影响因素。一是我国保险资金投资于不动产除了受到《保险法》《保险资金运用管理办法》等保险相关法律法规制约外,还应积极配合遵守国家或地方政府关于房地产市场宏观调控的相关法律法规和指导性意见。随着我国经济的发展,从2000年初期房地产市场的高速发展,至2016年"房住不炒"指导性意见提出后开展的大范围大规模严格管控,再到现在逐步理性放开房地产行业限制、稳定房地产市场、稳健发展房地产经济思想的形成,20多年间中国房地产市场行情出现了较大幅度的波动,房地产市场格局几经变动,为保险资金投资于房地产带来了诸多困难。二是随着我国首部法典——《民法典》的正式推行,其中关于《物权法》部分的诸多变更也有可能对保险资金投资于不动产产生间接影响。因此,顺应时代发展,尽快对已施行十余年的《保险资金投资不动产暂行办法》进行修订,正式推出能够满足当下经济环境需求,适应于保险资金运用要求的《保险资金投资不动产管理办法》成了值得关注的课题。

二维码7-3
《保险资金投资不动产暂行办法》

(五)境外投资

保险资金除了可以在本国国境范围内进行运用外,也能投资于境外资产。保险资金境外投资主要是指以自有外汇资金或用本国货币兑换的外汇资金所形成的诸如银行存款、债券、股票等境外资产。伴随着全球化发展的浪潮,各国保险公司外汇保险业务不断增长,形成了较为客观的外汇保费收入。保险资金合理进行境外投资有利于保险公司的外汇资产保值增值,也能够在一定程度上分散诸如利率风险、汇率风险、政治风险等市场风险。

在我国,保险资金运用于境外投资正在逐步规范并受到重视。2007年,中国保险监督管理委员会、中国人民银行和国家外汇管理局共同

二维码 7-4 《保险资金境外投资管理暂行办法》

二维码 7-5 《保险资金境外投资管理暂行办法实施细则》

制定了《保险资金境外投资管理暂行办法》,明确了包括从事境外投资的资格条件、主要投资范围、风险管理事项、信息披露与监管等基本规则。2012 年,中国保险监督管理委员会在此基础上发布了《保险资金境外投资管理暂行办法实施细则》,进一步规范了相关规定,并提供了《可投资国家或者地区》等附件作为进行境外投资的基准。

二、我国保险投资的发展方向

回顾历史,1979 年保险业复业至今,保险资金运用主要经历了以下 7 个发展阶段。

1980—1987 年,中国现代保险行业起步伊始,保险主体、投资形式单一,保险资金总量小。

1987—1995 年,中国保险资金运用进入探索发展阶段,投资业务简单粗放,从业人员素质参差不齐,投资领域没有限制,市场混乱无序,积累了大量不良资产。

1995—1998 年,中国保险行业迎来整顿严管阶段,随着《保险法》的出台与保险专业监管机构保监会的成立,保险资金运用逐步规范化,逐步化解了前一阶段的危机。

1998—2003 年,中国保险投资渠道逐步宽松,监管逐步开始尝试增加保险资金可投资渠道,并进一步放宽可投资资金比例限制。

2003—2012 年,中国保险投资进入波动调整时期。2003 年 7 月,首家保险资产管理公司成立,标志着保险资金运用开启集中化、专业化运作。此后,股票、企业债、未上市股权、不动产等投资渠道陆续放开。2008 年全球金融危机爆发,金融市场大幅波动,保险资金运用风险加大,监管部门又顺应局势实施了一系列严格管控风险的监管措施。

2012—2017 年,中国保险投资进入市场化改革阶段。一方面,当时保险机构自主发展动力不足,市场竞争力较弱,投资收益率持续偏低,保险资金运用随即启动了市场化改革,在"放开前端、管住后端"的理念下,进一步拓宽投资范围和领域,把更多决策权、选择权和风险责任交给市场主体;另一方面,这期间行业规模快速增长,市场活力明显增强,但行业所面临的内外部风险形势也日趋复杂。

◇ 同步案例7-1

部分保险公司违规激进投资[①]

2016—2017年间，个别保险公司的激进投资行为引发市场关注。业界认为，在低利率和资产荒背景下，保险资金举牌上市公司特别是蓝筹股，是商业机构理性选择。加之2015年国内股市大幅波动期间，为"救市"放宽了保险投资股票市场的投资比例限制，客观上增强了保险公司举牌意愿。不过，最近一段时间，保险公司在资本市场却屡屡做出不当举动。

比如，前海人寿及其一致行动人通过多次集中竞价交易等方式买入万科股票，成为其控股股东，引发了"宝万之争"，这可能涉及诸如自有资金、保险准备金、非保险资金混用，不符合投资者适当性，资产周期不匹配等诸多问题；恒大人寿通过"准举牌"快进快出，不符价值投资理念，主要负责人被保监会约谈，委托股票投资业务被暂停。

此外，高风险投资决策与激进型产品的出现互为依托。前海人寿、恒大人寿等6家公司在互联网上销售的万能险产品存在销售误导、费率恶性竞争等问题，被监管部门叫停。2016年5—8月，保监会对万能险业务量较大、占比较高的前海人寿、恒大人寿等9家公司开展万能险专项检查，部分公司存在产品费用不合规、产品账户额度不清晰及不同产品账户资金混用等问题。同年10月，保监会下发监管函，要求相关公司限期整改。同年12月，对整改不到位的前海人寿下发监管函，暂停万能险新业务。

2017年至今，中国保险投资进入了规范发展和严格监管协调发展时期。一方面我国保险行业深刻反思了过去个别保险机构激进经营和激进投资问题，坚决打击乱象，切实防范风险，及时弥补监管短板和风险漏洞；另一方面保险资金运用也开始重视紧密围绕服务实体经济、防控金融风险、深化金融改革三项任务来发展调整，在不断加强和改进保险资金运用监管工作的同时，力求保持保险资金运用稳健有序发展。

中国的保险资金运用在不断调整变化中茁壮发展，经受住了2008年全球金融危机的考验，同时较为妥善地处理了2016年激进发展带来的问题。在每一个重要关口，保险资金运用都能够适应形势变化，持续深化改革开放，砥砺前行、行稳致远，取得了一定实绩。目前，我国保险投资总体情况较好：保险资金运用规模逐年稳步上升，据中国银保监会数据显示，截至2019年末，保险资金运用余额超18万亿元，资金运用规模近10年间维持了约15%的年均涨幅；投资结构趋于合理，在配置结构上，保险资金已经实现从"存款+债券"的简单配置到以固定收益类资产为主、多元化配置结构的实质转变，其中又以高信用等级债券、大盘蓝筹股等高流动性金融资产为主；投资收益维持稳健，据中国银保监会数据显示，截至

---

① 认清假借保险名义非法集资陷阱[N].漯河日报，2016-12-15(4).

2019年末,近15年里,保险投资综合收益率维持在5.3%左右,其间未出现大幅度波动。

然而我们也应该认识到,我国经济已由高速增长阶段转向高质量发展阶段,正处在转变发展方式、优化经济结构、转换增长动力的攻关期,保险业和保险资金运用改革发展也进入了一个新的时期,我们只有不断紧随时代步伐,不断积极优化保险投资的方式,不断调整保险资金运用的目标与过程,才能够妥善应对时代的挑战,才能够保证保险投资助力行业发展,才能够有利于金融繁荣、经济增长、国家稳定。

关于保险投资的发展和完善方向,我们可以从以下方面做出努力。

一是"抓住机遇,深化改革"。我国保险业仍处在黄金增长期,保险业务量以及保费总收入仍有上升空间。然而,保险行业的健康发展始终要靠保费、投资双轮驱动。只有提升保险资金运用专业化、市场化水平,切实在投研能力和风控水平上加大投入,才能对新形势、新风险、新趋势做到心中有数、应变有度、措施得力。

二是"稳定实体,促进发展"。当前,实体经济融资难、融资贵问题依然突出,突出表现在长期资金供给严重缺乏,资金进入实体经济渠道不畅,"顺周期"特征明显。上述问题正是保险资金可以进一步发挥作用的领域。保险资金应该利用好自身优势,为实体经济发展提供长期资本金,继续稳步拓宽保险资金运用范围,在风险可控的前提下加大服务中小民营企业融资需求力度。

三是"关注养老,发掘投向"。在我国人口老龄化进程加速、养老供给不足的背景下,可以预见,在未来10~15年间养老产业将拥有极为可观的消费市场。一方面,人民群众需要通过商业保险和财富管理,应对未来医疗、健康、养老的需要,妥善地运用保险解决人民群众的养老需求有助于缓和社会矛盾、稳定社会秩序;另一方面,保险资金也可以利用保险行业与养老行业所存在的天然联系,积极参与到商业养老基金、商业医疗、养老设施的投资中去,加速行业整合,提升规模相应、协同效应,获取长期的投资收益。同时还应当关注近些年逐渐兴起的以"新能源""VR""AR""元宇宙"为代表的新兴产业,择机合理分配一定比例保险资金进行先行投资,掌握先发优势,为获取远期投资收益奠定基础。

四是"活用科技,合理监管"。保险投资应当充分利用当今发达的信息化技术,做到投资信息化、数据化,风控预警化,收益可视化,利用大数据原理搭建内部保险资金运用评价、优化机制,进一步提升保险投资效率。同时监管方面也需要积极利用现代信息科技,推进保险资产管理监管信息系统和资产负债管理监管系统建设,指导保险资管业协会和中保登信息系统建设,建立定期分析报告机制,尽快构建保险资产管理公司分类监管、差异化监管制度,改善"一刀切"监管问题,释放保险投资效能。

二维码 7-6
第七章
练习与思考

二维码 7-7
第七章练习与
思考答案

第八章 保险监管

◇ **学习目标**

知识目标：
1. 掌握保险监管的概念和一般保险监管体系的构成；
2. 理解保险监管的主要目标；
3. 了解保险监管的发展及其主要内容。

能力目标：
1. 理解保险监管的基本内容；
2. 了解保险监管对保险人、保险条款、保险费率、偿付能力和中介机构等具体的监管要求。

情感目标：
1. 形成对保险行业自律管理的理解；
2. 在相关工作中能够主动维护被保险人的合法权益、确保保险人的经营安全，提升自身的专业素养和专业操守。

◇ **学习重点**

1. 保险监管的概念及目标；
2. 保险监管的主要内容；
3. 对保险公司偿付能力监管的基本要求；
4. 我国保险监管的发展现状。

◇ **本章关键词**

保险监管　逆选择　道德风险　偿付能力　保险费率　保险条款　互联网保险

◇ **导入案例**

保险直播营销——合规底线不能丢[①]

疫情影响下各行业纷纷转战线上直播,保险行业也不例外,企业高管和保险顾问纷纷走进直播间"带货",掀起直播销售热潮。监管部门提示,消费者应提高警惕,主流直播平台中部分保险平台和机构主体资质缺失且宣传内容失当,容易让"带货"变"带祸"。据介绍,有的机构不具备经营保险业务资质,却以咨询、规划或测评名义注册账号,违规开展保险营销宣传和销售活动;有的保险分支机构或保险销售从业人员,未经所属机构统一管理,擅自发布保险营销宣传短视频,开展保险营销直播。

消费者通过网络直播和短视频购买保险时,要做到"三注意":一是注意资质,确认"谁在卖保险",查验保险业务经营者是否具备相应资质,不要购买未取得经营保险业务许可的主体所销售的保险产品;二是注意渠道,应从保险公司或保险专业中介机构的自营网络平台等正规渠道购买保险产品;三是注意"保什么、不保什么",认真阅读投保提示、保险条款等信息,充分了解保险产品的保障范围和免责范围,切实保护好自身合法权益。

■ **思考:**

你了解哪些互联网保险业务?这类业务有哪些基本监管要求?

第一节 保险监管概述

一、保险监管的概念

保险监管是指一个国家为了维护保险市场秩序,保护被保险人及社会公众的利益,由政府的保险监督管理部门对本国保险业实施的监督和管理。

[①] 保险直播带货戴上"紧箍咒" 小心"带货"变"带祸"[N].北京日报,2020-07-08.

保险业是经营风险的特殊行业,保险事故的随机性、损失程度的不可知性、理赔的差异性使保险经营本身存在着不确定性。而保险业的公共性与社会性、保险合同的特殊性和保险技术的复杂性不仅要求保险公司具备较高的经营水平,也要求国家建立有多层次的保险监管体系。

一般来说,保险监管体系可分为政府对保险业的监管、保险行业的自律性监管和保险企业的内控管理三个部分。其中,政府对保险业的监管构成保险监管体系的主体部分,它是保险监管的基础,由政府指派专门机构与人员,根据国家有关保险的法律法规,对保险人的各种经营行为以及保险市场的各种经营活动实施监督与管理,以确保保险市场的规范运作和保险人的稳健经营。通过政府的监管,保护投保方的正当权益,维护保险市场乃至整个金融市场的稳定,促进保险业健康有序发展。保险行业的自律性监管是利用保险同业公会或行业协会的横向协调作用,在该组织内订立公约,要求成员依法合规经营,强调公平竞争以维护保险市场秩序,形成保险公司之间的相互监督与制约机制。保险企业的内控管理是指保险公司对自身行为的自我约束与管理。保险行业自律性监管和企业内控管理是对政府监管的有效补充。

二、保险监管的目标

根据我国《保险法》第一百三十三条,保险监督管理机构依照本法和国务院规定的职责,遵循依法、公开、公正的原则,对保险业实施监督管理,维护保险市场秩序,保护投保人、被保险人和受益人的合法权益。具体来讲,目前保险监管的目标主要为以下四个方面。

1. 保护投保方的合法权益

投保人、被保险人以及受益人可以统一称为投保方。保险经营具有广泛的社会性,投保方的利益能否得到切实保护,不仅直接关系到保险业的发展前景,也是衡量保险监管效果的重要标准。

保险合同是附和合同,保险双方的权利义务等合同内容由保险人单方面拟定,被保险人在投保时只能选择被动接受或拒绝。对一般投保人来讲,其很难做到真正理解保险合同中的保险范围和基本条款。因此,在保险经营活动中,保险人与投保方的信息不对称问题非常突出。完善保险监管规则和制度,可以确保消费者在投保前明确了解保险合同的重要条款,防范保险营销欺诈误导行为,保证被保险人在理赔环节的权利得到最大程度的维护,从根本上保障投保方的合法权益。

2. 维护保险市场的有序竞争

有序的市场是实现保险资源的有效配置、提高保险的经济效益与社会效益的基本条件。维护保险市场秩序是保证保险市场稳定和保险公司有序经营的基础,也是保险监管的基本内容。

保险企业在开展业务时应遵从商业保险经营规律,市场化运作,合理地制定保险条款和保险费率。但是,保险市场上不合理的竞争现象常有出现。例如,为了扩大客户规模而"亏本抢占市场";在经营活动中一方面夸大宣传,另一方面服务大打折扣;在大数据背景下为了获得客户资料违反数据保护要求,等等。竞争是市场经济的基本规律之一,竞争能够更好地激发保险企业的活力,推动保险创新,改善保险服务。因此,监管部门应该建立健全保险监管制度,使保险企业在积极拓展业务时符合规范,杜绝无序竞争。

 3. 保证保险人的偿付能力

确保保险人的偿付能力是保险监管的核心,也是建立和完善现代保险监管体系的客观要求。偿付能力是指保险人对保单持有人履行经济补偿或保险给付的能力。保险业的经营对象是风险,保险公司应该随时准备应对各种自然灾害和意外事故,因此应该具备足够的资本积累和偿付能力。这不仅是保护被保险人利益的需要,也是维护保险业稳定经营的需要。

由于偿付能力在保险经营中的重要地位,各国保险法规都有关于保证偿付能力的明确规定,例如美国的风险资本制度(RBC)、保险监管信息系统(IRIS)以及财务分析和偿付能力追踪系统(FAST),欧盟的偿付能力监管体系(Solvency Ⅱ)。我国《保险法》规定:"保险公司应当具有与其业务规模和风险程度相适应的最低偿付能力。保险公司的认可资产减去认可负债的差额不得低于国务院保险监督管理机构规定的数额;低于规定数额的,应当按照国务院保险监督管理机构的要求采取相应措施达到规定的数额。"

 4. 推动保险业持续健康发展

近年来,我国商业保险快速发展,产品种类日益丰富,保费规模增长迅速。2021年全年,我国保险业原保费收入达到 4.5 万亿元,保险深度和保险密度分别为 3.9% 和 3180 元/人。我国保费规模已是世界第二,但保险深度和保险密度仍须提高,险种的针对性和多样性不够[①],保险保障水平还有很大的提升空间。在大数据背景下,保险监管更加要求保险业通过金融科技赋能,综合运用数字化技术,构建完善的风险检测与风险评估体系,强化风险识别和风险处理能力,推动保险业健康平稳快速发展。

---

① 郭树清.坚持人民至上 服务高质量发展——在 2021 年金融街论坛上的主题演讲[EB/OL].(2021-10-27). http://www.cbirc.gov.cn/cn/view/pages/ItemDetail.html?docId=1013665&itemId=915&generaltype=0.

第二节 保险监管的主要内容

保险监管的内容主要是根据保险监管的目标来设立的,各国对保险业监督管理的范围和程度取决于对保险业监管的不同要求以及自身对市场调节能力的不同评价。我国《保险法》第六章规定了对保险业的监督管理,其内容主要包括:对保险人的监管;对保险条款和保险费率的监管;对保险公司偿付能力的监管;对保险公司中介机构的监管;对保险资金运用的监管等。

一、对保险人的监管

对保险人进行监督管理的主要目的是确保保险人具有从事保险业务的能力和资格。对保险人的监管主要体现在保险公司的设立、变更以及终止等方面。

(一)保险公司的设立条件

根据我国《保险法》,设立保险公司应当经国务院保险监督管理机构批准,具备下列条件:① 主要股东具有持续盈利能力,信誉良好,最近三年内无重大违法违规记录,净资产不低于人民币二亿元;② 有符合本法和《公司法》规定的章程;③ 有符合本法规定的注册资本;④ 有具备任职专业知识和业务工作经验的董事、监事和高级管理人员;⑤ 有健全的组织机构和管理制度;⑥ 有符合要求的营业场所和与经营业务有关的其他设施;⑦ 法律、行政法规和国务院保险监督管理机构规定的其他条件。

设立保险公司,其注册资本的最低限额为人民币二亿元,保险公司的注册资本必须为实缴货币资本。

(二)保险公司的变更

保险公司的变更是保险企业依法对其公司名称、注册资本、公司章程、营业场所等重要事项进行的变更。保险组织的变更必须报经保险监督管理机构批准或备案。我国《保险法》第八十四条规定了保险公司有下列情形之一的,应当经保险监督管理机构批准:① 变更名称;② 变更注册资本;③ 变更公司或者分支机构的营业场所;④ 撤销分支机构;⑤ 公司分立或者合并;⑥ 修改公司章程;⑦ 变更出资额占有限责任公司资本总额百分之五以上的股东,或者变更持有股份有限公司股份百分之五以上的股东;⑧ 国务院保险监督管理机构规定的其他情形。

(三)保险公司的终止

保险组织的终止是指保险机构的解散、撤销和破产等。我国《保险法》第八十九条规定:保险公司因分立、合并需要解散,或者股东会、股东大会决议解散,或者公司章程规定的解散事由出现,经国务院保险监督管理机构批准后解散。经营有人寿保险业务的保险公司,除因分立、合并或者被依法撤销外,不得解散。保险公司解散,应当依法成立清算组进行清算。《保险法》第九十条规定:保险公司有《企业破产法》第二条规定情形的,经国务院保险监督管理机构同意,保险公司或者其债权人可以依法向人民法院申请重整、和解或者破产清算;国务院保险监督管理机构也可以依法向人民法院申请对该保险公司进行重整或者破产清算。

二维码 8-1
去保险化,
相互保更名
相互宝

二、对保险条款和保险费率的监管

保险条款和保险费率是保险合同中的核心内容,能体现出保险双方最主要的权利和义务。这部分内容专业性强,绝大多数情况下由保险人单方面拟定。为了保障被保险人的利益,体现出保险合同的公平原则,有必要对保险公司拟定的保险条款和保险费率进行监管。因此,各国一般都立法规定由政府监管部门制定基本保险条款或由其备案。

我国《保险法》规定,关系社会公众利益的保险险种、依法实行强制保险的险种和新开发的人寿保险险种等的保险条款和保险费率,应当报国务院保险监督管理机构批准。国务院保险监督管理机构审批时,应当遵循保护社会公众利益和防止不正当竞争的原则。其他保险险种的保险条款和保险费率,应当报保险监督管理机构备案。

《保险法》中还规定了当保险公司使用的条款和费率违反法律、行政法规或者国务院保险监督管理机构的有关规定时,应由保险监督管理机构责令停止使用,限期修改;情节严重的,可以在一定期限内禁止申报新的保险条款和保险费率。

三、对保险公司偿付能力的监管

保险公司的偿付能力是保险公司对保单持有人履行赔付义务的能力,具体表现为保险公司是否有足够的资产来匹配其负债,特别是履行其赔偿或给付保险金的义务。保险业是经营风险的特殊行业,具有偿付能力不仅是保险公司自身生存的基本前提,也是实现保险业可持续发展的基本需要,更是维护被保险人利益的基本保证。保险业偿付能力作为保险监管的核心内容,具有十分重要的意义。

我国《保险法》第一百三十七条对偿付能力监管做了规定:"国务院保险监督管理机构应当建立健全保险公司偿付能力监管体系,对保险公司的偿付能力实施监控。"我国《保险法》和《保险公司偿付能力管理规定》对保险公司偿付能力监管都有具体规定,主要包括保险监督管理机构对保险公司偿付能力的监管指标、评估偿付能力的标准和对偿付能力不足的处理等三个方面。

(一) 对保险公司偿付能力监管指标的规定

1. 核心偿付能力充足率

即核心资本与最低资本的比值,衡量保险公司高质量资本的充足状况。其中,核心资本是指保险公司在持续经营和破产清算状态下均可以吸收损失的资本;最低资本是指基于审慎监管目的,为使保险公司具有适当的财务资源应对各类可量化为资本要求的风险对偿付能力的不利影响,所要求保险公司应当具有的资本数额。

2. 综合偿付能力充足率

即实际资本与最低资本的比值,衡量保险公司资本的总体充足状况。其中,实际资本是指保险公司在持续经营或破产清算状态下可以吸收损失的财务资源。

3. 风险综合评级

即对保险公司偿付能力综合风险的评价,衡量保险公司总体偿付能力风险的大小。中国银保监会及其派出机构通过评估保险公司操作风险、战略风险、声誉风险和流动性风险,结合其核心偿付能力充足率和综合偿付能力充足率,对保险公司总体风险进行评价,确定其风险综合评级,分为 A 类、B 类、C 类和 D 类,并采取差别化监管措施。表 8-1 为 2020 年我国保险业偿付能力状况表(季度)。

表 8-1　2020 年我国保险业偿付能力状况表(季度)[①]

指标/机构类别		一季度末	二季度末	三季度末	四季度末
综合偿付能力充足率/%	保险公司	244.6	242.6	242.5	246.3
	财产险公司	288.1	276.7	267.6	277.9
	人身险公司	237.3	236.4	236.5	239.6
	再保险公司	290.3	286.1	321.6	319.3
核心偿付能力充足率/%	保险公司	233.6	230.4	230.5	234.3
	财产险公司	255.5	247.6	240.2	248.9
	人身险公司	229.3	226.6	226.9	230.3
	再保险公司	273.9	270.9	304.7	296.2
风险综合评级/家	A 类公司	102	99	98	100
	B 类公司	72	72	73	71
	C 类公司	3	5	5	3
	D 类公司	1	1	1	3

（二）对保险公司偿付能力监管要求的规定

保险公司同时符合以下三项监管要求的,为偿付能力达标公司:① 核心偿付能力充足率不低于 50%;② 综合偿付能力充足率不低于 100%;③ 风险综合评级在 B 类及以上。

不符合上述任意一项要求的,为偿付能力不达标公司。

（三）对保险公司偿付能力低于监管标准的处理规定

根据《保险公司偿付能力管理规定》(2021)的规定,中国银保监会及其派出机构将根据保险公司的风险成因和风险程度,将保险公司分为下列两类,实施分类监管。

第一类:对于核心偿付能力充足率低于 50% 或综合偿付能力充足率低于 100% 的保险公司,中国银保监会应当采取以下第(1)项至第(4)项的全部措施:

(1)监管谈话。

(2)要求保险公司提交预防偿付能力充足率恶化或完善风险管理的计划。

(3)限制董事、监事、高级管理人员的薪酬水平。

(4)限制向股东分红。

中国银保监会还可以根据其偿付能力充足率下降的具体原因,采取以下第(5)项至第(12)项的措施:

[①] 2020 年保险业偿付能力状况表(季度)[EB/OL]. (2021-05-11). http://www.cbirc.gov.cn/cn/view/pages/ItemDetail.html?docId=982987&itemId=954&generaltype=0.

(5)责令增加资本金。

(6)责令停止部分或全部新业务。

(7)责令调整业务结构,限制增设分支机构,限制商业性广告。

(8)限制业务范围、责令转让保险业务或责令办理分出业务。

(9)责令调整资产结构,限制投资形式或比例。

(10)对风险和损失负有责任的董事和高级管理人员,责令保险公司根据聘用协议、书面承诺等追回其薪酬。

(11)依法责令调整公司负责人及有关管理人员。

(12)中国银保监会依法根据保险公司的风险成因和风险程度认为必要的其他监管措施。

对于采取上述措施后偿付能力未明显改善或进一步恶化的,由中国银保监会依法采取接管、申请破产等监管措施。中国银保监会可以视具体情况,依法授权其派出机构实施必要的监管措施。

第二类:对于核心偿付能力充足率和综合偿付能力充足率达标,但操作风险、战略风险、声誉风险、流动性风险中某一类或某几类风险较大或严重的C类和D类保险公司,中国银保监会及其派出机构应根据风险成因和风险程度,采取针对性的监管措施。

◆ **同步案例8-1**

偿付能力严重不足被监管叫停全部车险新业务[①]

2020年末,刚因"首月0元"被银保监会消保局点名通报的安心财险,又在2021年1月14日,因偿付能力严重不足收到银保监会的开年第一张罚单。

银保监会发布的行政监管措施决定书显示,因安心财险2020年10月核心及综合偿付能力充足率为-125.7%,偿付能力严重不足,被监管责令增资、停止接受车险新业务、董监高层管理人员降薪20%。

以往,虽不乏被监管叫停新车业务的险企,但大多数被叫停的都是省级分公司和地市级分公司的业务。此次安心财险则是被监管部门叫停全部的车险新业务。

在安心财险披露的2020年三季度的偿付能力报告中,该公司各项数据都处于"正常"状态,其核心及综合偿付能力充足率均为125.09%,风险综合评级为B级。净现金流虽然在二季度一度下滑至0.03亿元,但在三季度末又增至1.74亿元。

而导致安心财险的偿付能力在短时间内迅速恶化的原因,则与其保证保险业务有着直接的关系。安心财险2018年踩雷P2P平台"米缸金融",因为消极理赔,一度引发外界热议。而这次踩雷也直接导致安心财险亏损高达4.95亿元。

---

① 吴敏.偿付能力严重不足被监管叫停全部车险新业务 安心财险何去何从?[N].华夏时报,2021-01-19.

四、对保险公司中介机构的监管

（一）对保险代理人的监管

保险代理人是指根据保险公司的委托，向保险公司收取佣金，在保险公司授权的范围内代为办理保险业务的机构或者个人。我国相关监管法规将其分为保险专业代理机构、保险兼业代理机构及个人保险代理人。我国银保监会2020年11月发布了最新的《保险代理人监管规定》，2021年1月1日起实施，对保险代理人在业务许可、任职资格、从业人员、经营规则、市场退出等方面进行约束。

《保险代理人监管规定》第三十九条特别提出，我国应加快建立独立个人保险代理人制度。2020年12月23日，银保监会发布了《关于发展独立个人保险代理人有关事项的通知》，对独立个人保险代理人市场定位、从业形态、从业资格、监管要求等方面制定了具体的规则。市场定位上，强调其独立自主开展业务，不得发展保险营销团队，直接按照代理销售的保险费计提佣金，与传统团队型保险代理人区分开来；从业形态上，个人保险代理人可以按照公司要求使用公司标识、字号，可以在社区、商圈、乡镇等地有固定经营场所；从业资格上，对独立个人保险代理人建立严格的甄选标准和清晰有序的甄选流程，形成涵盖道德品行、社会信用、学历水平、专业知识、工作经历、业务能力等多方面的综合评价体系；监管要求上，严格个人保险代理人业务行为规范，要求其严格遵守保险销售、非保险金融产品销售的系列要求。

◇ 知识链接8-1

独立个人保险代理人制度监管规定

《保险代理人监管规定》第三十九条特别提出，我国应加快建立独立个人保险代理人制度。2020年12月23日，银保监会发布了《关于发展独立个人保险代理人有关事项的通知》，对独立个人保险代理人市场定位、从业形态、从业资格、监管要求等方面制定了具体的规则。市场定位上，强调其独立自主开展业务，不得发展保险营销团队，直接按照代理销售的保险费计提佣金，与传统团队型保险代理人区分开来；从业形态上，个人保险代理人可以按照公司要求使用公司标识、字号，可以在社区、商圈、乡镇等地有固定经营场所；从业资格上，对独立个人保险代理人建立严格的甄选标准和清晰有序的甄选流程,形成涵盖道德品行、社会信用、学历水平、专业知识、工作经历、业务能力等多方面的综合评价体系;监管要求上,严格个人保险代理人业务行为规范,要求其严格遵守保险销售、非保险金融产品销售的系列要求。

(二)对保险经纪人的监管

保险经纪人是指基于投保人的利益,为投保人与保险公司订立保险合同提供中介服务,并依法收取佣金的机构,包括保险经纪公司及其分支机构。保险经纪从业人员可以为投保人或者被保险人拟订投保方案、办理投保手续、协助索赔,或者为委托人提供防灾防损、风险评估、风险管理咨询服务,以及从事再保险经纪等业务。我国原保监会发布的《保险经纪人监管规定》自2018年5月1日起实施,对保险经纪人在市场准入、经营规则、市场退出、行业自律和法律责任等方面做出约束,并明确了再保险经纪业务经营规则。

(三)对保险公估人的监管

保险公估,是指评估机构及其评估专业人员接受委托,对保险标的或者保险事故进行评估、勘验、鉴定、估损理算以及相关的风险评估。保险公估人是专门从事上述业务的评估机构,包括保险公估机构及其分支机构。保险公估机构包括保险公估公司和保险公估合伙企业。保险公估从业人员主要为委托人办理保险标的承保前和承保后的检验、估价及风险评估,保险标的出险后的查勘、检验、估损理算及出险保险标的残值处理及风险管理咨询等业务。我国原保监会发布的《保险公估人监管规定》自2018年5月1日起实施,对保险公估人在经营条件、经营规则、市场退出、行业自律和法律责任等方面做出约束。

五、对保险资金运用的监管

资金运用是现代保险业的核心业务之一,保险资金运用监管是保险监管的主要内容。各国对保险资金运用的监管方式和内容存在差异。我国《保险法》规定,保险公司的资金运用必须稳健,遵循安全性原则,并规定保险资金的运用限于下列形式:① 银行存款;② 买卖债券、股票、证券投资基金份额等有价证券;③ 投资不动产;④ 国务院规定的其他资金运用形式。2018年4月1日起实施的《保险资金运用管理办法》对保险资金增加了股权投资的运用形式,并强调了境外投资监管的统一性。

第三节 保险监管的发展

一、国际保险监管的发展

最早建立保险监管制度的国家是英国。1575年,英国伊丽莎白女王特许在伦敦皇家交易所内设立保险商会,英国政府要求海上保险单必须向该商会办理登记,这是英国历史上第一份保险法律文件,标志着政府对保险业进行管理的开端。随着世界经济与贸易的发展,海上保险业得到了空前的繁荣和发展。与此同时,保险业发展开始显得混乱无序。为了保障被保险人的利益,稳定社会经济发展,1601年,英国颁布了《商事保险法》,这是英国第一部保险法规汇编。18世纪中后期,《海上保险法》草案的出台,给后续保险相关立法奠定了基础。现代意义上的保险监管制度诞生于美国。1851年,美国新罕布什尔州率先设立保险署,开创了在保险监管制度中设计专门监管机构的历史。1859年,纽约州保险监督官委员会设立,其他州也相继设立类似机构,建立了现代意义上的保险监管制度。1906年英国《海上保险法》的颁布,对之后各国的保险立法产生了巨大影响,成为各国海上保险法的样本。1923年和1958年,英国又陆续制定了《简易保险法》和《保险公司法》,保险监管制度日趋健全。20世纪20年代以后,西方国家普遍建立起国家对保险业的监管制度。

近年来,随着保险市场日益成熟,提供各类保险服务的市场主体日趋齐备,包括大量的保险人、再保险人和各类保险中介人,保险市场已形成较为严密的监管法律体系。随着信息化技术的广泛使用,互联网保险隐藏的风险也引起了各国保险监管的重视。成熟的保险市场为保险市场自由化、一体化提供了条件,也促使保险监管规则日趋成熟。国际上各国对保险经营活动管理的严格程度各有不同。

(一)英国的保险监管

英国的金融监管是典型的混业监管,2000年通过的《金融服务及市场法案》确定了金融服务局(Financial Service Authority,FSA)对金融业实施统一监管。2008年次贷危机及2009年欧债危机促使英国监管当局意识到应加强对系统性风险的重视。2012年,英国出台了《金融服务法案》,从2013年起,将FSA拆分为审慎监管局(Prudential Regulation Authority,PRA)和金融行为监管局(Financial Conduct Authority,FCA)(见图8-1)。

2016年，PRA在原有监管要求基础上，引入欧盟偿付能力体系（Solvency Ⅱ），为保险业规定了更具体的监管要求。

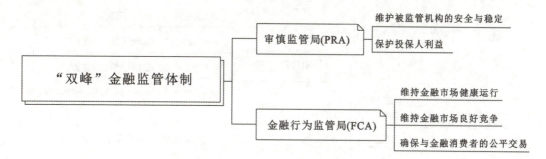

图8-1 英国保险业的"双峰"监管体制

英国保险监管以保险公司偿付能力监管为核心，对保险资金运用的规定比较宽松。这是建立在英国发达且行业自律性较强的保险业基础之上的。英国的保险监管模式下，保险公司在确定费率和保险条件时享有很大的余地，只要公司能够保证良好的公司财务状况和偿付能力，它们的经营一般不会受到更多干预，这一制度主要在英国和欧盟长期使用。英国监管模式的主要特点是：一是保险公司必须确保其最低法定偿付能力与其承担的风险相一致，保险公司的业务范围越广，承担的风险越大，对其偿付能力的要求越高；二是寿险业务的风险由其准备金和风险保额来衡量，非寿险业务的风险由其保费收入或赔款支出来衡量；三是在保险公司的实际偿付能力指标低于监管要求时，政府将根据其不足的情况，采取不同的干预措施。这种监管模式虽然给予保险公司很大的自由度，但并未放松对保险公司的监管。保险监管集中于保险人的财务状况和偿付能力上，并严格保护保险消费者权益，保险公司只要在法律和道德范围内开展经营活动，政府就不会干预。这种监管模式能充分发挥保险公司的积极性，促进保险产品的多元化。

（二）美国的保险监管

美国保险监管对市场行为、偿付能力和信息披露要求都相当严格，这种监管模式强调对保险条款和费率的预防性监管。1992年，美国根据巴塞尔协议对商业银行的资本监管要求，建立了保险业的风险资本制度（Risk-Based Capital，RBC），对寿险、非寿险和健康险采用独立的准则来计算其风险资本。此外，美国保险监督官协会（National Association of Insurance Commissioners，NAIC）还建立有保险监管信息系统（Insurance Regulatory Information System，IRIS）与财务分析和偿付能力追踪系统（Financial Analysis and Solvency Tracking，FAST）来分析保险公司的偿付能力和财务状况。美国的保险监管不仅范围广泛，还建立有州政府和联邦政府的双重管理体制（见图8-2）。这种监管模式的特征表现为：一方面从定性的角度通过对保险经营各个环节的管理来保证偿付能力的实现；另一方面从定量的角度通过对法定偿付能力额度的规定来保证被监管的保险公司处于有偿付能力的状态。这种双重监管体制中，州政府的保险监管相对灵活，保险公司可以结合本地保险需求开展创新,为消费者提供有针对性的服务;联邦政府监管能降低监管成本及实现对保险市场的统一监管,优化资源配置。

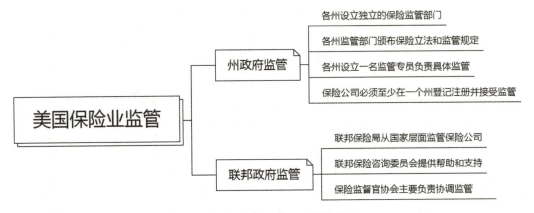

图 8-2　美国保险业的双重监管体制

二维码 8-2
美国的
保险监管
信息系统
(IRIS)

二、我国保险监管的发展

新中国成立之初,我国只有一家保险公司——中国人民保险公司,保险监管职责由中国人民银行来履行。1959年,国内保险业务停办,只在中国人民银行国外业务管理局下设保险处。改革开放以来,随着国内保险业务的恢复,中国人民保险公司于1984年从中国人民银行分设出来,成为国务院直属的局级经济实体,保险业仍由中国人民银行行使监管职责。1995年6月,《保险法》颁布,对规范保险经营、保护保险活动双方当事人的合法权益、促进保险事业健康发展具有十分重要的意义。之后,中国人民银行陆续出台了《保险管理暂行规定》《保险代理人管理规定(试行)》《保险经纪人管理规定(试行)》等配套保险业管理规定。1998年11月,中国保险监督管理委员会正式成立,这是我国保险监管历史上一个重要的里程碑,标志我国保险监管体制进入一个新的历史发展时期。2018年3月,中共中央印发《深化党和国家机构改革方案》,为深化金融体制改革,落实功能监管和加强综合监管,银监会和保监会合并组建中国银行保险监督管理委员会,保险监管开始踏上新时代的新征程。

伴随着保险业的快速发展,我国保险监管部门在完善现代保险监管方面进行了积极和有成效的探索,我国保险监管工作的不断进步完善主要体现在以下几个方面。

1. 构建"三支柱"的现代保险监管框架

偿付能力监管是现代保险监管的核心,公司治理是现代企业制度的基础,市场行为监管是保险市场有序经营的重要保障。2003年,我国保监会发布《保险公司偿付能力额度及监管指标管理规定》。2006年,保监会发布《关于规范保险公司治理结构的指导意见(试行)》,推动形成偿付能力、公司治理、市场行为监管"三支柱"的现代保险监管框架。2012年3月,保监会发布《中国第二代偿付能力监管制度体系建设规划》,启动"偿二代"建设。2015年2月,我国保险行业进入"偿二代"实施过渡期。2016年,"偿二代"正式实施。2021年12月,中国银保监会发布《保险公司偿付能力监管规则(Ⅱ)》,标志着"偿二代"二期工程建设顺利完成,"偿二代"监管规则得到全面优化升级,形成了以偿付能力监管为核心、公司治理和内控为基础、以市场行为监管为重要手段的"三支柱"监管框架。

2. 形成"四位一体"的风险防范体系

完整的监管体系应该由四个层次构成:政府监管、企业内控、行业自律和社会监督。政府监管方面,以银保监会为监管主体,基本建立了覆盖保险经营和监管主要领域的监管制度体系,为加强和改善保险监管提供了法治保障。企业内控方面,要求保险公司建立全面、系统、规范化的内部控制体系,覆盖所有业务流程和操作环节,贯穿经营管理全过程。行业自律方面,落实保险行业协会发布的多项行业标准,保障保险业防范化解风险的能力,提升保险公司整体运营效率。社会监督方面,重视消费者服务体验及满意度,维护广大消费者的合法权益,加速保险服务高质量发展。我国保险监管在发挥监管机构主导作用的基础上,充分调动保险公司、行业协会和社会公众的积极性,形成了"四位一体"的风险防范体系。

3. 建立保险监管协调机制

2014年,国务院发布《关于加快发展现代保险服务业的若干意见》,简称"新国十条",其中提到将建立保险监管协调机制作为完善现代保险服务业发展的支持政策之一。要求加强保险监管跨部门沟通协调和配合,促进商业保险与社会保障有效衔接、保险服务与社会治理相互融合、商业机制与政府管理密切结合。建立信息共享机制,逐步实现数据共享,提升有关部门的风险甄别水平和风险管理能力。2018年,根据《国务院机构改革方案》,银监会和保监会的职责整合,合并为中国银行保险监督管理委员会。这一系列举措有助于明确保险监管目标,提升保险监管水平,加快建设以风险为导向的保险监管制度。

4. 规范互联网保险业务

互联网保险业务,是指保险机构依托互联网订立保险合同、提供保险服务的保险经营活动。在保险业快速发展的同时,保险企业依托云计算、大数据等金融科技,以网络营销、线上专营、险种开发等多种方式融入互联网。互联网保险的快速扩张,不仅改变了传统的保险营销模式,也改变了现有的保险产品设计、承保及理赔服务以及保险公司的运营方式,更给我国的保险监管带来了新的挑战。我国《互联网保险业务监管办法》自2021年2月1日起施行,明确了业务主体、产品开发、从业限制、信息保护、业务范围等重要事项。例如,互联网保险业务的主体应该是依法设立的保险机构;保险公司开发互联网保险产品应满足银保监会关于保险产品开发的相关监管规定;保险机构从业人员应在保险机构授权范围内开展互联网保险营销宣传;保险机构核保使用的数据信息应做到来源及使用方式合法;保险机构应承担客户信息保护的主体责任,保证信息收集、处理及使用的安全性和合法性;互联网保险公司不得线下销售保险产品,不得通过其他保险机构线下销售保险产品等。《互联网保险业务监管办法》的出台,有利于规范互联网保险业务,有效防范行业风险,保护被保险人权益,提升保险服务水平。

二维码 8-3
第八章
练习与思考

二维码 8-4
第八章练习与
思考答案

第九章 财产保险

◇ **学习目标**

知识目标：

1. 掌握财产保险的基本特征及业务体系；

2. 了解火灾保险、货物运输保险、运输工具保险、工程保险及农业保险的含义、特征、内容及主要险种；

3. 了解公众责任保险、雇主责任保险、职业责任保险、产品责任保险和信用保证保险的含义、特征及内容。

能力目标：

1. 了解财产保险经营的常见险种及其承保的基本风险；

2. 了解财产保险的主要险种在风险管理中的运用；

3. 能够对不同类型的财产保险险种进行分析和鉴别。

情感目标：

1. 培养对我国财产保险发展概况的清晰认识；

2. 理解不同的财产保险险种的经营特点；

3. 主动学习财产保险的具体操作，提升从事财产保险相关工作的综合能力、职业道德和专业素养。

◇ **学习重点**

1. 财产保险的基本特征和业务体系；

2. 财产损失保险的主要险种及其运用；

3. 责任保险、信用保证保险的主要险种及其运用。

◇ **本章关键词**

有形财产保险　无形财产保险　火灾保险　运输保险　工程保险　农业保险　公众责任保险　雇主责任保险　职业责任保险　产品责任保险　信用保险　保证保险

◇ **导入案例**

运输工具保险中常见的"碰撞"责任到底是什么?

张某购买了一辆某品牌轿车,并到保险公司为车辆投保了车损险及第三者责任保险。某日,张某驾车外出返回途中,车辆前机盖突然翻起,与挡风玻璃发生剧烈碰撞,造成挡风玻璃破碎,车辆前机盖严重受损。张某立即采取紧急制动措施,但因其视线被翻起的前机盖挡住,无法有效控制车辆,车辆在惯性作用下偏离正常行驶轨道,撞到道路中央的护栏上,造成车辆左前部分——包括保险杠、左侧大灯、翼子板等受损。事后,张某向保险公司索赔,保险公司以车辆部件之间的碰撞不属于"碰撞责任"为由拒绝赔偿,双方为此发生争议。

■ 思考:

你了解机动车辆损失险的保险责任吗?保险车辆自身部件之间的碰撞是否属于机动车辆损失险的"碰撞责任"?

第一节 财产保险概述

一、财产保险的含义

财产保险有狭义与广义之分。狭义的财产保险仅指各种财产损失保险,它以有形的物资财产为保险标的,以自然灾害及意外事故为保险风险,保险人对被保险人的各项有形物质财产因发生保险责任范围内的经济损失,在保险金额限额内进行赔偿,因此又称有形的财产保险。广义财产保险不仅包括各种财产损失保险,还涵盖责任保险、信用保险和保证保险等一切非人身保险业务,这类业务也可称为无形财产保险。

在国际上,通常不是将保险业划分为财产保险与人身保险,而是根据各种保险业务的性质和经营规则,将整个保险业务划分为寿险和非寿险。其中,非寿险是指寿险之外的一切保险业务的总称。我国《保险法》对保险业直接业务的划分略有不同，是将其分为财产保险与人身保险两大类。《保险法》第九十五条还规定：保险人不得兼营人身保险业务和财产保险业务。但是，经营财产保险业务的保险公司经国务院保险监督管理机构批准，可以经营短期健康保险业务和意外伤害保险业务。

二、财产保险的特征

1. 财产保险的保险标的范围的广泛性

广义的财产保险，其保险标的范围十分广泛。财产保险不仅可以承保各种有形的物质财产的潜在损失，也可以覆盖人们在财产使用过程中、各种生产经营活动中潜在的民事损害赔偿风险和商业信用风险。从生活中常见的家庭财产保险、机动车辆损失保险，到无形的第三者责任保险、信用保证保险，再到特殊领域的卫星保险、农业保险，财产保险几乎无处不在，保障着我们的生活。财产保险业务承保范围的广泛性，决定了财产保险的具体对象必然存在着较大的差异性，也决定了财产保险公司对业务的经营方向具有更多的选择性。与此同时，财产保险的保险标的无论归法人所有还是归自然人所有，均有客观而具体的价值标准，均可以用货币来衡量其价值，保险客户可以通过财产保险来获得充分补偿。而人身保险的保险标的限于自然人的身体与生命，且无法用货币来计价。保险标的形态与保险标的价值规范的差异，构成了财产保险与人身保险的区别。

2. 财产保险的业务性质的补偿性

不同于人寿保险业务的给付性，财产保险的目的是为被保险人可能的财产损失提供损失补偿，以维持其正常的生产、生活。因此，在财产保险承保和理赔业务中，应该严格遵循保险利益原则和损失补偿原则及其派生原则。

当保险事件发生后，在财产保险中，根据损失补偿原则，保险人必须在保险合同约定的范围内履行赔偿义务。被保险人投保的目的是获得损失补偿，而不是通过保险获得额外利益。重复保险或保险责任与第三者责任共存的情况，应分别适用于财产保险的重复保险分摊原则和权益转让原则。在人身保险中，人的身体与生命是无价的，并不限制被保险人或受益人获得多份合法的赔偿金，重复保险分摊原则和权益转让原则并不适用于人身保险。

3. 财产保险的经营内容具有复杂性

（1）投保对象与承保标的的复杂性。第一，财产保险的投保人可以是法人团体，也可以是个人或家庭；同一保险合同还可能涉及多个被保险人，例如多个法人团体共同所有、经营的财产等。第二,财产保险的承保标的,既有普通的财产物资,也有高科技航空器或大型土木工程,还包括无实体的法律责任、信用风险等,不同的保险标的形态与风险都不相同,而人身保险的投保对象与保险标的显然不具有这种复杂性。

(2)承保过程与承保技术的复杂性。在整个投保与承保过程中,财产保险业务具有很强的技术性。承保前,保险人应严格核保;保险期间应该协助被保险人做好防灾防损工作;保险事故发生后,还应及时完成事故的查勘理赔。财产保险的保险范围广泛,要求保险人对不同类型的财产保险价值的确定、不同情况下事故的查勘定损都能妥善完成,保险人应具备与各项承保标的相关的专业知识。

(3)风险管理的复杂性。财产保险公司对风险的管理主要集中在对物质及有关利益的管理。若保险对象的损失频率较高或潜在损失较大,保险人还需要采用分保或再保险的方式来进一步分散危险。而人身保险一般只强调被保险人身体健康,因每个自然人的投保金额均可以控制,保险金额相对小得多,对保险人的业务经营和财务稳定不构成威胁,从而无须以再保险为接受业务的条件。例如,每一笔卫星保险业务都是风险高度集中的,其保险金额往往数以亿元计,任何一家保险公司要想独立承保此类业务都意味着巨大的风险,一旦发生保险事故,就会给承保人造成重大的打击;再如飞机保险、船舶保险、工程保险、地震保险等,均需要通过再保险才能使风险在更大范围内得以分散,进而维护保险人业务经营和财务状况的稳定。与人身保险业务经营相比,财产保险公司的风险主要直接来自保险经营,即直接保险业务的风险决定着财产保险公司的财务状况;而人身保险公司的风险却更多地来自投资风险,投资的失败通常导致公司的失败。在同一个自然年度,表现好的寿险公司可以获得超过10%的投资收益率,投资表现不佳的不到1%,甚至可能为负收益率。因此,财产保险公司特别强调对承保环节的风险控制,而人身保险公司则更注重对投资环节的风险控制。

4. 单个保险关系的不等性

财产保险遵循等价交换、自愿成交的商业法则,保险人根据大数法则与损失概率来确定各类财产保险的保险费率。从总体水平来看,保险人通过收取保险费所筹集的保险基金与其所承担的风险责任是相适应的,保险人与被保险人的关系是等价关系。然而,就单个保险关系而言,保险双方在实际支付的经济价值上却又明显地存在着不对等。第一,大部分财产保险业务都可以根据标准费率来计算保险费,经风险修正后的保费总额往往只占保险标的价值的极少部分,而一旦被保险人发生保险损失,保险人一般要付出远高于保险费的保险赔款;第二,在所有承保业务中,发生保险事故或保险损失的被保险人毕竟只有少数甚至极少数,对多数被保险人而言,保险人即使收取了保险费,也不存在经济赔偿的问题,交易双方同样是不等的。可见,保险人在经营每一笔财产保险业务时,收取的保险费与支付的保险赔款实际上并非等价。而在人寿保险中,被保险人的收益总是与其投保人缴纳的费用联系在一起,绝大多数保险关系是一种相互对应的经济关系。正是这种单个保险关系的不等性,构成了财产保险总量关系等价性的现实基础和前提条件。

第二节　财产损失保险

一、火灾保险

（一）火灾保险及其特征

火灾保险是指以存放在固定场所并处于相对静止状态的财产物资为保险标的，由保险人承担保险财产遭受保险事故损失的经济赔偿责任的一种财产保险。

火灾保险的特点在于：首先，火灾保险的保险标的只能是存放在固定场所并处于相对静止状态下的各种财产物资；其次，火灾保险承保财产的地址不得随意变动；再次，火灾保险的保险标的十分繁杂，在火灾保险的主险项目之下，可以附加责任险、信用险等其他财产保险险种。

（二）火灾保险的基本内容

1. 火灾保险的适用范围

火灾保险的适用范围非常广泛，各种企业、团体及机关单位均可以投保团体火灾保险，城乡居民家庭和个人均可投保家庭财产保险。

就保险标的范围而言，火灾保险的可保财产包括：房屋及其他建筑物和附属装修设备；各种机器设备，工具、仪器及生产用具；管理用具及低值易耗品、原材料、半成品、在产品、产成品或库存商品和特种储备商品；各种生活消费资料等。对于某些市场价格变化大、保险金额难以确定、风险较特殊的财产物资，如古董、艺术品等，则需要经过特别约定的程序才能承保。

2. 火灾保险的保险责任

火灾保险因创办之初是为了承保火灾这一风险而得名，如今的火灾保险的保险风险已扩展到各类自然灾害和意外事故。火灾保险承保的保险责任通常包括：

(1) 列明的意外事故，例如火灾、爆炸、空中运行物体的坠落等。

(2) 列明的自然灾害，例如雷击、暴风、暴雨、洪水、崖崩、突发性滑坡、雪灾、泥石流等。

(3) 发生保险事故时，为抢救财产或防止灾害蔓延，采取合理的、必要的措施而造成保险标的的损失；发生保险事故时，为了减少保险标的的损失，被保险人对于保险标的采取施救、保护措施而支出的合理费用。

保险公司在经营火灾保险时，通常列明如下不保风险：

(1) 战争、军事行动、核污染或暴力行为、政治恐怖活动。

(2) 被保险人的故意行为及各种间接损失。

(3) 因保险标的本身缺陷、保管不善而致的损失，以及变质、霉烂、受潮及自然磨损等。

 3. 火灾保险的费率

火灾保险的费率，通常以每千元保额为计算单位，费率的表达形式为千分率。在火灾保险的经营实践中，由于保险标的存放在固定处所，其费率的确定通常需要综合考虑如下因素：① 建筑结构及建筑等级；② 占用性质；③ 承保风险的种类及多寡；④ 地理位置；⑤ 投保人的防灾设备及防灾措施。

火灾保险的费率，首先分为团体火灾保险费率与家庭财产保险费率，它们均采取固定级差费率制度。此外，火灾保险的费率通常以一年期的费率为标准费率，对不足一年的业务则制定专门的短期费率标准，短期费率标准一般按照一年期费率标准的一定百分比来确定（见表 9-1）。

表 9-1 短期费率表

保险期/月	1	2	3	4	5	6	7	8	9	10	11	12
短期月费/%	10	20	30	40	50	60	70	80	85	90	95	100

 4. 火灾保险的保险金额

火灾保险的保险金额，通常根据投保标的来分项确定。团体火灾保险和家庭财产保险在投保项目上完全不同。

团体火灾保险的保险金额分为固定资产的保险金额与流动资产的保险金额两大类。确定固定资产的保险金额时，有以下三种方式：一是按照固定资产的账面原值确定其保险金额；二是按照重置价值，即按照投保时重新购建同样的财产所需金额确定保险金额；三是保险双方协商确定，也可依据公估行或评估机构评估后的价值确定保险金额。对于流动资产的保险金额，既可以按照最近 12 个月的平均账面余额确定，也可以由最近月份的账面余额确定。

在家庭财产保险中，保险金额则需要根据房屋及其附属设施（例如固定装置的供暖、供水、供电设备）、室内装潢、室内财产等项目分别确定，分项越细越好。房屋及其附属设施、室内装潢的保险金额由被保险人根据购置价或市场价自行确定；室内财产的保险金额由被保险人根据当时的实际价值分项目自行确定；特约财产的保险金额由保险人和被保险人协商确定。

5. 火灾保险的赔偿

发生火灾保险赔案时，保险人有必要依循财产保险一般理赔程序和赔偿原则开展赔偿工作，同时注意下列事项：

（1）对固定资产分项计赔，每项固定资产的最高赔偿金额不得超过其投保时确定的保险金额。

（2）注意扣除残值和免赔额。

（3）对团体火灾保险及家庭财产保险中的房屋及其附属设施和室内装潢部分，一般采用比例赔偿方式处理赔案，对家庭财产保险的室内财产部分，一般采用第一危险赔偿方式处理赔案。

（三）火灾保险的主要险种

1. 企业财产保险基本险

企业财产保险基本险，是以企事业单位、机关团体等的财产物资为保险标的，由保险人承担被保险人财产所面临的基本风险责任的财产保险，它是团体火灾保险的主要险种之一。根据我国现行财产保险基本险条款，该险种承担的保险责任包括：① 火灾；② 雷击；③ 爆炸；④ 飞行物体和空中运行物体的坠落；⑤ 被保险人拥有财产所有权的自用的供电、供水、供气设备因保险事故遭受破坏，引起停电、停水、停气以及造成保险标的的直接损失；⑥ 必要且合理的施救费用。

2. 企业财产保险综合险

企业财产保险综合险在适用范围、保险对象、保险金额的确定和保险赔偿处理等内容上，与财产保险基本险相同，不同的只是保险责任较财产保险基本险有扩展。

根据现行财产保险综合险条款规定，保险人承保该种业务时所承担的责任在基本险的基础上扩展了暴雨、洪水、暴风、龙卷风、冰雹、台风、飓风、暴雪、冰凌、突发性滑坡、崖崩、泥石流等12种自然灾害。

3. 家庭财产保险

家庭财产保险是面向城乡居民家庭或个人的火灾保险。家庭财产保险的特点在于投保人是以家庭或个人为单位,业务分散,额小量大,保险风险以火灾、盗窃等风险为主。传统的家庭财产保险的主要产品有:① 普通家庭财产保险;② 家庭财产两全保险;③ 房屋及室内财产保险;④ 安居类综合保险;⑤ 投资保障型家庭财产保险;⑥ 专项家庭财产保险。

同步案例9-1

火灾保险的基本特点——承保保险合同载明地址内的财产

【案情】

某羊毛衫厂与某保险公司签订了企业财产保险基本险合同,将该厂自有的固定资产和流动资产全部投保,保险金额428万元,保险期限1年。在保单及所附的财产明细表中,均写明了投保的流动财产(包括原材料和成品、半成品)均存放于本厂专门存放羊毛衫的仓库、车间进行妥善保管,并在保险单所附的简图中标明了仓库和车间的位置。2017年5月1日,该厂与A公司签订了代销羊毛衫合同,并于2017年6月分两次发货给A公司,共发送羊毛衫1800件,全部货物的价值达40万余元。A公司把货物存放在其租用的办公楼的一楼仓库。2017年7月14日,由于当地连续高温,供电线路超负荷运行,存放该货物的办公楼的电线短路引起火灾,将仓库存放的1800件羊毛衫全部烧毁。火灾发生后,羊毛衫厂向保险公司索赔,保险公司应如何处置?

【分析】

与运输保险不同,火灾保险的承保标的是处于相对静止状态的财产。企业财产保险基本险条款第二条说明:"本保险合同载明地址内的财产可作为保险标的。"第二十四条说明:"保险标的转让的,被保险人或者受让人应当及时通知保险人。因保险标的转让导致危险程度显著增加的,保险人自收到前款规定的通知之日起三十日内,可以按照合同约定增加保险费或者解除合同";"被保险人、受让人未履行本条规定的通知义务的,因转让导致保险标的危险程度显著增加而发生的保险事故,保险人不承担赔偿责任"。

本案中被保险人将羊毛衫交付给A公司,保险标的的保管权发生变更,A公司将羊毛衫存放于一般仓库,导致保险标的的危险程度增加并且未通知保险公司。因此,被保险人未履行保险合同约定的义务,保险人不承担保险金赔偿责任。

二、运输保险

（一）运输保险及其特征

运输保险是以处于流动状态下的财产作为保险标的的一种保险，包括货物运输保险和运输工具保险。这种保险的共同特点是，保险标的处于运输状态或经常处于运行状态，与火灾保险的保险标的要求存放在固定场所和处于相对静止状态不同，因此可能的风险事故及损失情况均有较大差别。

运输保险业务包括货物运输保险、机动车辆保险、船舶保险和航空保险等，在整个财产保险业中占有十分重要的地位。各种运输保险业务均具有自己的特色，但作为同一类型的业务，则又有如下特征。

(1) 保险标的的流动性。运输保险的保险标的在保险期间内，通常应处于运动状态，这一特征决定了运输保险的承保人将面临更复杂的风险状况。风险事故可能发生在陆地、海洋甚至是空中，对保险人的风险管理水平以及施救、查勘定损等能力要求更高。

(2) 保险风险的复杂性。主要表现在三个方面：首先是运动状态的保险标的会遭遇更复杂的风险状况，例如碰撞事故可分为单方事故、双方事故和多方事故；其次是异地出险现象多见，例如货运险多在运输途中出险，相对增加了查勘和理赔难度；最后是货运险中一般以"仓至仓"来确定保险责任起讫，被保险货物从起运地仓库或储存所开始运输时生效，直至该项货物运达保险单所载目的地最后仓库或储存所为止。

(3) 责任风险的普遍性。运输保险中，意外事故中常见第三者财产和人身的损失，此时需要由运输保险中的第三者责任保险进行赔付。运输保险在赔付时往往涉及多重损失、多重关系人、多个险种，因此，在运输保险中也常见保险竞合①的情形。

（二）货物运输保险

货物运输保险是以运输过程中的各种货物为保险标的，以运输过程中可能发生的有关风险为保险责任的一种财产保险。

1. 货物运输保险的分类

根据运输工具的不同，货物运输可分为海上、内河、航空、陆上和联运等多种方式，据此，货物运输保险亦可以被划分为水路货物运输保险、陆上货物运输保险、航空货物运输保险及

---

① 保险竞合是指同一保险事故导致同一保险标的的受损时，两个或两个以上的保险人对此均负保险赔偿责任的情形，例如货物运险与承运人责任险。引自李玉泉主编《保险法学》，中国金融出版社，2020年。

联运险。其中联运险是指运输货物需要经过两种或两种以上的主要运输工具联运,才能将其从起点地运送到目的地的保险。

根据承保范围的不同,货物运输保险又可以分为国内货物运输保险和涉外货物运输保险。前者系货物运输在国内进行,后者则是货物运输超越了一国国境。按照保险人承担责任的方式,货物运输保险还可以划分为基本险、综合险、一切险和附加险。

2. 货物运输保险的保险责任

一般而言,货物运输保险基本险的责任通常包括如下项目:一是因火灾、爆炸及相关自然灾害所导致的货物损失;二是因运输工具发生碰撞、倾覆等意外事故而导致的货物损失;三是在货物装卸过程中的意外损失;四是按照国家规定或一般惯例应当分摊的共同海损费用;五是发生保险事故时因纷乱造成货物的散失及因施救或保护货物所支付的直接合理的费用。货物运输保险综合险不仅承保上述责任,而且承保盗窃、雨淋等原因造成的货物损失。货物运输保险一切险在基本险之外,还承担被保险货物在各种运输过程中因外来原因造成的损失,包括偷窃提货不着险、淡水雨淋险、短量险等11种附加险。

3. 货物运输保险的保险金额

货物运输保险一般采用定值保险方式,以避免保险价值受保险标的市场价格变动的影响。国内货物运输保险的保险金额的确定依据包括起运地成本价、目的地成本价、目的地市场价等,由被保险人任选一种,在此基础上可以附加运杂费。涉外货物运输保险的保险金额的确定依据包括离岸价、成本加运费价、到岸价等,由投保人根据贸易合同确定。

4. 货物运输保险的保险费率

运输货物的保险费率厘定,通常要考虑所选用的运输工具、运输路径、运输方式和所经区域,以及货物本身的性质与风险,保险人据此综合评估风险,并根据费率规章确定费率。如果投保人同时选择了附加险,则还需要另行计收保险费。

5. 货物运输保险的理赔

当保险人收到被保险人的赔偿请求后,应对受损货物进行检验,检验时保险人或保险人的代理人与被保险人均应同时在场,以避免正式处理赔案时发生纠纷。被保险人索赔必须提供符合保险合同规范的各种单证,并接受保险人的审核。如果损失是由承运人或其他第三者造成的,则被保险人应首先向责任方索赔,或者保险人先予以赔偿,再由被保险人协助保险人向责任方依法行使追偿权。

（三）运输工具保险

运输工具保险专门承保各种机动运输工具，包括机动车辆、船舶、飞机、摩托车等各种运载工具。因此，运输工具保险的适用范围亦相当广泛。客运公司、货运公司、航空公司、航运公司以及拥有上述运输工具和摩托车、拖拉机等机动运输工具的家庭或个人，均可投保运输工具保险，并通过相应的保险获得风险保障。

 1. 机动车辆保险

1）机动车辆保险的保险标的

机动车辆保险是运输工具保险的主要形式，它以各种陆上机动运输工具为保险标的，包括各种汽车、摩托车、拖拉机等。由于机动车辆本身所具有的特点，机动车辆保险具有标的流动性大、行程不固定、投保率高、第三者风险责任大等特点。

2）机动车辆保险的分类

在财产保险实践中，机动车辆保险实际上是以机动车辆及其有关利益为保险标的的多项保险业务的统称。

按照保险标的划分，机动车辆保险往往被分为汽车（或一般机动车辆）保险、摩托车保险、拖拉机保险等。

按照保险责任划分，机动车辆保险又被分为车辆损失保险和第三者责任保险，其中车辆损失保险属于狭义财产保险范围，第三者责任保险属于责任保险范畴。第三者责任保险又可分为商业三责险和第三者责任强制保险。在我国，第三者责任强制保险又称为交强险。2020年车险改革后，交强险的最高赔偿限额为20万元。交强险提供的赔偿限额有限，因此需要商业三责险作为补充。

◇ **同步案例9-2**

私家车"变身"网约车，发生事故后保险公司赔付吗？[①]

【案情】

2015年3月，张某为其自有的轿车在人保南京分公司投保了交强险和保险金额为100万的商业三责险，保险期间均自2015年3月28日起至2016年3月27日止。该轿车行驶证上的使用性质为非营运，保单上载明的使用性质为家庭自用汽车。

---

① 程春颖诉张涛、中国人民财产保险股份有限公司南京市分公司机动车交通事故责任纠纷案［EB/OL］.（2017-04-30）. http://gongbao.court.gov.cn/Details/3990ac1b7fbce4aa3385667e53f532.html.

2015年7月28日,张某通过打车软件接到网约车订单一份,遂根据订单驾驶轿车搭载网约车乘客,行驶至一路口右转弯过程中,遇程某驾驶电动自行车直行通过该路口发生碰撞,致程某伤残、车辆损坏,张涛负事故全部责任。后程某诉至法院,要求判令被告张某和人保南京分公司承担赔偿责任。

【分析】

保险公司根据被保险车辆的用途,将其分为家庭自用车辆和营运车辆两种,并适用不同的保险费率。相较于家庭自用车辆,营运车辆的运行里程大,使用频率高,发生交通事故的概率自然也更大,故营运车辆的保费远高于家庭自用车辆。

我国《保险法》第五十二条规定:在合同有效期内,保险标的的危险程度显著增加的,被保险人应当按照合同约定及时通知保险人,保险人可以按照合同约定增加保险费或者解除合同;被保险人未履行前款规定的通知义务的,因保险标的的危险程度显著增加而发生的保险事故,保险人不承担赔偿保险金的责任。

本案中,张某将以家庭自用名义投保的车辆用于网约车营运活动,使被保险车辆危险程度显著增加,其依法应当及时通知人保南京分公司。因张某未履行通知义务,人保南京分公司在商业三责险内不负赔偿责任。

3)机动车辆保险的保险金额

车辆损失保险承保的是保险车辆本身因各种自然灾害、碰撞及其他意外事故所造成的损失,以及必要和合理的施救费用。保险金额按投保时被保险车辆的实际价值确定,实际价值可以由投保人与保险人根据投保时的新车购置价减去折旧金额后的价格协商确定或根据其他市场公允价值协商确定。保险公司应在保险合同中列明参考折旧系数表。

机动车辆第三者责任保险承保在保险责任范围内,保险期间被保险人或其允许的驾驶人在使用被保险机动车过程中发生意外事故,致使第三者遭受人身伤亡或财产直接损毁,依法应当对第三者承担的损害赔偿责任。三责险的赔偿限额由投保人和保险人在签订保险合同时协商确定。机动车辆第三者责任保险的最高赔偿限额可以是10万至1000万元不等。主车和挂车连接使用时视为一体,发生保险事故时,挂车引起的赔偿责任视同主车引起的赔偿责任。

4)机动车辆保险的保险费

车辆损失保险主要根据车辆的使用性质、车龄、座位数适用不同的基础保费和保险费率,车损险的保费计算公式如下:

$$机动车辆损失险保险费 = 基本保费 + 保险金额 \times 费率$$

机动车辆第三者责任保险根据最高赔偿限额、车辆使用性质及座位数适用不同的保险费。

5)机动车辆保险的理赔

机动车辆损失保险中,当被保险车辆发生保险损失时,保险人根据其受损情况进行赔偿。

发生全损时,按照保险金额减去被保险人已从第三方获得的赔偿金额和绝对免赔额之后的差额进行赔偿;发生部分损失时,则按照实际修理费用减去被保险人已从第三方获得的赔偿金额和绝对免赔额之后的差额进行赔偿。特别需要注意的是,当被保险机动车辆发生保险事故,导致全部损失,或一次赔款金额与免赔金额之和(不含施救费)达到保险金额,保险人按保险合同约定支付赔款后,保险合同终止,保险人不退还机动车损失保险及其附加险的保险费。

机动车辆第三者责任保险在保险事故发生后,按《道路交通事故处理办法》以及有关法律法规和保险合同的约定,在保险责任范围内承担赔偿责任,赔偿方式由保险人与被保险人协商确定。第三者责任保险的赔偿金额应在依合同核定的第三者损失金额基础上扣减交强险的分项赔偿限额,并根据被保险人的事故责任比例来进行赔偿。需要注意的是,三责险的赔偿限额是每次事故的赔偿限额,无论一次赔偿金额有没有超过赔偿限额,保险责任都继续有效,直至保险期满。

二维码 9-1
2020 年车险
改革——
车险产品的
巨大变化

2. 船舶保险

1) 船舶保险的保险标的

船舶保险是指以各种船舶及其附属设备为保险标的的一种运输工具保险。一切船东或船舶使用人都可以利用船舶保险来转移自己可能遭遇的财产损失风险和责任风险。船舶保险的保险标的,包括运输船舶、渔业船舶、工程船舶、工作船舶、特种船舶及其附属设备,以及各种水上装置。对于建造或拆除中的船舶则要求另行投保船舶建造保险或船舶拆除保险,并按照工程保险原则来经营。

2) 船舶保险的保险责任

船舶保险根据保险责任范围可以划分为全损险和一切险。全损险的保险责任主要包括:① 地震、火山爆发、闪电或其他自然灾害;② 搁浅、碰撞、触碰任何固定或浮动物体或其他海上灾害;③ 火灾、爆炸、核装置或核反应堆故障等意外事故;④ 来自船外的暴力盗窃或海盗行为;⑤ 抛弃货物、装卸或移动货物及燃料时发生的意外事故;⑥ 船体的潜在缺陷;⑦ 船长、船员的故意或疏忽行为;⑧ 任何政府当局为防止或减轻因承保风险造成保险船舶损坏引起的污染所采取的行动。以上原因造成的船舶全损,保险人负责赔偿。

船舶保险一切险不仅承担全损险保险责任造成的部分损失,还在保险金额范围内承担碰撞事故中被保险人应负的财产损失的法律赔偿责任。一切险的保险责任可以划分为碰撞责任与非碰撞责任,碰撞责任指因保险船舶与其他船舶碰撞,保险船舶触碰任何固定的、浮动的物体或其他物体而引起被保险人应负的法律赔偿责任；非碰撞责任则包括有关自然灾害、火灾、爆炸等，以及共同海损分摊费用、施救费用、救助费用等。

3）船舶保险的保险金额

船舶保险的保险价值视船龄而定，船龄在三年（含）以内的船舶视为新船，新船的保险价值按重置价值（市场新船购置价）确定，船龄在三年以上的船舶视为旧船，旧船的保险价值按实际价值（船舶市场价或出险时市场价）确定。保险金额按保险价值确定，也可由保险双方协商确定，保险金额不得超过保险价值。

4）船舶保险的保险费

船舶保险的费率厘定，需要综合考虑船舶的种类和结构、船舶的新旧程度、航行区域、吨位大小、使用性质等因素，同时参照历史损失记录和国际船舶保险界的费率标准，其中航行水域是十分重要的因素。

5）船舶保险的理赔

当保险船舶发生完全毁损或者严重损坏不能恢复原状，或者超过预计到达目的港日期两个月仍无法获得其行踪消息时，可作为实际全损，按照保险金额赔偿。保险船舶恢复、修理、救助的费用或这些费用的总和超过保险价值时，可视为推定全损，按保险金额赔偿。此外，船舶保险在赔偿时需要注意的事项包括：严格审核事故的性质，区分保险责任与除外责任；对碰撞事故要严格区分碰撞双方或多方的责任；对船舶本身损失、碰撞责任的赔偿以保险金额为最高限额分别计算赔款。

 3. 飞机保险

就保险公司的险种设置而言，飞机保险属于特殊风险保险，是以飞机及其相关责任风险为保险对象的一类保险。飞机保险根据其责任范围分为飞机机身险、第三者责任保险、旅客法定责任险等基本险及附加战争、劫持险。

1）机身险

机身险承保飞机在飞行或滑行中以及在地面上，不论任何原因（不包括除外责任），造成飞机及其附件的意外损失或损坏，包括飞机失踪。此外，机身险还负责赔偿因意外事故引起的飞机拆卸重装、运输的费用及清除残骸的费用。

2）飞机第三者责任保险

飞机第三者责任保险承保飞机或飞机上坠人、坠物造成第三者人身伤亡或财物损失，依法应由被保险人承担的经济赔偿责任，但被保险人及其支付工资的机上和机场工作人员的人身伤亡或财物损失除外。其性质类似于机动车辆第三者责任（强制）保险，它实行赔偿限额制。

3）旅客法定责任险

旅客法定责任险，是以飞机乘客为保险对象的一种飞机责任保险，承保由于旅客在乘坐或上下飞机时发生意外，造成旅客的人身伤亡或所携带和经交运登记的行李物件的损失，以及对旅客及其行李物件在飞行过程中因延迟而造成的损失，依法应由被保险人承担的经济

赔偿责任。国际航空承运人对乘客的赔偿责任按照国际民航公约的规定执行,国内航空承运人对乘客的赔偿责任一般由所在国家的航空法律来规定。

4)飞机战争、劫持险

在飞机战争、劫持险中,以下原因造成的被保险飞机的损失、费用以及引起的被保险人对第三者或旅客应负法律责任、费用,保险人负责赔偿:① 战争、敌对行为或武装冲突;② 拘留、扣押、没收,但这类赔案必须从损失发生日起满三个月后才能受理;③ 被保险飞机被劫持或被第三者破坏。

二维码 9-2 飞机保险领域的创新产品——无人机保险

三、工程保险

工程保险是指以各种工程项目为主要承保对象的一种财产保险。一般而言,工程保险的主要险别有建筑工程一切险、安装工程一切险和机器损害保险等。

(一)建筑工程一切险

1. 建筑工程一切险的保险标的

建筑工程一切险的保险标的范围广泛,既有物质财产部分,也有第三者责任部分。保险合同中列明的工地范围内的与实施工程合同相关的财产或费用,都属于建筑工程一切险的保险标的。为方便确定保险金额,在建筑工程保险单明细表中列出的保险项目通常包括如下两个部分:① 物质损失部分;② 第三者责任部分。

建筑工程一切险的被保险人一般包括以下几个方面:一是工程所有人,即建筑工程的最后所有者;二是工程承包人,即负责建筑工程项目施工的单位,它又可以分为主承包人和分承包人;三是技术顾问,即由工程所有人聘请的建筑师、设计师、工程师和其他专业技术顾问等;四是其他关系方,如贷款银行。当存在多个被保险人时,一般由一方出面投保,并负责支付保险费,申报保险期间的风险变化情况,提出原始索赔等。

2. 建筑工程一切险的保险责任

建筑工程一切险的保险责任可以分为物质部分的保险责任和第三者责任两大部分。

物质部分的保险责任为合同内分项列明的保险财产在列明的工地范围内和保险期间内,因责任免除以外的任何自然灾害或意外事故造成的物质损坏或灭失,以及由于约定的保险事故发生所支付的必要的、合理的防灾防损等费用。

第三者责任部分的保险责任为保险期间内,因发生与保险合同所承保工程直接相关的意外事故引起工地内及邻近区域的第三者人身伤亡、疾病或财产损失,依法应由被保险人承担的经济赔偿责任,以及因保险事故被保险人支付的仲裁或诉讼费用及其他必要、合理的费用。

 3. 建筑工程一切险的保险金额

与一般财产保险不同的是,建筑工程一切险采用的是工期保险单,即保险责任的起讫时间通常为建筑工程的开工和竣工时间。物质损失部分的保险金额应不低于建筑工程完成时的总价值,包括原材料费用、设备费用、建造费用等。第三者责任保险部分的赔偿限额包括每次事故责任限额、每人人身伤亡责任限额、累计责任限额等,由投保人与保险人协商确定。

(二)安装工程一切险

安装工程一切险,是指以各种大型机器、设备的安装工程项目为保险标的的工程保险,保险人承保安装期间因自然灾害或意外事故造成的物质损失及有关法律赔偿责任。安装工程一切险的保险标的也包括物质损失和第三者责任两个部分。安装工程一切险的保险责任、保险金额与建筑工程一切险相似,在此不再赘述。

(三)机器损坏保险

机器损坏保险承保机器及其附属设备由于保险事故造成的损失。

 1. 机器损坏保险的保险责任

与建筑工程一切险和安装工程一切险不同,机器损坏保险仅承保保险期间内,由于下列原因引起或突然的、不可预料的意外事故造成的物质损坏或灭失:① 设计、制造或安装错误,铸造和原材料缺陷;② 工人、技术人员操作错误、缺乏经验、技术不善、疏忽、过失、恶意行为;③ 离心力引起的断轴;④ 超负荷、超电压等电气原因;⑤ 合同内责任免除以外的其他原因。

 2. 机器损坏保险的保险金额

机器损坏保险承保的机器设备的保险金额应为该机器设备的重置价值,即重新换置同一厂牌或类似型号、规格、性能的新机器设备的价格,包括出厂价格、运保费、税款、可能支付的关税及安装费用等。

四、农业保险

农业保险是指由保险公司专门为农业生产者在从事种植业和养殖业生产的过程中,对遭受自然灾害和意外事故所造成的经济损失提供经济补偿的一种保险。农业保险有助于保证农业生产的顺利进行,是财产保险的重要组成部分。

农业保险的保险标的繁多,保险责任广泛,危险测定困难,损失测定复杂。而农业保险又在提高农业抗灾减损能力、保障农民收入、维护国家农业生产安全等方面发挥着重要作用。在我国,农业保险由商业保险公司经营,对于那些缴费能力有限的地区,多数实行政策性农业保险业务。农业保险涵盖农、林、牧、渔等多个领域。一般来说,农业保险有以下几种分类。

1. 根据农业种类不同分类

(1)种植业保险。承保植物性生产的保险,分为农作物保险、收获期农作物保险、森林保险和园林苗圃保险等。

(2)养殖业保险。承保动物性生产的保险,分为牲畜保险、家畜保险、家禽保险、水产养殖保险等。

2. 根据保险责任范围不同分类

(1)单一责任保险。单一责任保险一般仅承保一项风险责任,如小麦冻害保险、西瓜雹灾保险等。

(2)混合责任保险。混合责任保险采取列举方式明示承保的多项风险责任,如家禽综合保险。

(3)一切险。一切险也采取列举方式,但实质上除列示的不保责任外均属于可保责任,我国尚未开办这类险种。

3. 根据危险性质不同分类

农业保险根据危险性质的不同可分为自然灾害损失保险、病虫害损失保险、疾病死亡保险和意外事故损失保险等。

农业保险近年来在我国得到快速发展。但由于地域的不同,各地自然条件与经济条件差别很大,自然灾害和意外事故等危险发生的条件不同,对农民的生产和生活带来的危害与影响情况也很复杂,所以,不同的农业保险险种的承保条件不同,不同地区农业保险的险种、保费和赔偿金额都不一样。

◇ 知识链接9-1

农业保险的新形式——农业气象指数保险[①]

气象指数保险,是指以一个或者几个气象要素为触发条件,如风速、降雨量、温度等,当达到触发条件后,无论受保者是否受灾,保险公司都将根据气象要素指数向保户支付保险金的保险形式。作为一种农业保险,气象指数保险是农业风险管理的有效手段之一。

气象指数保险从投保到理赔相对简便,而且各方成本较低,承保区域受灾情况也很容易确定。该类险种根据客观气象数据来决定是否理赔,不仅免去了查勘定损环节,而且透明度高,避免了理赔环节中保险公司和被保险人的争议,以及可能出现的道德风险。

在乡村振兴进程中,探索开发气象指数保险成为农业保险"扩面"的新要求。2021年4月,银保监会发布《关于2021年银行业保险业高质量服务乡村振兴的通知》(下称《通知》),提出要推动农业保险"提标、扩面、增品"。《通知》还提出,要探索开发气象指数保险等新型险种。

气象指数保险作为农业保险的有效补充,"活跃"在养殖业、农牧业领域。根据遭遇的天气种类不同,气象指数保险形成了不同种类的保险业务,如"37℃高温险""茶叶低温气象险""蜂业气象指数保险""蔬菜种植气象指数保险"等。

第三节 责任保险

责任保险是以被保险人对他人应负的民事损害赔偿责任为承保对象的保险,责任保险是人们处理法律风险的一种无形的财产保险,它属于广义财产保险范畴,但又具有自己的独特内容和经营特点,是一类可以自成体系的保险业务。构成责任保险的保险赔偿责任要求

[①] 陈婷婷,胡永新.气象指数保险走俏? 农户不再"靠天吃饭"[N].北京商报,2021-12-20.

保险责任与第三者责任共存。除与交通工具相关的第三者责任保险之外,责任保险一般可分为以下几种。

一、公众责任保险

主要承保各类企业、机关、团体、家庭、个人在固定的场所从事生产、经营等活动或日常生活中由于意外事故而造成他人人身伤害或财产损失,依法应由被保险人承担的经济赔偿责任。

1. 保险责任

公众责任保险的保险责任主要包括以下几种:
(1)被保险人在保单中列明的地点范围内从事生产、经营等活动以及由于意外事故造成第三者的人身伤亡或财产损失,依法应由被保险人承担的经济赔偿责任。
(2)事先经保险人书面同意的诉讼抗辩费用。
(3)发生保险责任事故后,被保险人为缩小或减少对第三者人身伤亡或财产损失的赔偿责任所支付的必要、合理的费用。

2. 除外责任

除一般财产保险中常见的战争、罢工、核事故、消防不合格、行政行为或司法行为等不保风险之外,对以下损失、费用和责任,保险人不负责赔偿:
(1)地震及其次生灾害、海啸及其次生灾害、雷击、暴雨、洪水等自然灾害。
(2)被保险人及其代表或雇员的重大过失、故意行为或违法行为。
(3)被保险人应该承担的合同责任,但无合同存在时仍然应由被保险人承担的经济赔偿责任不在此限。
(4)被保险人或其代表、雇佣人员、为其服务的任何人所有的或由其保管或控制的财产的损失,以及上述人员的人身伤亡。
(5)罚款、罚金或惩罚性赔款。
(6)精神损害赔偿及其他间接损失。

3. 赔偿限额与免赔额

公众责任保险一般规定每次事故责任限额、每次事故每人人身伤亡责任限额和累计责任限额,由投保人与保险人协商确定。在保险期间内,保险人对多次事故的累计赔偿金额不超过累计赔偿限额。每次事故免赔额(率)由投保人与保险人在签订保险合同时协商确定,并在保险合同中载明。

4. 公众责任保险的分类

公众责任保险适用的范围非常广泛,其业务复杂,险种众多。常见的险种有场所责任保险、承运人责任保险和个人责任保险等。

(1)场所责任保险。它承保固定场所因存在结构上的缺陷或管理不善,或被保险人在被保险场所进行生产经营活动时因疏忽发生意外事故,造成他人人身伤害或财产损失且依法应由被保险人承担的经济赔偿责任。场所责任保险是公众责任保险中业务量最大的险种。根据场所的不同,它又可以进一步分为商场责任保险、电梯责任保险、校方责任保险、旅行社责任保险等若干具体险种。

(2)承运人责任保险。它承保客运经营者、货物运输经营者根据有关法律、行政法规和规章的规定,在运输过程中因疏忽或过失,造成旅客遭受人身伤亡或货物遭受损失,依法应当由承运人承担的赔偿责任。承运人的运输工具种类多样,运输对象又分为客、货两种,基于以上不同情况,常见的承运人责任保险有旅客责任保险、国内货物运输承运人责任保险、道路危险货物承运人责任保险等,后两者也可列入货物运输保险的分类范畴。

(3)个人责任保险。它主要承保被保险人在保险期间内,因过失造成第三者的人身伤亡或财产损失,依法应由被保险人承担的经济损害赔偿责任。个人或家庭都可以将自己或自己的所有物可能损害他人利益的风险责任通过投保个人责任保险而转移给保险人。主要的个人责任保险有住宅责任保险、监护人责任保险和海外留学生个人责任保险等,后者往往以附加险形式投保。

二、产品责任保险

产品责任保险是指承保产品制造者、销售者、修理商等因其制造、销售、修理的产品有缺陷而致他人人身伤害或财产损失,依法应由其承担的经济赔偿责任的责任保险。

1. 投保人和被保险人

凡是对产品责任事故造成他人损害负有法律责任的个人或企业都可以投保产品责任保险,如产品的制造商、销售商等,投保人通常就是被保险人。

2. 保险责任

在保险期间或追溯期内,保险合同内列明的被保险人的产品因存在缺陷,在承保区域内造成使用、消费该产品的人或第三者的人身伤害、疾病、死亡或财产损失,依法应由被保险人承担的经济赔偿责任,经使用、消费该产品的人或其近亲属在保险期间内向被保险人首次提出索赔时,保险人根据本保险合同的规定,在约定的赔偿限额内予以赔偿。

保险事故发生后,被保险人因保险事故而被提起仲裁或者诉讼的,对应由被保险人支付的仲裁或诉讼费用及其他事先经保险人书面同意支付的合理的、必要的费用,保险人根据本保险合同的约定也负责赔偿,但此项费用与每次事故赔偿金额之和以保险合同中列明的每次事故赔偿限额为限。

3. 除外责任

除一般财产保险中常见的战争、罢工、核事故、消防不合格、行政行为或司法行为等不保风险之外,对以下损失、费用和责任,保险人不负责赔偿:

(1)投保人、被保险人或其雇员的人身伤亡及其所有或管理的财产的损失。
(2)根据合同或协议由被保险人承担的责任。
(3)罚款、罚金及惩罚性赔偿。
(4)精神损害赔偿等间接损失。
(5)由被保险人承担的对其雇员的赔偿责任。
(6)产品仍在制造或销售场所,尚未转移至用户或消费者手中时所造成的损失赔偿责任。
(7)被保险人违法生产、出售或分配的产品造成他人的人身伤害、疾病、死亡或财产损失的赔偿责任。
(8)产品本身的损失及被保险人因召回、收回、更换或修理有缺陷产品造成的损失和费用。

4. 赔偿限额和保险期限

产品责任保险的保险期限一般为 1 年、3 年或 5 年。另外,通常对索赔期限有如下规定:生产、销售的同一批产品,由于同样原因造成多人的人身伤害、疾病或死亡或多人的财产损失,应视为一次事故造成的损失。被保险人的索赔期限,从损失发生之日起,不得超过 2 年。

产品责任保险在一般保单中规定每次事故的赔偿限额和保险期内累计赔偿限额,并按人身伤害和财产损失分别作出规定。此外,保险人负责赔偿损失、费用或承担责任时,如果被保险人的损失在有相同保障的其他保险项下也能够获得赔偿,则按照保险合同的赔偿限额与所有保险合同的赔偿限额总和的比例承担赔偿责任。

三、职业责任保险

职业责任保险承保各种专业技术人员因工作疏忽或过失造成第三者损害的赔偿责任。

职业责任保险的承保对象是各种从事专业技术工作的人员，如律师、会计师、医师、建筑设计人员等。

 1. 保险责任

职业责任保险的保险责任主要包括以下方面：

（1）被保险人由于提供的专业服务中存在或被指控存在不当行为，致使第三方在保险期间内向被保险人提出赔偿请求所造成的损失。

（2）被保险人由于任何雇员的欺诈或不诚实行为所引发的赔偿请求而依法承担的赔偿金。

（3）被保险人因责任事故的发生而依法应承担的赔偿金和法律费用以及经保险人同意的有关费用。

 2. 承保方式

以承保方式为依据，职业责任保险可以分为以下两种：

（1）以事故发生为基础的承保方式。它是指保险公司仅对保单有效期内发生的事故所引起的损失负责，而不论索赔是否发生在保险有效期内。采用这种方式最大的一个问题是，保险公司在该保单项下承担的赔偿责任可能耗费很长时间才能确定。

（2）以索赔为基础的承保方式。它是指保险公司仅对保单有效期内提出的索赔负责，只要导致责任的事件是发生在某一特定的有追溯力的日期之后。如果不对责任事故发生的时间做出限制，保险公司所承担的风险将难以控制。为了避免此类问题的出现，此类保单均约定有追溯期，保险公司仅对从该追溯日期开始后发生的疏忽行为，并在保单有效期内对其提出的索赔负责。

 **3. 赔偿限额**

在职业责任保险中，保险人承担的赔偿责任有赔偿金和法律费用两项。在赔偿金方面，保险合同中载明了每人每次事故责任限额及每人累计责任限额。法律诉讼费用则在赔偿限额之外另行计算，保险合同中也载明了每人每次事故法律费用限额及每人累计法律费用限额。

 4. 职业责任保险的分类

以被保险人从事的职业为依据，职业责任保险可以分为医师责任保险、律师责任保险、保险代理人责任保险、保险经纪人责任保险、会计师责任保险和董监事及高级管理人员责任保险等。

四、雇主责任保险

雇主责任保险承保雇主对所雇员工在受雇期间,因从事保险单载明的被保险人的业务工作而遭受意外事故或患与工作有关的国家规定的职业性疾病而致伤、残或死亡,雇主依法应承担的经济赔偿责任。

1. 保险责任范围

凡被保险人所聘用的员工,于保险有效期内,在受雇过程中(包括上下班途中),因从事与保险单所载明的被保险人的业务工作而遭受意外或患与业务有关的国家规定的职业性疾病,所致伤、残或死亡,对被保险人根据劳动合同和依法须承担的下列经济赔偿责任,保险人依据保险单的规定,在约定的赔偿限额内予以赔付:① 死亡赔偿金;② 伤残赔偿金;③ 误工费用;④ 医疗费用。

对被保险人应付索赔人的诉讼费用以及经保险人书面同意负责的诉讼费用及其他费用,保险人按照合同约定也负责赔偿。

2. 除外责任

雇主责任保险的除外责任主要包括:
(1)战争、类似战争行为、叛乱、罢工、暴动或由于核子辐射所致被雇佣人员伤亡或疾病。
(2)被雇佣人员由于疾病、传染病、分娩、流产以及因此而施行手术治疗所致的伤亡。
(3)由于被雇佣人员自行伤害、自杀、犯罪行为、酗酒及无证驾驶各种机动车辆所致损失。
(4)被保险人的故意行为或重大过失,造成其雇员的人身伤害。
(5)除另有规定外,被保险人对其承包商雇佣的员工的责任。
(6)其他不属于保险责任范围内的损失和费用。

3. 赔偿处理

当发生保险责任范围内的事故时,被保险人应及时通知保险人,并书面说明事故发生的原因、经过和损失情况。在未经保险人书面同意前,被保险人对第三者及其代理人作出的任何承诺、拒绝、出价、约定、付款或赔偿的表示,保险人不受其约束。在处理索赔过程中,保险人有权自行处理由其承担最终赔偿责任的任何索赔案件,被保险人有义务向保险人提供其所能提供的资料和协助。被保险人的雇员发生名单变动时,应及时通知保险人办理批改手续。事先未及时通知保险人批改保险单导致该名雇员不在列明人员名单中的,保险人不负赔偿责任。

 **4. 赔偿限额**

雇主责任保险的赔偿主要有死亡赔偿金和伤残赔偿金两种。死亡赔偿金以保单约定的每人死亡赔偿限额为限。伤残赔偿金按伤残鉴定机构出具的伤残程度鉴定书,并对照国家发布的《职工工伤与职业病致残程度鉴定标准》确定伤残等级和支付相应赔偿金。相应的赔偿限额为该伤残等级所对应的下列伤残等级赔偿限额比例表(见表9-2)的比例乘以每人死亡赔偿限额所得金额。

表 9-2　伤残等级赔偿限额比例表

伤残等级	一级	二级	三级	四级	五级	六级	七级	八级	九级	十级
比例	100%	80%	70%	60%	50%	40%	30%	20%	10%	5%

在死亡赔偿金和伤残赔偿金之外,保险人还赔付被保险人雇员因疾病或受伤导致其暂时丧失工作能力而遭受的误工损失,以及必需的、合理的医疗费用。无论发生一次或多次保险事故,保险人对被保险人的单个雇员所给付的死亡赔偿金、伤残赔偿金和误工费用之和不超过保险单约定的每人死亡赔偿限额。被保险人不得就其单个雇员因同一保险事故同时申请伤残赔偿金和死亡赔偿金。无论发生一次或多次保险事故,被保险人就其单个雇员申请赔付死亡赔偿金的,如果保险人已赔付了伤残赔偿金,在计算赔付金额时,须扣除已赔付的伤残赔偿金额。无论发生一次或多次保险事故,保险人对被保险人所雇佣的每个雇员所给付的医疗费用不超过保险单约定的每人医疗费用赔偿限额。

◇ **同步案例9-3**

雇主责任保险和工伤保险都应该赔付吗?

【案情】

某货物运输公司为其所雇佣的35名驾驶员与某保险公司订立了雇主责任保险合同。保险合同约定:每人死亡赔偿限额是40个月工资,伤残赔偿最高限额为48个月工资。该货物运输公司按保单约定足额缴纳了保险费。保险期间内某日,公司驾驶员王某驾驶的大货车在高速上发生车祸,王某严重受伤,在医院治疗共花费医疗费用12万元。该运输公司同时还投保了工伤保险,请问这次事故雇主责任保险和工伤保险都应该赔付吗?

【分析】

即使该公司参加了工伤保险,但依然可以获得雇主责任保险的赔付,因为这两种保险有着本质的区别。工伤保险属于社会保险,而雇主责任保险属于商业保险。工伤保险赔偿的基础是法律规定强制雇主承担的经济赔偿责任,不考虑雇主有无过失;雇主责任保险赔偿的基础是雇主根据雇佣合同应承担的经济赔偿责任。

第四节　信用保证保险

信用保证保险是保险人对义务人（被保证人）的作为或不作为致使权利人遭受损失负赔偿责任的保险，即保险人对义务人信用的担保，可分为信用保险和保证保险：信用保险是保险人根据权利人的要求担保被保证人信用的保险；保证保险是被保证人根据权利人的要求，要求保险人向权利人担保自己信用的保险。

一、信用保险和保证保险的区别与联系

信用保险和保证保险承保的对象都是信用风险，只有在债权人或被保证人不能补偿损失时，才视作保险事故发生，由保险人代为赔偿，可以将二者看成是一种担保行为。理论上讲，保险人经营信用保证保险业务只是提供担保性服务并收取担保费。但信用保险和保证保险的保险对象和投保人均不同：信用保险是权利人要求保险人担保被保证人的信用，保证保险是被保证人要求保险人向权利人担保自己的信用；信用保险由权利人投保，保证保险由被保证人投保。

二、主要的信用保险

1. 国内信用保险

国内信用保险又称商业信用保险，指在商业活动中，一方当事人为了避免另一方当事人的信用风险，而作为权利人要求保险人将另一方当事人作为被保证人并承担由于被保证人的信用风险而使权利人遭受商业利益损失的保险。

2. 出口信用保险

出口信用保险是在商品出口或相关经济活动中发生的，承保出口商在经营出口业务的过程中因进口商方面的商业风险或进口国方面的政治风险而遭受损失的一种特殊的保险。

出口信用保险有两种：一种是承保出口商的国外风险和对出口信贷的保险；另一种是卖方信用保险。出口信贷保险一般由政府的职能部门或政府指定的经营机构办理，在责任范围内，对本国出口商输出的商品和劳务提供保险。出口信贷保险可以免除买方不付款等所带来的风险，使其产品进入国际市场时不必承担这类风险所带来的经济损失，达到出口创收创汇的目的。卖方信用保险的主要险种是综合短期担保。这是一种连续性担保业务，每年的续保程序简单，它对制造商、商人和企业是非常有利的，最基本的形式就是承保买方不付款风险的保险，也就是货物运出国境后对保单持有人形成的债权和费用的风险担保。

3. 投资保险

投资保险又称政治风险保险，是指被保险人在保险合同中列明的投资，由于战争、类似战争行为、叛乱、罢工及暴动、政府有关部门征用或没收等，使被保险人不能将按投资契约规定应属被保险人所有并可汇出的汇款汇出等原因而遭受损失时，保险公司负责赔偿的保险。其责任以不超过保险合同所载明的保险金额为限。

三、主要的保证保险

1. 合同保证保险

合同保证保险又称"履约保险"，是承保债务人不履行合同规定的义务而给债权人造成经济损失的保险。合同保证保险中最常见的是工程类的合同保证保险，如投标保证保险、履约保证保险、完工保证保险等。

2. 产品保证保险

产品保证保险承保产品生产者和销售商因制造或销售的产品质量有缺陷而给用户造成的经济损失，包括产品本身的损失以及引起的间接损失和费用。其责任范围是产品责任保险中的除外责任。

3. 诚实保证保险

诚实保证保险承保被保证人的不诚实行为，如盗窃、贪污、侵占、非法挪用、故意误用、伪造、欺骗等致使被保险人遭受的经济损失。诚实保证保险的保险标的是被保证人的诚实信用,比如因雇员的贪污、挪用和诈骗等不诚实行为造成雇主经济损失。因此,保险人承保时要了解所承保雇员过去的工作经历,有无不诚实的记录,每次转换工作的原因和家庭、工作状况等。如果保险人了解到雇员的品格有问题,通常不予承保。

二维码 9-3
第九章
练习与思考

二维码 9-4
第九章练习与
思考答案

第十章 人身保险

◇ 学习目标

知识目标：

1. 掌握人身保险的基本概念；
2. 理解人身保险的特征与功能；
3. 了解人身保险的主要险种和市场销售的基本人身保险产品。

能力目标：

1. 知道人身保险的基本条款，了解各类人身保险的基本运作模式；
2. 会根据实际需求选择、辨别各类人身保险并给出投保建议，并根据实际情形认定人身保险的保险责任以及保险效力。

情感目标：

1. 认识到人身保险在日常生活中的调节收入分配、实现资金融通、稳定家庭生活、维持社会安定等积极作用；
2. 意识到通过人身保险可以为所有人都会面临的人身危险提供一定经济上的保障，从而进一步由下自上地对社会产生正面影响，维护国家、社会稳定和繁荣发展。

◇ 学习重点

1. 人身保险的基本概念和基本条款；
2. 人身保险的基本特征与功能；
3. 人身保险的主要险种和各类产品，人身保险的保险责任认定。

◇ 本章关键词

人身保险　人寿保险　意外伤害保险　健康保险　定期死亡保险　终生死亡保险　生存保险　年金保险　生死两全保险　疾病保险　医疗保险

◇ **导入案例**

江苏南通一患者请求保险公司理赔被驳回[①]

女子李某在确诊患癌后购买了一份"防癌险",当她因身体癌变向保险公司提出理赔时,却遭到了拒绝,于是她一纸诉状把保险公司告上了法庭。近日(指 2020 年 8 月),江苏省南通市通州区人民法院对这起人身保险合同纠纷案作出一审判决,认定保险合同成立,但原告申请理赔的癌病史不属于案涉保险合同的理赔范围,驳回了李某的全部诉讼请求。

2016 年 6 月,李某被诊断为子宫内膜癌病变。忧心之下,她向保险公司投保了一份"健康无忧防癌险",并按时缴纳了两期保险费。2018 年 7 月,又到了缴纳保险费的时间,李某听朋友说她投保了"防癌险",又曾经患癌,是可以理赔的,于是李某准备了材料向保险公司申请理赔。

审查理赔申请时,保险公司认为,李某在投保之前就已经确诊了癌症,但在投保时却未如实向保险公司告知这一病情,导致保险公司误以为其身体健康而与其签订了一份"防癌险"。据此,保险公司要求与李某解除保险合同,且不退还保险费用。李某则认为,该保险合同的签订地点就在肿瘤医院内,时间是其手术后次日,其并没有向保险公司隐瞒病情。

双方为理赔事宜僵持不下。2019 年 10 月,李某向通州区法院起诉,请求法院判令保险公司理赔保险金 40 万元。

通州区法院经审理认为,无论李某是否隐瞒病情、保险公司是否知情,李某已按约缴纳两年保费是事实。而《保险法》规定:"自合同成立之日起超过二年的,保险人不得解除合同。"因此,保险公司不能以李某隐瞒病情为由解除合同。但李某与保险公司签订的合同进一步约定,理赔范围为"被保险人于本合同生效之日起 180 日后,确诊初次患本合同所指的癌症"。根据双方提供的病历、入院诊断及相关病案可以确定,李某所患癌症确诊时间早于双方签订合同的时间。此后,经李某积极治疗,术后两年多亦未复发,因此,李某欲申请理赔的子宫内膜癌病史不属于案涉保险合同的理赔范围。据此,法院驳回原告李某的诉讼请求。

■ **思考**:

案例中李某是否有骗保嫌疑?为何法院依旧判定保险公司不得解除保险合同?

---

① 江苏南通一患者请求保险公司理赔被驳回[N].人民法院报,2020-08-12(3).

第一节 人身保险概述

一、人身保险的发展历史

如果追溯人身保险的理念，早在公元前 2000 年便可见其雏形。古巴比伦王国的国王曾下令僧侣、法官及村长向本国的居民收取赋金，用以救济遭受天灾的人们。在古埃及石匠中，曾经流传一种互助基金组织，会向每一个互助成员收取会费以支付个别成员死亡后的丧葬费。古罗马军队中的士兵组织，也会定期收取每个士兵的会费，作为士兵阵亡后对其遗属的抚恤费用。这些古已有之的形式严格意义上来说并不属于现代人身保险的范畴，更类似于一种非营利性质的官方或民间互助组织，但是为现代人身保险的萌芽奠定了基础。

较受认可的现代人身保险的起源学说认为，15 世纪后期，欧洲的奴隶贩子把运往美洲的非洲奴隶当作货物进行投保，后逐渐发展为负责海运的船只上的船员也可以为自身遭受海难等风险投保，如遇到意外则由保险人给予经济补偿，进而形成了人身保险的早期形式。

17 世纪中叶，意大利银行家伦佐·佟蒂提出了一项联合养老办法，这个办法后来被称为"佟蒂法"，并于 1689 年正式实行。"佟蒂法"规定每人交纳部分法郎，筹集起总额 140 万法郎的资金，保险期满后每年支付 10% 的利息，并按年龄把认购人分成若干群体，年龄大些的，分得的利息就多些。"佟蒂法"的特点就是把利息付给该群体的生存者，如该群体成员全部死亡，则停止给付。

著名的天文学家哈雷，在 1693 年编制了第一张生命表，提供了寿险计算的依据。18 世纪四五十年代，辛普森根据哈雷的生命表，制作了依死亡率增加而递增的费率表。随后，陶德森依照年龄差等计算保费，提出了"均衡保险费"的理论，进一步促进了人身保险的发展。1762 年成立的伦敦公平保险社是真正根据保险技术基础而设立的人身保险组织。

我国的现代人身保险是由国外传来的。1846 年，英国人首先在上海设立了永福和大东方两家寿险公司。其后，美国的友邦，加拿大的永明、永康、宏利等寿险公司相继成立。1912 年设立的华安合群保险公司，是第一家华资人寿保险公司，其资金力量比较雄厚，经营较好，业务量也较大，是当时国内规模最大的人寿保险公司。19 世纪 30 年代中期，福州、天津、北京等地还出现了许多小型人寿保险公司，业务层次多样，保险市场前景较好。

近代人身保险制度虽然进入了中国,并产生了民族寿险公司,但由于经济落后,政治不独立,人民生活贫困,战火不断,我国人身保险业务发展缓慢,而且在较长时间内为国外资本所垄断。1949年,上海约有中外保险公司400余家,其中华商保险公司仅126家。

中华人民共和国成立后,1949年10月20日,中国人民保险公司在北京成立,成为新中国成立后第一家国有保险公司,在全国范围内经营财产保险和人身保险。1952年12月,外国保险公司在华垄断地位彻底改变,种种特权被取消,业务来源锐减,至年底已全部自动申请停业,退出中国保险市场。

1958年10月,国务院召开的西安全国财贸工作会议提出:"人民公社化后,保险工作的作用已经消失,国内保险业务应立即停办。"1959年,人身保险业务和其他国内保险业务一道进入全面停办状态。直到1979年4月,国务院批准《中国人民银行行长会议纪要》,作出了"逐步恢复国内保险业务"的重大决定;同年11月,全国保险工作会议在北京隆重召开,中断了20年的国内保险业务正式宣告恢复。

随后,中国人身保险业务随着国内经济的发展与保险行业的进步、规范、健全,最终形成了当下我国现代人身保险的稳定格局。

二、人身危险与人身保险

所谓保险,旨在为对应的风险提供一定的保障。人身保险,顾名思义是对人身将面临的各种危险提供一定经济保障的一种保险。因此,我们需要首先明确何为人身危险。归结而言,人身危险无外乎两类:一是生命危险,即关乎人的生命状态存续与否及其所产生的生存资金、丧葬、赡养、抚养费用等的不确定性;再者是健康危险,即人身体的健康状况所带来的包括医疗费用支出、收入减少等情况所存在的不确定性。

(一)生命危险

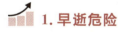

1. 早逝危险

早逝危险是指被保险人生命抵达终点的风险,换言之,是指被保险人从生物、医学或者法律意义上被认定为死亡状态的风险。

在生物学、医学上,通常将心脏永久性停止跳动或脑死亡认定为死亡的标志。而在法律上,长期的下落、行踪不明也可以被认定为死亡。我国《民法典》规定,自然人下落不明满四年,或因意外事件,下落不明满二年的,利害关系人可以向人民法院申请宣告该自然人死亡。

对于被保险人而言,死亡本身自然是一种损害、一种遗憾,但是这种损害和遗憾将会伴随着被保险人死亡一同灭失,因此死者本身并不直接承受该损害及其带来的经济上的损失。

早逝危险所带来的情感上的损害和经济上的损失往往会由被保险人的亲属或存在直接关联关系的其他角色来承担。具体而言,早逝危险可以导致三方面的损害或损失:第一种是亲属或存在直接关联关系的其他角色情感、精神、心理上的伤害,这种损害无法直接通过金钱、货币来衡量,但是可以通过给付保险金的行为得到一定的安抚和慰藉;第二种是由于死亡所带来的丧葬费用、代偿债务成本以及死亡传递成本(如遗嘱查验费用和继承遗产带来的税费)等经济损失;第三种是死者生前所获收入的丧失,这是一种潜在损失,但将会对与死者有抚养、赡养义务的角色产生直接影响。可以看出,被保险人如果能够独自存活,与其他任何人都不产生联系,早逝危险本身实际上是不会对被保险人个人带来实质影响的,然而人类属于社会性动物,在现实生活中总会生活在家庭、社会之中,一个人生命的终结往往意味着多个人的悲哀和损失,因此人们也就产生了对保险保障的需求。

值得注意的是,应该如何定义早逝危险中的"早"。可想而知,人类都有希望能够继续生存下去的本能,并不存在一个确切的生存年限。然而以目前人类的科技水平,"永生"还远远无法实现,因此通常人们都会对自身的生命期限有一个预期,如果这个预期能够做到完全准确,那么人们就可以根据预期对一生中包括财产配置、亲属安置等事宜做出妥善规划。但是,生命危险如同其他危险的特征一样,都存在着非预期性,早逝危险往往是指早于通常的生命周期逝世并因此带来前述三方面损害或损失的风险。这也从另一个方面增强了人们通过保险对早逝危险提供保障的需要。

2. 老年危险

老年危险是指被保险人可能会面临的伴随着年龄增长而养老开支不足的风险。

如前所述,人对于自己生命期限的预期并不能完全准确,而老年危险正是人的生存期限长于自身预期时所可能产生的风险。随着人的年龄增长,收入可能在一定年龄后呈现断崖式下跌,甚至有锐减为零的可能性,相反,支出却有可能由于年龄增长伴随着更多的医护、保健费用而增加。老年危险具体的表现有两类:一是在老年时在无法获得收入来源,从而负担不起个人及家庭生活的开支;二是虽然拥有一定积蓄能够应付一段时间的开支,但是不足以维持余生。可以看到,老年危险虽然并不直接对被保险人的生命或者身体产生危害,但在商品经济为背景的现代社会,无法获得收入来源,或者积蓄不足以维持余生开支,最终的结果无异于死亡,因此,老年危险也必将对被保险人的生命或者身体造成负面影响,于是人们便产生了通过保险来提供保障的需求。

(二)健康危险

1. 疾病危险

疾病危险可以分为狭义的疾病危险和广义的疾病危险:狭义的疾病危险是指人体内部

罹患疾病的危险,强调内生性;广义的疾病危险还包含生育以及意外事故等方面原因造成人身伤害的危险。

疾病危险具有危害严重、涉及面广、复杂多样等特点。疾病危险可能带来多方面较为严重的损害:疾病将直接对人的身体健康造成损害,严重时可能会导致死亡;疾病也将给人的生活、工作带来困难,可能导致医疗费用增加,还可能导致暂时甚至永久失去劳动能力并由此导致收入减少甚至丧失;疾病也将在心理层面上对被保险人及其亲属或存在直接关联关系的角色带来伤害和负担。疾病危险具有普遍性:每个个人或家庭都无法完全排除发生疾病危险的可能;其发生概率极高,几乎可以说这种风险将伴随着每个人的一生。疾病危险的表现形式以及成因复杂,难以预防:人类所面临的疾病种类繁多,每种疾病又会因个体差异而有不同的表征,带来的影响和后果也不尽相同;环境变化、社会因素、生活方式、精神心理等各种因素都可能导致疾病的产生,使得疾病危险难以妥善化解和预防。疾病危险正是由于这些特点而往往难以控制,通过保险寻求保障也就成了人们的基本需求。

2. 残疾危险

残疾危险是指由于疾病、伤害事故等导致人体机能损伤、组织器官缺失或出现功能性障碍等风险。在保险学中往往还会要求上述损害具有一定时期的不可逆性,例如可能约定在 180 天内如果通过治疗或自我恢复未遗留组织器官缺损或功能性障碍则不被认定为残疾等。

通常在相同年龄期间,被保险人发生残疾的概率要大于死亡的概率,并且残疾危险在经济上带给被保险人及其家庭的危害有可能比死亡更严峻。如果被保险人死亡,那么被保险人的收入消失,相应的本身的开销也会随着死亡终结;但如果被保险人发生残疾,那么其收入可能极大程度降低甚至消失,同时其开销会伴随着治疗、医药的维持而增长。因此,就经济上而言,残疾危险的危害性不容忽视,这也是人们对残疾危险有着保险需求的基本原因。

三、人身保险的基本概念

(一) 人身保险的定义

人身保险是投保人基于对被保险人存在的保险利益(即存在某特定关系或经过被保险人同意),以被保险人的生命或者身体作为保险标的,同保险人订立保险合同确立各自权利义务关系,并缴纳一定数额保险费,当被保险人在保险期限内发生死亡、伤残、疾病等保险事故,或达到合同约定年龄、期限时,保险人承担保险责任,向被保险人或受益人给付保险金的一种保险。

（二）人身保险的特征

人身保险的保险标的是人的生命或身体。由于标的的特殊性，人身保险具有包括定额性质、给付性质、长期性质等特征。

生命是一种抽象概念，而身体不论是健康状况或是组织器官完整程度、功能运行完善程度，都无法简单地进行货币衡量和定价。人身保险无法保证被保险人的生命或者身体不遭受危险，也无法对生命或身体这种特殊的标的给予"足额"的"赔偿"，只能够通过约定一定的金额，在对应的保险事故发生后，给予被保险人或受益人一定的经济上的资助或是慰藉。

又由于人身保险实质上是以约定的保险金额为限度，在保险金额范围内对被保险人或受益人进行一种经济上的资助的行为，所以人身保险的保险金通常是给付性质的。与财产保险的保险金所具备的补偿性质不同，人身保险往往不必考虑损失补偿原则，换言之，人身保险往往不涉及重复保险、代位追偿等问题。但凡事总有例外，因为人身保险所涉及的人身危险中实质上考虑到了包括"医疗费用支出""应有收入减少"等相关风险，而这一类风险明显是可以较为科学地通过货币金额来计量的，这又使得以健康保险中的医疗保险为代表的部分人身保险的保险金具有一定的损失补偿性质。因此，对于人身保险的保险金的性质具体如何判定，是否需要考虑重复保险、代位追偿等问题，还需要具体事件具体判断。

◇ **同步案例10-1**

重复医疗保险应该如何处理[①]

【案情】

市民温女士向"保险维权台"反映：几年前，她曾分别投保了太平保险公司的综合医疗保险和另一家保险公司的个人住院费用保险。今年4月，她在一次意外中眼睛受伤，医疗费用中有7000余元属于医保报销范围，其余的3000多元是住特护病房和用进口药的自费部分。

出院后，温女士前往太平保险公司理赔，被告知自费部分不属于该保险的保障范围，最终，她获得了医保范围内和保障最高限额下的那一部分补偿金。之后，温女士又去了投保个人住院费用保险的另一家保险公司，并以同样的理由申请理赔，该公司答复说只能理赔医保范围内、太平保险公司已理赔以外的那部分金额，算下来只有3元钱。温女士对此有了疑问：同样是买了保险，为什么头一家公司做了理赔，第二家保险公司就不再理赔了呢？

【分析】

目前市场上的医疗保险有两种：一种是费用报销型的险种，一种是津贴型的险种。

---

① 费用报销型医保无须重复投保［EB/OL］．（2008-12-08）．http://finance.sina.com.cn/money/insurance/bxal/20081208/07005602804.shtml．

> 费用报销型险种按实际医疗费的支出理赔,遵循保险的补偿原则。也就是说,当被保险人的医疗费已经在别的保险公司或单位报销,获得补偿之后,就不能再从保险公司获得超出实际支出的超额补偿。津贴型险种则不必遵循补偿原则,只要发生手术或是住院,就能从保险公司获得理赔;如果在多家公司投保,就能从多家公司得到理赔金。温女士在两家保险公司都投保了费用报销型医疗保险,在获得太平保险公司的理赔后,自然就不能再从第二家保险公司得到理赔。实际上,她在该公司的医疗保险属于重复保险,虽然多交了保费,却没有起到更实际的作用。
>
> 综上所述,费用报销型的医疗保险只需在一家保险公司投保一份就够了,津贴型的保险投保多份也无妨。温女士可以将其他公司投保的个人住院费用保险停掉,节省一部分保费,或者转成津贴型医疗保险,以发挥更大的作用。

人身危险是伴随着人的生命周期长期存在的,因此对于人身危险的保障需求通常是长期的需求,从而人身保险以人寿保险为代表,往往具有长期性,除了少数特定意外伤害保险的保险期限在一年期以内外,多数人身保险的保险期限都在一年期以上,人寿保险更有可能长达十年、数十年甚至终生。

(三)人身保险的功能

作为现代保险的两大类型之一,人身保险具有多方面的功能。

1. 风险分散功能

人身危险难以避免,生产生活中,无论是生、老、病、伤、残、死,都可能降临到我们头上,为个人及其家庭带来不幸。对于单一个体或家庭而言,一旦发生人身危险,往往是难以承受的,但是通过保险的方式,让少数真正遭受到人身危险损害的个体或家庭将风险分散到多数面临相同风险的角色身上,就可以使少数人难以承受的风险变成多数人可以共同承受的风险,从而使每个参与到这一过程中的人都能够在风险真正变成事故时得到一定保障。这便体现出了人身保险的风险分散功能,也体现出了保险的互助本质。

2. 保险金给付功能

发生对应保险事故或到达约定期限后,获得一定的资金给付,是人身保险一项最基本的功能。人身保险中的给付保险金功能与财产保险的损失补偿功能类似,但又并不完全一样,人身保险由于保险标的特殊,无法完全通过货币衡量,因此会约定一定的金额作为上限,并按照保险合同中标明的方式(可能是一次性给付全额,如死亡保险,也有可能是分期给付,如养老保险)给付相应保险金。

3. 调节收入分配、实现金融融资功能

人身保险调节收入分配、实现金融融资的功能可以表现在两个方面:一是由众多共同面对人身危险的个体缴纳保费,汇集成对应的保险基金,再由保险人分配给实际发生人身危险的个体,这体现了一种经济上的互助关系,也是一种对收入的调节和再分配;二是通过主要由保费汇集起来的保险基金进行资金运用或投资,实现资金保值、增值,这一过程也可以在一定程度上实现国民财富的再分配,一方面使投保人、被保险人一方分享社会投资的收益,另一方面也使暂时闲置的保险资金重新流入对资金有需求的社会生产过程中。

4. 稳定家庭生活、保障社会生产功能

人身保险提供的经济上的保障,可以极大程度上解决个人、家庭对生活稳定的忧虑,避免因人身危险而陷入困境,使得作为社会生产的基本单位的个人和家庭能够相对没有顾虑地投入日常的生产、工作当中。尽可能多地为社会中的个体提供人身保险的保障,也可以在一定程度上激发每个个体的生产、工作积极性,实现保障社会生产整体稳健运行的效果。

5. 补充社会保险功能

社会保险是一种基本的社会保障制度,是维持社会安定的重要调节方式。然而由于社会保险涉及的范围过于广泛,其能够提供的保障仅仅只能满足人们最基本的生产生活需求,难以提供全方位、细致化、满足不同需求的保障。人身保险可以配合社会保险形成较为全面、针对具体投保个体需求的保障体系。特别是在社会养老问题上,人身保险可以起到关键的积极作用。人口老龄化是世界多国都面临的一个棘手问题,按照联合国标准,总人口中60岁以上人口达到10%时即被认为进入老龄化社会,我国已于2000年跨入了老龄社会,并预计2026年60岁以上人口比例将达到18%。充分利用人身保险中的商业养老保险,与社会养老保险形成补充,有助于减轻社会养老负担,有助于健全国家、社会的养老机制,解决人口老龄化带来的社会安定问题。

四、人身保险的分类

(一)按我国保险行业惯例分类

按照我国的分类方式,商业保险主要划分为财产保险和人身保险两大类,人身保险又细

化为人寿保险、意外伤害保险、健康保险三类。其中人寿保险有生存保险、死亡保险、生死两全保险以及较为特殊的年金保险等类型;健康保险有疾病保险、医疗保险、收入保障保险等类型。具体划分如图10-1所示。

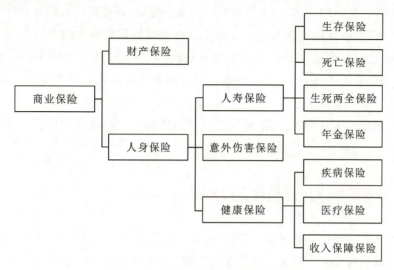

图 10-1　我国商业保险按行业惯例的分类方式

（二）按西方国家惯例分类

许多西方发达国家喜欢根据数理精算基础的不同对保险进行分类。对于在保险精算中需要用到生命周期表,保险期限更长,更多涉及资金时间价值、利息等相关内容的人寿保险单独进行分类,而把剩余的保险类型统称为非寿险。对于人寿保险而言,其保费通常会选用均衡保费的缴纳方式,每年缴纳的保费是一个定额,与当年度所应缴纳的自然保费并不相等,因此需要考虑到资金时间价值、利息等因素,在长时段内均衡地将所收缴的保费与可能所需要承担给付责任的总保险金额进行匹配。而非寿险的保费厘定方式几乎都是以保险金额损失率作为计算基础的,也就是说其他保险形式通常是采取年缴保费的形式,即使是长期签订的保险合同也是按照一年期为周期长期续签的方式进行的,在这样的形式下自然也就不太需要考虑资金时间价值、利息等因素,保险人尽可能地保证每年所收缴的保费的总金额与所需要承担的赔偿、给付的保险金金额一致即可。

（三）其他分类方式

除去上述两种最常见也是最基本的分类方式之外,还可根据很多其他不同维度对人身保险进行分类。

1. 按被保险人数不同分类

按被保险人人数不同，可以将人身保险分为个人保险、联合保险和团体保险三种。个人保险也称单人保险，被保险人仅为单一个体。联合保险则是将两个或者两个以上存在着一定利害关系的个人（如夫妻、父母、兄弟姐妹等）视为一个被保险人整体进行投保的人身保险，通常而言被保险人中有一人死亡，保险人就会向剩余被保险人或者受益人给付保险金，保险责任终止。而团体保险是以一份总保险合同对同一机关、企业、事业单位或其他团体的组成人员进行保障的人身保险，承保时通常只考虑团体总体的危险程度而不针对个体进行审查。

2. 按被保险人风险程度不同分类

按被保险人的人身危险程度不同，可以将人身保险分为标准体保险和次标准体保险，或称为健体保险和弱体保险。标准体保险是指被保险人的身体、职业、道德等方面没有明显缺陷，可以按照一般标准费率进行承保的保险。次标准体保险则是指被保险人在身体、职业、道德等方面存在着一定缺陷（如过度肥胖、患有慢性病等情况），遭受人身危险的程度高于普通人，但依旧在可承保范围内的保险。对于次标准体保险，保险人通常可以采用保额削减法、年龄增加法和附加保费法等特殊方式进行承保。

3. 按保险期限不同分类

按照保险期限不同，可以将人身保险划分长期的人身保险和短期的人身保险。保险期限在一年期或以上的保险通常被认为是长期的保险，人身保险通常都是长期的保险，也有部分人身意外伤害保险的保险周期是在一年期以下的，比如旅游意外伤害保险、航空意外伤害保险等，其保险周期往往是整个旅途过程或是乘坐某特定交通工具的移动过程。

4. 按是否自愿分类

按照是否自愿参与，可以将人身保险划分为自愿人身保险和强制人身保险。自愿人身保险是在投保人、被保险人与保险人双方在自愿平等、自由选择、等价有偿的基础上通过签订保险合同约定双方权利义务关系的保险，人身保险通常都是自愿保险。强制保险则是根据国家法律法规要求必须参与的保险，投保人、被保险人与保险人双方都没有选择权。曾经我国的航空意外保险是一种具有代表性的强制人身保险，但后来随着航空技术、管理愈发规范，转换成了自愿保险。

五、人身保险合同的常见条款

人身保险作为一种重要的保险类别,其保险合同符合一般保险合同的基本要求;符合最大诚信合同、双务合同、附和合同和射幸合同的特征;具有投保单、保险单、暂保单、保险凭证等合同形式;通过合同条款对保险基本信息、保险双方的责任义务等内容加以明确;具备基本条款和特约条款的条款形式。但在人身保险合同中,还具有一些或是为了保护某一方利益,或是为了明确责任范围的特定条款内容。

(一)不可抗辩条款

不可抗辩条款也称为不可争辩条款,其基本内容是:投保人故意或者因重大过失未履行规定的如实告知义务,足以影响保险人决定是否同意承保或者提高保险费率时,自保险人知道有解除事由之日起,保险人的合同解除权超过三十日不行使而消灭。自合同成立之日起超过二年的,保险人不得解除合同;发生保险事故的,保险人应当承担赔偿或者给付保险金的责任。

可以看得出来在人身保险合同中列入不可抗辩条款倾向于保护被保险人的利益。人身保险的保险标的特殊,为被保险人的生命或身体,如果发生保险事故,被保险人将直接遭受损害,因此引入不可抗辩条款便于保险双方争议的解决,更好地维护被保险人的利益。目前,我国人身保险合同中通常并未直接列入不可抗辩条款,但是在《保险法》第十六条中对此有明确规定,因此即便在保险合同中未明确记载相关内容,依旧需要遵循不可抗辩条款的基本思路。

(二)年龄误告条款

根据我国《保险法》第三十二条有相关规定,年龄误告条款的基本内容是:投保人申报的被保险人年龄不真实,并且其真实年龄不符合合同约定的年龄限制的,保险人可以解除合同,并按照合同约定退还保险单的现金价值,但适用于不可抗辩条款;投保人申报的被保险人年龄不真实,致使投保人支付保险费少于应付保险费的,保险人有权更正并要求投保人补交保险费,或者在给付保险金时按照实付保险费与应付保险费的比例支付;投保人申报的被保险人年龄不真实,致使投保人支付保险费多于应付保险费的,保险人应当将多收的保险费退还投保人。

在人身保险,特别是人寿保险中,被保险人的年龄是对保险人是否承保和以何种方式承保产生重要影响的因素,引入年龄误告条款将有效地为产生年龄争议时的处理方式做出明确指引。

（三）自杀条款

根据我国《保险法》第四十四条相关规定，自杀条款的基本内容是：以被保险人死亡为给付保险金条件的合同，自合同成立或者合同效力恢复之日起二年内，被保险人自杀的，保险人不承担给付保险金的责任，但被保险人自杀时为无民事行为能力人的除外。保险人依照前款款规定不承担给付保险金责任的，应当按照合同约定退还保险单的现金价值。

人身保险中引入自杀条款可以在一定程度上规避掉部分道德风险，避免被保险人为了图谋巨额保险金而采取自杀行为，同时限定自杀条款的效力期限也能够在一定程度上保护被保险人利益，使长期保险过程中并非出于道德风险问题但发生自杀行为的被保险人得到一定保障。

> **知识链接10-1**
>
> **自杀条款的产生与发展**[①]
>
> 目前，世界上大多数国家均制定了自杀条款。但一直以来，被保险人自杀是否属于保险责任的问题都存在着较大的争议。
>
> 一种观点认为被保险人自杀不属于保险责任，而为保险人的免责事由。其主要基于以下三点理由：第一，可保危险应当具备意外性，也可以叫或然性，即危险是当事人意料之外偶然发生的，危险的发生及损害后果的扩大都不是当事人的故意行为所致。而自杀属于被保险人故意制造保险事故，不符合可保危险的这一特性，所以不应当赔付；第二，如果对被保险人自杀承担保险责任，很可能诱发道德危险，即为获得巨额保险金而投保，通过自杀而诈取保险金；第三，"自杀行为在某种意义上是一种错误行为，其实施有违公共政策，保险不应予以赔付"。也就是说，《保险法》作为一部法律，具有法律所具备的价值导向功能。自杀行为本身不为社会所提倡，如果对自杀承担保险责任，则可能在客观上产生鼓励自杀的不良后果，与社会的主流价值取向及道德伦理相悖。
>
> 另一种观点则认为被保险人自杀应当属于保险责任。其主要理由是：第一，如果自杀导致了死亡的后果，就符合给付保险金的条件——死亡，保险人就应当承担保险责任；第二，"作为人寿保险精算基础的生命表统计的死亡率，本身已经包含因自杀而死亡的人数"，保险费已经考虑了自杀因素；第三，被保险人自杀的原因很多，并不一定是为获取巨额保险金才自杀，一律不予赔付可能有失公平，不利于维护受益人的利益；第四，被保险人已经死亡，但受益人还要继续生活，保险人的给付可以使其经济生活更加安定，符合人寿保险制度分担损失、为受益人提供保障的初衷。

---

① 邓颖. 论保险法上的自杀条款[EB/OL]. (2014-08-01). http://www.law.ruc.edu.cn/fayuan/showarticle.asp? 47299.html.

这两种针锋相对的观点都具有一定的合理性。实际上，这些观点来源于保险业发展过程中的有关自杀是否可保问题的不同学说。自杀的可保性的学说经历了一个曲折的发展历程。18世纪之"犯罪说"以"自杀即为犯罪"作为理论依据，配合"被保险人一般不能从自己的犯罪行为的后果中得到保险补偿"的保险法上的公共政策，得出了自杀绝对不可保的结论。踏入19世纪以后，随着宗教伦理观的变化，自杀不再被认为是犯罪，"犯罪说"遭到抛弃，"技术说"开始占有一席之地。该说认为保险事故应当是偶然的，自杀是被保险人的故意行为，使得大数法则的技术测定遇到困难，因此自杀不可保。19世纪末20世纪初，学者逐渐发现自杀所造成的死亡一直都包含在死亡率的统计数据中，所以对自杀予以给付并不影响保险业的风险精算，"技术说"的理论依据遭到了驳斥。学者们开始从人寿保险的保护受抚养遗属的目的出发提出了"目的说"，认为自杀具有某种程度的可保性。在上述观点的基础上，20世纪下半叶的美国法院在审判实践中提出了具有创造性的"调和说"，即自杀是否可保不能一概而论，而是需要根据投保时被保险人是否具有自杀意图而进行判断。由于这种对主观意图的判断具有难度，所以法官就以订立人身保险合同后期限的长短的客观化标准来判断，即采用推定的方法，设置一定的期间，在期间内自杀的就推定被保险人有自杀意图，不予给付，反之应予给付。后来立法吸收了此种观点：当被保险人在免责期间（一般为二年）内自杀的，法律就认定被保险人是故意自杀，免除保险人的保险责任；当被保险人在免责期间届满后自杀的，法律就认定被保险人是非故意自杀，保险人应当承担保险责任。之所以设置这样一个免责期间，是因为依常理一个人不可能在产生自杀念头的若干年后才去实施自杀行为，就算其一开始有为诈取保险金而自杀的念头，时间一长也可能发生变化，免责期间的经过可以切断自杀与保险合同之间的关系。具有免责期间的自杀条款作为防止道德风险与保障受益人权益这两种相互冲突的利益的一种调和与折中的制度设计，于20世纪在保险法上诞生并一直沿用至今。自杀条款的创设目的始终指导着该制度的具体规定的修改和完善。

（四）宽限期条款

宽限期条款的基本内容是：如果投保人未按时缴纳第二期及以后各期的保险费（投保人如未缴纳第一期保险费则寿险合同一般不生效），在宽限期内保险合同仍然有效，如果发生保险事故，保险人仍予负责，但要从保险金中扣除所欠的保险费。如果宽限期结束后投保人仍然没有缴纳保险费，也无其他约定，则保险合同自宽限期结束的次日起失效。

由于人身保险通常是长期保险，其往往采用分期缴纳保费的方式。引入宽限期条款可以给予投保人、被保险人因各种原因而未能按时缴纳保费的缓冲周期，使保险效力得以维持，保护被保险人的利益。通常而言，宽限期的期限会设定为30天或60天。

（五）免赔额条款

免赔额条款又称自负额条款，其基本内容是：在保险合同中，约定损失在一定额度内，保险人不承担保险责任。

免赔额条款的规定主要是为了减少一些频繁发生的小额赔付支出，促使被保险人增强责任心和注意力，避免不应发生的损失发生，同时也可以降低保险公司的经营成本。免赔额条款通常应用于健康保险中，是医疗保险的重要条款。对于医疗保险而言，因日常的头痛脑热等症状而产生的小额医疗费用往往不至于影响被保险人的正常生活，对其进行赔付一定程度上有违人身保险对重大风险提供保障的初衷，并且将占用大量的时间、人力成本，可能导致更多应得到保险金给付或赔偿的其他保险事故无法及时获得处理。

（六）等待期条款

等待期条款也可以称为观察期条款，其基本内容是：在保险合同生效一定期限之内，保险人不对约定保险责任负责。

等待期条款通常运用于健康保险当中，由于人身体的健康情况往往是在动态变化的，其鉴定准确性、时效性难以得到保证，引入等待期条款可以在一定程度上避免"带病投保"的道德风险发生，保护保险人的利益。通常等待期条款设置的等待期限为30天、60天或90天。

◇ 同步案例10-2

被保险人在合同等待期内被确诊患病的举证责任在保险公司[①]

【案情】

投保人以李某为被保险人通过网上保险公司投保人身保险。保险合同生效日期为2019年5月10日，等待期为180天。李某于2019年10月单独就乳腺不适症状进行就诊及检查，医院出具的《彩色超声检查报告单》载明"左乳低回声包块 BI-RADS3 级，左侧腋下淋巴结肿大"。2020年1月，李某入院检查治疗，最终确诊为乳腺癌。2020年4月8日，保险公司出具《不予赔付通知书》，载明：李某本次疾病属于本保险合同等待期内发现，符合合同约定的等待期内出险情形。

人民法院经审理认为，医院出具的《彩色超声检查报告单》是李某投保后作出的，仅显示"左乳低回声包块 BI-RADS3 级，左侧腋下淋巴结肿大"。保险公司确认 BI-RADS3 级不是确诊乳腺癌的标准，同时也表示没有证据证明李某在2020年1月之前已经确诊

---

① 以案说法！法院发布保险纠纷十大典型案例（下篇）[EB/OL].（2021-08-10）. http://www.fsaii.com/index.php? ac=article&at=read&did=4164.

乳腺癌。保险公司未提交证据证明李某在案涉保险合同等待期内确诊患病，应承担举证不能的不利后果。李某系在保险合同等待期满后确诊乳腺癌，属于案涉保险合同约定的理赔范围，保险公司应向李某全额赔付保险赔偿金。

【分析】

根据《民事诉讼法》第六十七条第一款规定，当事人对自己提出的主张，有责任提供证据。根据《最高人民法院关于适用〈中华人民共和国民事诉讼法〉的解释》第九十条规定，当事人未能提供证据或者证据不足以证明其事实主张的，由负有举证证明责任的当事人承担不利的后果。保险公司主张被保险人在保险合同等待期内被确诊患病，保险公司应承担举证责任，保险公司未能提交证据证明其主张的，应承担不利的后果。

（七）比例给付条款

比例给付条款又称为共保比例条款，其基本内容是：对免赔额以上的医疗费用部分采用保险人和被保险人共同分摊的比例给付方法。

可以看得出来，比例给付条款通常运用于健康保险的医疗保险当中，由于医疗技术、方式的不同，所产生的医疗费用也存在着较大差异，引入比例给付条款，既有利于保障被保险人的经济利益，也能够促使被保险人控制医疗费用选择适用于自身经济情况的治疗方案。

（八）给付限额条款

给付限额条款的基本内容是：规定有被保险人的医疗费用或服务量的最高限额，限额以内由保险人承担，限额以外的部分需要由被保险人自己承担。

给付限额条款与比例给付条款类似，通常运用于健康保险的医疗保险当中。

第二节 人寿保险

人寿保险是以被保险人的生命为保险标的，以被保险人的生存或死亡为保险事故，并给付保险金的人身保险。人寿保险仅仅关注被保险人的生命存续状态，即生存或是死亡，在符合基本保险规定并没有特殊约定的情况之下，不论最终导致生存或是死亡的原因是什么，都应履行给付保险金的义务。

人们通常根据人寿保险的保险事故的判定标准将人寿保险划分为死亡保险、生存保险和生死两全保险。

一、死亡保险

死亡保险是以被保险人在保险期间内死亡为给付保险金条件的保险。

根据死亡保险的保险期限是否固定,还可以将死亡保险划分为定期死亡保险和终生死亡保险。

(一)定期死亡保险

定期死亡保险也称为定期寿险,是以在保险合同约定期限内被保险人发生死亡事故,由保险人按照约定给付保险金的一种人寿保险。若直至保险期限结束,被保险人持续生存,则保险合同到期终止,保险人无须给付保险金,并不退还保费。

通常而言定期死亡保险具有以下特征。

(1)保险期限固定。定期死亡保险的保险期限可以为 5 年、10 年、30 年不等,也有以达到特定年龄(如 65 岁、70 岁)为保险期满的,还有应保户要求而提供的短于一年的定期保险。

(2)保费不退还。如果保险期满,被保险人仍生存,保险人不承担给付责任,同时不退还投保人已缴纳的保费。可以看得出来定期死亡保险是一种相对较为简单的人寿保险类型,仅仅针对一定期限内发生死亡的人身风险为被保险人提供经济上的保障,保费是根据对应期限的死亡概率精算而来的危险保费,不具备储蓄性质。

(3)定期死亡保险的保费低廉。在相同保险金额、相同投保条件下,定期死亡保险的保费低廉。这是定期死亡保险最大的优点。若被保险人持续生存,定期死亡保险中投保人每年所缴纳的保费及其产生的投资收益都将作为给付发生死亡事故的其他被保险人的保险金。如前所述,定期死亡保险的保费为危险保费,没有储蓄性质,除发生保险事故外不以其他形式"返还",因此保险费率相对较低。

(4)逆选择风险高。定期死亡保险的低价和高保障的特点,使得投保人、被保险人的逆选择风险增加,易诱发道德危险。投保人往往会根据被保险人的生命状态,选择在被保险人感到或已经存在着身体不适、发生死亡风险概率较高的情况下,投保低价高保障的定期死亡保险,而在被保险人自我感觉身体健康、状态良好的时候退保或不再续保。这为定期死亡保险的正常经营带来了一定困扰。而保险人为了应对该类情况,往往会对被保险人进行较为严格的选择,包括对超过一定保险金额的被保险人进行全面体检,对身体状况较差或从事危险工作的被保险人提高保费标准,对年龄较高或身体状况较差的被保险人拒保等。

(5)期限、保险金额灵活,有特定适宜人群。由于定期死亡保险的期限、保险金额均可以在投保时商定,并可以在保险期限内根据投保人、被保险人的实际情况自由约定或经协商后灵活调整，这使得定期死亡寿险较适合包括但不限于下列人群：收入较低但需要高额保障的群体，如刚步入社会的青年，可以使其免除个人、家庭生活的后顾之忧；收入不稳定但具有一定保障需求的工作者、初期创业者，可以使其在不必付出过大成本的情况下得到保障；债务人，可以使其为处理对应债务取得一定保障，增加其信用保障，避免债务的继承、转移。

（二）终生死亡保险

终身死亡保险也称终身寿险。保险人向被保险人提供终身死亡保障，即保险合同生效后被保险人无论何时死亡，保险人均须按照约定给付保险金。人类现今还远远没有达到实现"永生"的科技水平，因此，"死亡"必然会发生，保险人终将承担保险责任，唯独死亡的时间不确定，终生死亡保险实际上是一种不定期的人寿保险。

通常而言终生死亡保险具有以下特征。

(1)保险期限不固定。理论上讲，终生死亡保险的保险期限应当是自保险合同生效之日起直至被保险人死亡为止，具体保险年限不确定，只要被保险人生存着，其投保的终生死亡保险始终生效。但如此一来，在实务中便难以确定终生死亡保险的保险费率。考虑到生命周期表中设定的人类寿命上限为100岁，为了便于计算保费，终生死亡保险也将被保险人的存活期限视为100岁，即终生死亡保险相当于被保险人生存至100岁的定期死亡保险，被保险人如果存活超过了100岁，即便在物理层面上被保险人依旧存活，但保险人将视其为已发生保险事故，按照约定给付保险金。

(2)具有储蓄性质。终生死亡保险的保费含有较为显著的储蓄性质。终生死亡保险的保险金必然可以领取，所缴纳的保费以及所产生的收益相当于为将来领取的保险金积累的一种基金，因此终生死亡保险的保险费率往往要高于同等保险金额的定期死亡保险。在累计缴纳了一定保费后，终生死亡保险的保险单具有较高的现金价值，投保人或保单所有人可以利用保险单进行质押融资等操作，如果需要退保，可以返还相应的保费。

(3)终身死亡保险常采用限期缴费的保费缴纳形式。对于终生死亡保险而言，可以采用趸缴保费、终生交费以及限期交费的缴纳方式。趸缴保费的终生死亡保险需要一次性缴纳所有的保费，可以避免在保险持续过程中由于未按时缴纳保费而发生保险合同失效的情况，但由于需要一次性支付较高数额的资金，对投保人来说需要承担较重的经济负担，因此较少有人选择。而终生缴费的方式则要求被保险人只要存活便需要持续缴纳保费，一旦停止缴纳保费，除非已有特殊约定，保险合同即失效，该方式下每期负担的保费相对低廉，但是投保人、被保险人晚年收入锐减时依旧需要承担相应保费，不利于保险合同效力的存续。限期缴费则是较为常见的一种保费缴纳方式，该缴费方式通常会将保险周期内的保费总额在结合资金时间价值、利息因素后均衡地分摊到约定的缴费年限或约定的年龄周期内（如缴费期限10年或缴费至60岁），在相同保险金额的情况下，缴费年限越长，每期须缴纳的保费金额越少，投保人、被保险人可以结合自身实际情况选择在资金较为充裕的期间缴纳完全部保费，这有利于投保人资金筹划，也有利于保险存续。

二、生存保险

生存保险是指被保险人于保险期满或达到合同约定的年龄时仍然生存,由保险人承担保险责任给付保险金的一种人寿保险。生存保险具有较强的储蓄功能,一般的定期生存保险有子女教育保险、年金保险等,其中又以年金保险居多。

(一)子女教育保险

子女教育保险实际上相当于为孩子准备的一笔教育基金,通常父母以子女作为被保险人投保,当子女存活至约定期限或达到约定年龄时由保险人给付保险金,作为子女教育支出的资金。该类保险具有保障功能,同时又具有较强的储蓄性质,通常子女生存至该类保险正常到期结束,获得给付保险金的概率极大,相当于通过保险的形式为子女建立一份专项教育储蓄基金。

(二)年金保险

年金保险也可称为养老保险(与我国社会保险中的基本养老保险有相同之处,但通常所说的年金保险专指商业养老保险)。年金保险是若被保险人在保险约定期限或达到某特定年龄后仍生存,保险人则按照约定方式给付保险金,通常这种给付方式是分期给付,即按照月、季、年为单位持续给予一定金额的保险金给被保险人直至其死亡,故称为年金保险。

通常而言年金保险具有以下特征:

(1)保费缴纳方式分为一次性缴清的趸缴形式和按照约定期限缴清的分期缴纳形式,通常以分期缴纳的形式为主。

(2)按照保险金的给付开始时间分为即期年金与延期年金。即期年金就是在保险合同生效且保费已经缴纳完毕后立即按照约定领取保险金的年金保险。可以看得出来,即期年金通常都是趸缴保费的形式,否则无法满足立即能够领取首期保险金的要求。延期年金则是约定首期保险金需要间隔一定年限或至被保险人达到一定年龄后被保险人仍生存才能够受领,通常还要求受领首期保险金时保费已经全部交清。多数的年金保险是延期年金保险。

(3)年金保险具有积累期与清偿期。积累期即为年金资金积累的时期,如果被保险人于积累期死亡,保险人通常不负相应保险责任,但需要退还部分年金价值。清偿期则是开始给付保险金的阶段,该阶段保险人需要按照约定给付保险金。

三、生死两全保险

生死两全保险也称为生死合险,是指无论被保险人在保险期内是死亡还是生存,至保险期满,都能获得保险人保险金给付的人寿保险。

通常生死两全保险具有以下特征。

(1)必然可以获得保险金。虽然终生死亡保险也是必然可以获得保险金的一类人寿保险,但是生死两全保险与之不同,终生死亡保险所给付的保险金全部都是死亡保险金,而生死两全保险所给付的保险金需要根据被保险人是在保险期限内发生死亡事故还是持续存活到保险期结束来判定。如果被保险人在保险期限内死亡,则保险人给付死亡保险金,保险合同结束;如果被保险人至保险合同到期仍存活,则保险人给付生存保险金,保险合同到期结束。实际上生死两全保险相当于同时购买了一份定期死亡保险和一份生存保险,故其保费费率通常较高。

(2)保险金具有保障与储蓄的双重性质。如上所述,生死两全保险实际上相当于定期死亡保险与生存保险的结合,其保险金既可能作为被保险人的死亡保障基金存在,也有可能作为被保险人用于将来生活、养老的生存基金存在。随着年限推移,经精算后保险金中作为危险保障部分的保险金所占比例逐年下降,作为生存储蓄的部分逐年增加,直至保险到期结束依然未发生死亡事故的话,则全部变为生存储蓄资金。生死两全保险的这个特征最能体现出人寿保险的保障与储蓄的双重性。

四、特种人寿保险

除了前述三种最基本的人寿保险形式外,还有一些在投保主体或形式上较为特殊的人寿保险,我们通常称之为特种人寿保险。这里简要介绍下较为常见的两类特种人寿保险:简易人寿保险与团体人寿保险。

(一)简易人寿保险

简易人寿保险是一种小额的、免体检的、适应一般低工资收入职工需要的保险。简易人寿保险起源于19世纪中期的英国,20世纪80年代后期与90年代早期也曾在我国得到迅速发展,后由于经济的发展、居民收入的普遍提高、保险行业的进步,民众对人身保障的需求也日益增长,普通人寿保险逐渐成为人寿保险的主流类型。

简易人寿保险的保险费通常由保险人按时上门收取,缴费期较短,通常是周缴、半月缴或月缴,其保险费略高于普通人寿保险的保险费。

简易人寿保险一般采取等待期或削减期制度,即被保险人加入保险后,必须经过一定期间,保单才能生效。如果在一定期间内死亡,保险人不负给付责任,或者减少给付金额。

简易人寿保险对每一保单或每一被保险人的保险金额有最高限制。

多数情况下,简易人寿保险是按保险费单位出售,而不是按保险金额单位出售,如以5美元保险费单位出售一份简易人寿保险。

(二)团体人寿保险

团体人寿保险是团体人身保险的一种,以机关部门、社会团体、企事业单位等团体为投保人,以团体的所有成员或者大部分成员为被保险人的一种人寿保险。

团体人寿保险的投保人必须是依法成立的组织,要有自身专业活动,投保团体寿险只是该组织的附带活动,且投保团体中参加保险的人数必须达到规定的标准。通常投保人与被保险人之间为雇佣关系,人身保险的保险利益是基于特定关系或被保险人同意而存在的,雇主与职员之间有着受到我国《保险法》认定的保险利益关系,此时可以由前述机关部门、社会团体、企事业单位投保团体人寿保险。

团体人寿保险一般不要求体检,由保险公司签发一张总的保险单,为该团体的成员提供保障。

团体人寿保险的保险金额通常可以采用统一标准,也可以分等级制定,被保险人不能自由选择投保金额,以避免发生逆选择、引发道德风险。

团体人寿保险的保险费通常较低,一方面是因为集体签署的保险合同相对省去了烦琐的保险手续,节约了保险营销成本,另一方面也是因为团体为其组织成员投保团体人寿保险往往是作为一种福利形式体现的,通常会由团体组织替其成员承担全部或部分保险费用。

五、创新型人寿保险

创新型人寿保险是集保险保障与投资功能于一体的新型人寿保险产品。

创新型人寿保险除了提供同传统人寿保险一样的保障服务外,还可以让客户直接参与由保险公司管理的投资活动。部分创新型人寿保险甚至设有独立的投资账户,客户的大部分保费记入由保险公司专门设立的投资账户中,由投资专家负责账户内资金的调动和投资决策。投资账户中的资产价值将随着保险公司实际收益情况发生变动,所以客户在享受专家理财的同时也面临一定的投资风险。

在我国,创新型人寿保险主要包括分红保险、万能寿险和变额寿险等类型,其中,又以分红保险和万能保险最为常见。

（一）分红保险

分红保险是投保人、被保险人或保单持有人可以分享保险公司经营成果的人寿保险产品。若保险人实际经营成果优于定价假设的盈余，则投保人、被保险人或保单持有人都有权定期获得建立在保险公司经营成果基础上的一定比例的收益分配。简单地说，就是分享红利，享受公司的经营成果。

保险红利的主要来源有如下三种。

一是死差益。死差益与每年预期死亡人数与实际死亡人数之间的差异有关，如果该差值为正，则保险人精算后每年所收受的保费与每年所实际需要承担的保险金给付金额间将产生额外盈余，该盈余可以作为红利分配的来源。随着人类的科学技术与生活水平不断提高，长期来看，根据生命周期表计算出来的每年预期死亡人数与实际死亡人数的差值是存在偏离的，因此返还部分额外盈余给投保人、被保险人或保单持有人能够提高人们的投保积极性并在一定程度上保护被保险人的利益。

二是利差益。在寿险中常常会采用均衡保费的保费缴纳方式，该方式在精算时需要考虑资金的时间价值、利息等因素，而在计算每年的贴现价值时，保险人所采用的贴现利率通常会较为保守，实际进行保险资金运用所产生的收益率与贴现利率间的差值若为正，则会产生额外盈余，该盈余同样可以作为红利分配的来源。向投保人、被保险人或保单持有人返还部分投资收益的盈余同样有利于保险业的发展，有利于维护被保险人利益。

三是费差益。人寿保险的保费由两部分组成，一部分是主要用于支付未来保险金给付的纯保费，还有一部分则是用于支付保险人正常营业成本、税费、利润的附加保费。如果保险人所收受的附加保费部分中用于支付营业成本的总金额大于实际营业费用的支出时，则将产生费差益，该部分盈余同样可以作为红利分配的来源。随着现代保险经营的规模化、网络化发展，实际经营成本呈现出了下降趋势，返还部分节省的营业成本给投保人、被保险人或保单持有人有利于保险业的发展，有利于维护被保险人利益。

（二）万能人寿保险

万能人寿保险是一种缴费灵活、保险金额可调的人寿保险产品。万能人寿保险通常设有独立的投资账户，除了同传统寿险一样给予保护生命的保障外，还可以让客户直接参与到投资活动当中，将保单的价值与保险人独立运作的投资账户资金的收益情况联系起来。

万能人寿保险通常要求投保人初期缴纳一笔保费，该笔保费通常不得低于约定的每期均衡保费金额，每期在扣除了当期自然保费及相关手续费后，所剩金额将进入投资账户独立运作。重复上述操作，投资账户中余额即该保单的现金价值。当投资账户中的余额足以支付下期保费时，投保人不必缴纳保费，保单持续有效；若不足以支付下期保费，则保险失去效力。若万能人寿保险投资运作良好，保单现金价值将大于初期投保的保险金额，当需要给付保险金时，投保人、被保险人还可以选择获取保单现金价值。

二维码 10-1
宝万之争
始末

可以看得出来,万能人寿保险这种较为自由的运作方式,给予了保险人较大的投资操作空间,但也引起了包括"宝万之争"在内的各种争议事件。近年来,我国对于万能人寿保险的相关监管有所加强。

第三节 意外伤害保险

一、意外伤害保险的定义

意外伤害保险又称人身意外伤害保险,简称意外险,是以被保险人的身体作为保险标的,以被保险人因遭受意外伤害而造成的死亡、残疾为给付保险金条件的保险。与人寿保险不同,意外伤害保险对造成保险事故的原因以及所造成的伤害结果有着较为严格的要求。

二、意外伤害保险的特征

(一)保险事故必须是意外事故

所谓意外事故,强调造成被保险人受到损害的事故必须是突发的、外来的、非本意的。

突发的是指保险事故的发生应该是偶然事件、是难以预计的,并且保险事故的发生具有突然性,通常要求在较短时间内造成较为严重的损害与损失。如果说保险事故的发生是必然的,或是可以准确预计的,那么人们就可以提前做出安排、规避相关人身风险,也就不存在保险一说了。如果说保险事故的发生是缓慢导致的结果,那么被保险人往往拥有充足的时间作出反应,因此这类事故通常不被认为是意外事故。

外来的是指对被保险人造成的损害应该是由外界因素施加的。所谓外来的是与内生的相对应的,例如由自发的疾病导致的被保险人死亡或残疾等保险事故不被认定为意外事故。

非本意的是指保险事故的发生是违背被保险人的主观意愿的。通常,保险事故的发生不在被保险人的意料之中,或者被保险人认为保险事故是可以回避的却因为过失未能及时回避,又或者保险人预见到保险事故的发生但已经无法采取规避措施等情况,可以被认为是意外事故。

此外,有些情况之下,即便被保险人可以预见到保险事故的发生并能够采取有效的规避措施,但是出于正当防卫、紧急避险、职务使命要求或是维持正常社会公共秩序等原因而放弃规避风险甚至主动犯险,也可以被认为是意外事故。例如,警察在抓捕罪犯时遭遇抵抗,本可以选择主动回避,避免自己的人身安全受到伤害,但出于职责使命依然选择与歹徒搏斗最终牺牲;又或者驾车在道路行驶过程中由于避让突然跑到马路中间的小孩而急打方向盘撞上路边护栏导致残疾等事故,都可以认定为意外事故。

(二)伤害需要作用于被保险人身体

意外伤害所造成的伤害应该是一种作用于被保险人身体的伤害。这里主要是指生理层面上的组织器官缺失或者功能性障碍甚至死亡,例如失明、截肢、重度烧伤等。如果是被保险人外来或者植入的非原生器官遭受到伤害,如假肢、义眼、助听器在意外事故中损坏,则往往不能够被认定为意外伤害。

如果是精神、心理、情感层面上的伤害,通常也不被认为属于意外伤害范围。但在有些意外伤害保险合同中,由意外事故所导致的被医学上认定的精神失常被作为了例外。

如果是被保险人的名誉权、著作权、肖像权等权利上的损失,更无法作为意外伤害获得意外伤害保险保障。

同时,意外伤害还要求有明确的致害物与侵害方式存在。致害物是指直接造成伤害的物体(物质),如刀剑、车辆、毒气等。侵害方式是指致害物破坏性地作用于被保险人身体的客观事实,通常有:碰撞、撞击、坠落、坍塌、淹溺、灼烫、火烧、辐射、爆炸、中毒、触电、接触、掩埋、倾覆等。

◇ 同步案例10-3

精神失常遭保险公司拒赔[①]

【案情】

周先生原是本市某食品厂的一名普通工人,后来由于工厂效益不好进行改制,周先生便离开了原单位。因为早些年在部队开过车,周先生便考了驾驶执照,开起了出租车。考虑到开车的风险很大,周先生于1998年5月为自己投保了本市某保险公司的综合个人意外伤害保险,保额50000元,保险期限1年。由于所从事的是出租营运的职业,依据相关职业类别划定为第四类,年交保费280元。周先生一直按期足额交费。

---

① 意外保险理赔案例之精神失常保险公司拒赔[EB/OL].(2021-02-21). https://www.shenlanbao.com/zhishi/7-42708.

2003年6月开始,周先生逐渐显现出记忆衰退现象,慢慢地,行为言语也变得怪异,到后来渐渐对自己的行为不能自制。家人于是带周先生就诊,后经医院鉴定为精神分裂症。2003年10月首次开始住院治疗,并于12月至次年1月再次住院治疗。2004年3月初,周先生的家人向保险公司提出了索赔申请,保险公司于4月回复,做了拒赔决定。保险公司认为没有证据证明周先生此次发病系意外事故单独直接原因所引致,不符合保单中"意外损害"的定义,因此予以拒赔,并不再续保。

对此,周先生的家人很不满意并且表示不能理解,认为家族中不管是直系还是旁系亲属,绝无一人患精神分裂症,周先生患精神分裂症应当属于意外事故,且该病是在保单有效存续5年后所患,之前从未发生过,保险公司应按保险合同中"永久精神错乱"的标准予以100%的保险赔偿。

【分析】

根据合同条款解释,"意外损害"是指在保单有效期内因突然发生任何外来的、不可预见的、违背被保险人意愿的事故,并于90天内以此为直接并单独原因所引致的死亡、肢体残缺或明显剧烈的身体伤害。

"外来"是指伤害由被伤害人自身之外的因素所导致,而与身体内在的生理、病理变化导致的疾病或其他原因绝对无关。

"损害赔偿"是指在保险合同有效期间,保险公司根据被保险人遭受意外损害的有效证明文件和遭受意外损害的程度,按"赔偿金额表"赔付部分或者全部保险金。所以说,"赔偿金额表"中任何一项的赔偿(也包括精神分裂),首先必须要符合"意外损害"的定义。

而周先生的精神分裂症并无足够依证据证明是因外来的、突发的原因造成,所以保险公司不予赔付。

(三)保险期限通常短于一年

意外伤害保险的保险期限通常短于一年,即便是长期签署的意外伤害保险合同也往往是采取逐年续保的方式维持其长期性的,某些特定意外伤害保险对应的保险期限甚至短至几天乃至几个小时,如旅游意外伤害保险的保险期限只包括从出发到返程的周期,又如航空意外伤害保险的保险期限仅为搭乘航班的数小时。

(四)保险具有责任期限

对于意外伤害保险而言,在意外事故发生后往往需要通过一定时期的观察和治疗才能够确定是否会造成残疾、残疾程度如何,或者是否会导致死亡。这个等待和观察的过程就是意外伤害保险的责任期限，通常而言责任期限可以为 90 天、180 天不等。如果保险事故发生在保险期限内，无论责任期限到期时间是否超过保险期限，保险人都需要对被保险人承担保险责任，给付保险金。如果在责任期限到期时，仍旧无法确定被保险人的残疾程度，则应按照责任到期时的伤残程度给付保险金。

（五）保险费率与被保险人职业具有较大关联

意外伤害保险与被保险人所处的风险环境存在着较大联系，而被保险人的职业往往在很大一部分程度上决定了他所处的风险环境，所以意外伤害保险的保险费率通常是根据被保险人所处的行业或者工作性质而定的。

三、意外伤害保险的保险责任

（一）意外伤害保险的保险责任

理论上而言，意外伤害保险所承担的保险责任仅为由意外事故所导致的死亡或残疾。但意外事故对被保险人所造成的伤害往往需要经过抢救或治疗才能最终确定其是否会导致死亡或残疾，其间必然会产生一定的医疗费用，所以有些国家结合医疗保险的模式也将意外伤害所致的医疗费用作为保险责任之一进行处理。

（二）意外伤害保险的除外责任

1. 自杀、自残行为导致的死亡或残疾

自杀往往是人身保险的除外条款之一，意外伤害保险同样如此，并且由于意外伤害保险的保险期限通常小于一年，也不会涉及《保险法》所规定的自合同成立或者合同效力恢复之日起二年后被保险人自杀而导致保险人需要承担保险责任的情况存在。此外，由被保险人自残的行为导致的死亡或残疾同样也不在意外伤害保险的保障范围之内。可以看得出来，不论自杀还是自残的行为都有悖于意外伤害保险强调的保险事故非被保险人本意的要求，不予以承担保险责任可以在一定程度上避免道德风险的产生。

2. 违法犯罪活动中遭受到的意外伤害

被保险人在非法活动中遭受到的意外伤害不属于意外伤害保险的责任范围。即便被保

险人所遭受到的伤害符合意外伤害的特征，但意外伤害保险旨在对被保险人在正常生活活动中所面临的意外伤害给予保障，对于违法犯罪、从事具有社会危害性的活动予以承保不符合保险保障的基本理念，不利于维持社会和谐稳定。

3. 战争中遭受到的意外伤害

由于战争所导致的损失或损害也是保险中常见的除外责任。战争所波及的范围极广、破坏性极强，对人们的生命身体具有巨大危害。一旦爆发战争，仅仅通过保险已经难以对被保险人提供妥善的保障，因此不在人身意外伤害保险责任范围内。

四、意外伤害保险的保险金给付

意外伤害保险的保险金通常分为死亡保险金和残疾保险金两类，各自对应不同的给付方式。

（一）死亡保险金的给付

在意外伤害保险合同中一般会明确约定死亡保险金的数额，死亡保险金往往是保险金总额的100%。

但如果被保险人由于意外事故而出现长期下落、行踪不明，按照法律上的定义，需要在保险事故发生两年后才能被认定为死亡，届时宣告死亡的时间已经远远超过了责任期限或保险期限，如果保险人坚持不予以给付保险金，将有损于投保人、被保险人的利益，因此在意外伤害保险合同中通常还会规定被保险人因意外事故而行踪不明超过一定期限（如3个月、6个月等），视同被保险人死亡，保险人须给付全额死亡保险金。

（二）残疾保险金的给付

残疾保险金的给付相对复杂。首先，对于残疾的认定需要经过长期的治疗和观察，通常需要至责任期限结束才能最终认定；其次，被保险人应向保险人提供经过认定的残疾证明；最后，保险人再根据伤残程度确定最终给付的保险金金额。通常而言，残疾保险金是根据伤残程度给付保险金总额的一定比例，如保险金总额的30%、保险金总额的70%等。

在意外伤害保险中，一次伤害多处致残或多次伤害多处致残，应当按照各处残疾程度的对应比例之和给付残疾保险金，但不应该超过保险金总额。如果是同一处器官或组织多处或多次致残，按照高等级残疾覆盖低等级残疾的逻辑，应按最高支付比例支付残疾保险金。如果被保险人多次意外伤害先残后死，则应该在发生死亡保险事故时支付总保险金额扣除之前所支付残疾保险金的余额。

第四节　健康保险

一、健康保险概述

健康保险是以人的身体作为保险标的，当被保险人在保险期间因疾病或发生意外事故而导致医疗费用支出增加、收入减少、残疾或者死亡，由保险人进行赔偿或给付保险金的一种人身保险。

健康保险的保障范围较为广泛，其保险金通常用于承担医疗费用、收入损失、丧葬费及遗属生活费等，因此健康保险既可以具有一般人身保险的给付性质，也可能具有损失补偿性质。

健康保险与被保险人的年龄、身体健康状况密切相关，因此其承保往往较为严格，要求被保险人进行全面的身体检查，规定观察期，或约定自负额、共保比例。

健康保险通常可以分为疾病保险、医疗保险和收入保障保险。我国的健康保险又以疾病保险和医疗保险居多，且常与人寿保险、意外伤害保险合办，或作为附加保险内容添加至人寿保险、意外伤害保险主保险合同当中。

二、疾病保险

（一）疾病保险的定义

疾病保险是以被保险人罹患合同约定的疾病时由保险人按约定给付保险金的健康保险。

疾病保险有特种疾病保险、重大疾病保险等类别，其中重大疾病保险显得尤为重要。人的一生中难免会罹患各种疾病，但如普通的感冒、发烧等症状对人身体的危害较小，通常不必特意治疗，或者经过简单治疗即可痊愈，无法对人的身体造成过于严重的伤害，也不会对人的生活带来难以承受的损害。但一旦不幸患有如白血病、慢性肝功能衰竭等重大疾病时，则可能对人们的生活造成重大损害，不仅身体需要承受痛苦，精神也将面临重大打击，同时长期高额的治疗费用也可能摧毁人们正常的经济生活。重大疾病保险可以为不幸患有将对正常生活造成严重不良影响的重大疾病的情形提供保障,缓解治疗费用以及经济生活上的压力,为被保险人更为积极地接受有效治疗夯实经济基础。

重大疾病保险于1983年在南非问世,由外科医生马里优斯-巴纳德最先提出。他的哥哥克里斯汀-巴纳德是世界上首位成功实施了心脏移植手术的医生。马里优斯医生发现,在实施了心脏移植手术后,部分患者及其家庭的财务状况已经陷入困境,无法维持后续康复治疗。为了缓解被保险人一旦患上重大疾病或实施重大手术后所承受的经济压力,他与南非一家保险公司合作开发了重大疾病保险。1986年后,重大疾病保险被陆续引入英国、加拿大、澳大利亚、东南亚等国家和地区,并得到了迅速发展。1995年,我国内地市场引入了重大疾病保险,现已发展成为人身保险市场上重要的保障型产品。重大疾病保险在发展过程中,保障范围逐步扩大,保障功能日趋完善,一直延续至今。

二维码 10-2
2020 年中国重疾险行业发展现状,政策助力重疾险规范发展

(二)疾病保险的特征

📈 1. 承保责任范围要求为疾病

疾病保险要求以罹患约定疾病作为承保条件,通常要求必须是内生的疾病、非既存疾病和偶然性的疾病。

所谓内生的疾病,强调对被保险人的健康构成威胁甚至是伤害的原因必须是人体内部原因,这是区别于意外伤害的一个重要标准。换言之,由于外来事故导致的疾病,比如因受到冲击而导致的脏器出血、因跌倒而导致的骨折等,不能作为疾病保险的承保责任范围。而实际情况中,许多疾病的发生都是有外界原因的,比如病菌感染、气候变化、环境污染等,这又模糊了疾病与意外伤害的区分。对此,理论上一般认为即便导致疾病产生的原因离不开外界因素影响,但如果必须要经过一段时间在人身体内部酝酿、变化,进而引发身体内部的各种物理、化学反应才会形成疾病、出现症状,则可以作为疾病保险的承保范围,这与一般的意外伤害是有所区别的。

所谓非既存的疾病是指疾病的发生需要在保险责任效力期间。一切先天存在的或已经长期存在的疾病,如先天性心脏病、投保前所患慢性肺炎等情况,其对应疾病都不在疾病保险的责任范围之内。而对于某些潜伏性疾病和经治疗已经痊愈或长期稳定的疾病,如遗传性结核病、经手术治疗稳定的心肌梗塞等,若无诱因则不会发作出现对应症状,对人日常的

生活健康不产生过大影响,如果在保险期限内发作,则可以视为处于疾病保险的保险责任范围内,但保险人可以根据被保险人的实际情况适当调整其保险费率。

所谓偶然性的疾病是指疾病的发生、症状的发作是偶然的,具有不确定性。比如已患有某基础性疾病,而该疾病极易引发或必然导致其他疾病或症状伴随发生,那么该基础疾病引发或导致的疾病不能作为疾病保险的承保范围,例如由白血病导致的贫血则不能作为承保范围。又比如因年龄增长导致的人类正常生命过程中将会出现的视力下降、衰弱、死亡同样无法作为疾病保险承保范围。

 2. 通常保险期限较长

疾病的产生有着各种复杂因素的影响,通常具有较为漫长的变化过程,特别是对于一些重大疾病,往往可能需要各种诱因经过长年累积才会由量变到质变,产生疾病、出现症状。如果疾病保险只能按一年期进行投保,采取逐年续保的形式运作的话,那么保险人很有可能在被保险人年轻、身体状况较好的时候选择承保,而在被保险人年龄增大、引发各种疾病的因素经历了一定积累后选择拒保。这对被保险人而言是极度不公平的,也无法起到保险保障的作用。因此,疾病保险的保险期限通常较长,可以达到 10 年、20 年甚至 30 年之久。

 3. 保险金一般为给付性质

疾病保险的保险金通常是给付性质的,不考虑被保险人的实际医疗费用支出。一旦确定需要由保险人履行给付义务,保险人通常会采用一次性按照合同约定给付对应金额的保险金的形式承担保险责任。

三、医疗保险

(一)医疗保险的定义

医疗保险也称为医疗费用保险,是指被保险人因疾病、生育或意外伤害等原因需要接受医疗救治而产生的治疗费用、手术费用、医药费用、住院费用、护理费用、检查费用和设施使用费用由保险人承担经济补偿责任的一种健康保险。

医疗过程中所涉及的费用项目繁多,为了避免投保人、被保险人与保险人之间频繁产生争议,医疗保险通常都会在保险合同中进行较为详细的约定,若无相关约定则会根据直接费用予以承担,间接费用可承担可不承担,无关费用一律不予承担的原则进行处理。例如,保险人需要承担被保险人的手术费,可以选择是否承担被保险人采取必要治疗的交通费,不承担被保险人的餐食滋补费。同时,医疗保险通常还会约定投保人、被保险人的自负额以及共保比例,以此来限制被保险人过度治疗、占用保险资源并唤醒被保险人的健康意识。

（二）医疗保险的特征

 1. 可以为由意外伤害产生的医疗费用承保

医疗保险不强调保险事故必须由疾病导致,因意外事故造成的治疗费用同样在医疗保险的保险责任范围内。

 2. 出险频率高

随着人们的生活方式日益丰富,医疗服务逐渐多样化,每人每年都会因患病、意外伤害等原因产生不同程度的医疗费用。这也决定了医疗保险的出险频率往往远高于其他各类保险。

 3. 赔付不稳定,费率难以厘定

首先,人的健康状况受到多方面因素的影响,某特定时期或某特定地区可能因气候变化、水源污染等各类问题而出现异常的患病率上升、发病率增加等情况,相应所产生的医疗费用也极难以长期保持稳定,可能在短期内存在较大波动。同时,由于提供的医疗服务不同,保险人无法排除不同被保险人对治疗方式的选择倾向存在不同,无法判断其采用的治疗方法、产生的医疗费用是否合理,所产生的医疗费用之间可能存在较大差异。最后,医疗费用还会受到经济环境、材料成本、进出口限制、政策调整、利率汇率变化以及技术革新等其他多方面因素的影响,各个因素间又存在相互影响,导致平均医疗费用本身就是一个动态调整的变量,其值难以预测。

综上所述,由于多方面原因,保险人每年的医疗保险金支出是不稳定的,波动幅度往往超过其他各类保险,这对医疗保险的费率厘定带来了一定困难。而保险人为了具有足够偿付能力,在厘定保险费率时通常倾向于"就高不就低",因此医疗保险的保险费率往往较高。

 4. 保险具有责任期限

治疗往往是一个长期的过程,所产生的医疗费用也并非一次性支付的。在医疗保险中,保险人应当对保险期限内的医疗费用承担给付保险金的责任。若保险事故发生在保险期限内,但被保险人未能在保险期限内被治愈,超出保险期限后依然持续产生医疗费用,那么保险人应当自保险事故发生之日起,于责任期限内承担保险责任。责任期限一般可以为 90 日、180 日、360 日不等,以 180 日居多。

5. 保险金通常为损失补偿性质

二维码 10-3 重大疾病保险的疾病定义使用规范（2020 年修订版）

医疗保险的保险金通常是补偿性质的,也就是说医疗保险需要考虑损失补偿原则,可能涉及重复保险、代位追偿等问题。治疗过程中所产生的各项医疗费用都可以通过货币进行衡量,需要以被保险人实际支付的医疗费用作为基准,将其视作因治疗而对被保险人造成的损失,在保险金额范围内按照约定进行赔偿。若治疗费用超出保险金额,则超出部分由被保险人自负。

二维码 10-4 练习与思考

二维码 10-5 第十章练习与思考答案

第十一章 再 保 险

◇ **学习目标**

知识目标：
1. 掌握再保险的概念、再保险与原保险以及共同保险的关系、再保险的作用；
2. 理解再保险的责任安排，明确再保险的合同内容，认识再保险市场。

能力目标：
1. 知晓再保险制度产生的基础；
2. 了解再保险作用的同时充分认识再保险市场；
3. 能够在深刻理解再保险本质内涵的基础上正确区分不同的再保险的责任安排。

情感目标：
1. 认识再保险作为"保险的保险"的制度优越性；
2. 了解世界和我国再保险市场的发展现状，理解再保险的社会价值，增强对再保险业的认同感、责任感、使命感。

◇ **学习重点**

1. 再保险的本质内涵；
2. 再保险的基本特征；
3. 再保险的一般分类；
4. 再保险与原保险、共同保险的关系；
5. 再保险的作用。

◇ **本章关键词**

再保险 比例再保险 非比例再保险 成数再保险 溢额再保险 成数溢额再保险 险位超额赔款再保险 事故超额赔款再保险 赔付率超额再保险 临时再保险 合同再保险 预约再保险 集团再保险 再保险共同体

导入案例

再保险共同体为"一带一路"建设保驾护航[①]

2020 年 7 月 28 日,在中国银保监会的指导下,中国"一带一路"再保险共同体(以下简称共同体)正式成立,于当年 11 月 19 日正式运营。共同体定位为保险业服务"一带一路"建设的合作组织,业务范围为中资企业参与"一带一路"建设及相关中国海外利益保险业务。

目前,国内主要商业保险公司对中国海外利益财产险和工程险的供给仅占总需求的 15% 左右,覆盖率严重不足。同时,存在有效供给结构性失衡的现象。目前国内市场在常规风险方面的承保能力供给过剩,市场竞争激烈,但对特殊风险则缺乏自主开发的产品和稳定的再保险支持,导致部分风险应保未保。例如,在履约、工程职业责任、延期完工责任、政治暴力、恐怖主义、疾病医疗等各种新型风险方面,国内保险行业对产品的开发落后于市场需求。共同体凝聚成员公司力量,聚焦国内保险业保障空白和技术薄弱的特殊风险领域,致力于研发更适合中国企业的保险产品,为中国海外利益提供稳定的承保能力和基础技术,提升国内保险业的保障能力和国际影响力。2021 年 2 月,"一带一路"沿线某国家突发政变,就在当天,某央企投资的电站开工。该电站位于中资利益较为集中的地区,是促进当地区域经济发展和改善民生的重大项目。原计划是由国际再保人担任政治暴力保险首席,但政变导致国际保险市场全面停止了向该国市场提供政治暴力保险,同时也停止了报价。共同体是当时市场上唯一的政治暴力保险承保能力提供者。共同体集合行业力量,第一时间为该项目提供了政治暴力保险报价,并提供了独家再保险支持。同时,结合当时情势为客户提出了风险管理专业建议。客户反馈说:"深深地感受到了来自'共同体'和祖国的温暖。"此次共同体临危受命,充分发挥了风险"稳定器"和行业"聚合器"的作用。

■ 思考:

什么是再保险共同体?再保险共同体的组建对"一带一路"建设有什么重要意义?

[①] 中国"一带一路"再保险共同体成立一周年纪实[EB/OL].(2021-08-04). https://m.jrj.com.cn/toutiao/2021/8/4/33200920.shtml.

第一节　再保险概述

一、再保险及其相关概念

（一）再保险的概念

保险是典型的风险管理制度,是实现风险转移的重要手段。虽然保险公司是专门经营风险的机构,但如果风险过于集中,保险公司将面临巨额赔付与财务动荡的风险,不利于保险经营的稳定。无论其规模大小与实力强弱,任何保险公司的承保能力都是有限的,无法承担所有的风险,因此,保险公司必然会寻求自身的风险转移和保障,通过一定方式将风险责任转移出去,再保险就是保险公司进行风险转移与分散的重要途径,也是现代保险经营过程中不可缺少的重要一环。

我国《保险法》第二十八条规定:"保险人将其承担的保险业务,以分保形式部分转移给其他保险人的,为再保险。"即再保险是指保险人在原保险合同基础上通过签订再保险合同,将其所承保风险责任的一部分,转让给其他保险人或再保险人承担的行为,因而再保险又称为"分保"或"保险人的保险"。再保险在原保险的基础上实现了风险的再次转移与分散。

再保险与原保险的关系如图 11-1 所示。与再保险相对应的概念通常称为原保险,原保险是投保人与保险人签订的保障被保险人经济利益的保险合同,所涉及的风险是在投保人（或被保险人）与保险人之间转移,是风险的第一次转移,这种保险业务也称直接业务。当保险人承保的直接业务金额较大且风险较为集中时,为降低风险,保障经营稳定,保险人会向外寻求风险转移,与其他保险人或再保险人订立再保险合同确立分保关系,实现风险责任的部分转移。再保险交易中,分出业务的公司称为原保险人或分出公司或分出人,其向外寻求分保的业务称为分出业务;接受业务的公司称为再保险人或分入公司或接受人,其接受的分保业务称为分入业务。

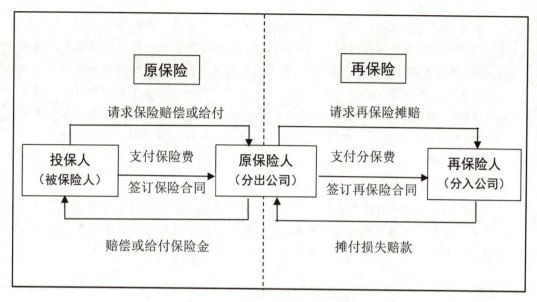

图 11-1　再保险与原保险的关系图示

◇ 知识链接11-1

保险和再保险行业的科技转型[①]

2021年,中国人民财产保险股份有限公司(以下简称人保财险)与国家航天局探月与航天工程中心在京签署合作协议,人保财险成为"中国首次火星探测任务独家保险合作伙伴"。值得关注的是,占据中国航天保险市场份额七成的人保财险,其背后的保障数据和赔付数据可以彰显航天保险的基本情况。

一般保险机构对火箭、卫星等进行承保的同时,都会妥善通过各种途径和安排选择分保或再保险等方式分摊风险,以规避对保险机构的整体经营的影响。航天保险是指保险人对火箭和各种航天器在制造、发射和在轨运行中可能出现的各种风险造成的财产损失和人身伤亡给予保险赔付的一种保险。事实上,从财险业务分类来看,航天保险并非财险公司的基础类业务,而是扩展类业务,一般作为特殊风险产品的形式存在。

财险机构曾发行或仍发行的航天类保险产品种类非常丰富,其中包括卫星在轨寿命保险、首台(套)航天重大技术装备综合保险、卫星发射及初始运行保险、发射前保险、点火起飞保险、卫星发射第三者责任保险、卫星发射前保险、网络信息安全特殊风险保险(航天保险)、卫星发射保费保障保险、重点新材料首批次应用综合保险、航天科技项目研发费用损失保险等。

---

① 揭秘航天保险:30多年赔付超40亿元　产品种类琳琅满目[EB/OL].(2021-05-18). https://baijiahao.baidu.com/s?id=1700079571025666761&wfr=spider&for=pc.

航天项目的保险根据航天项目进展的时间划分为制造阶段的保险、发射前保险、发射保险和卫星在轨寿命保险。其中,制造阶段的保险分为火箭制造保险和卫星制造保险,保险方式与其他财产险类似,主要承保的风险包括火箭和卫星制造和安装过程中的风险以及各零部件的测试风险。发射前保险也分为火箭发射前保险和卫星发射前保险,主要承保包括火箭和卫星从制造场地运送到发射基地阶段、在基地暂时的储存阶段、火箭和卫星的对接阶段、火箭和卫星的燃料加注阶段以及意向点火后发动机紧急关机或意向点火后火箭未脱离发射架臂的风险。而卫星在轨寿命保险承保卫星在轨道运营期间的风险直至卫星寿命结束。

航天保险承保的每个阶段风险的起止点往往根据被保险人与火箭和卫星制造商之间合同规定的风险的转移点而确定,他们之间的合同通常是指卫星所有人与火箭制造商之间签订的发射服务合同和卫星制造商之间签订的卫星制造合同。

（二）再保险相关概念

 1. 危险单位、自留额与分保额

危险单位(或称风险单位)是风险管理学中的基本研究单位,是指保险标的发生一次灾害事故可能造成的最大损失范围。危险单位的划分标准既重要又复杂,应根据不同标的和险种来确定。例如,运输工具可分别以一艘船舶、一架飞机、一辆汽车为一个危险单位,火险通常以一栋独立的建筑物为一个危险单位。

危险单位的划分关键是要和单次事故最大可能损失范围的估计联系起来考虑,而并不一定与保单份数相等。例如,一个航空公司的一份保单可以承保数百架飞机,涉及的危险单位有数百个;而不同货主的货物装载在同一艘船上,虽有数份保单,也属同一危险单位。

再保险业务中危险单位的划分至关重要,技术性很强,直接关系到再保险人的经济利益。为统一危险单位的划分方法,《财产保险危险单位划分方法指引》分批颁布了12类重要生产企业的危险单位划分方法。保险人必须按照上述要求每年将危险单位划分方法上报监管机关备案。我国《保险法》第一百零三条规定,保险公司对危险单位的划分应当符合国务院保险监督管理机构的规定。第一百零四条规定,保险公司对危险单位的划分方法和巨灾风险安排方案,应当报国务院保险监督管理机构备案。再保险合同一般规定,如何划分危险单位由分出公司决定。

《再保险业务管理规定》明确保险人应当依照《保险法》的规定,确定当年总自留保险额和每一危险单位的自留责任,超过的部分应当办理再保险。

再保险业务中,分保双方责任分担通过确定的自留额与分保额来体现,自留额与分保额均基于危险单位确定。对于每一危险单位或一系列危险单位的保险责任,分保双方通过合同按照一定的计算基础对其进行分配。分出公司根据自身承保能力所确定的责任限额称为自留额或自负责任额;经过分保由分入公司所承担的责任限额称为分保额或分保责任额或接受额。自留额与分保额均有一定的限额,如果保险责任超过限额,则超出部分由分出公司自负或另行安排再保险。

2. 分保费、分保佣金与盈余佣金

与保险人承担责任须以收取保险费为条件一样,再保险人承担责任也必须以收取保险费为条件,再保险人获得的保险费称为再保险费或分保费。由于原保险人在承揽业务过程中支出一定费用,再保险人应该对原保险人这部分支出加以补偿,原保险人获得的补偿费用称为分保佣金或分保手续费。有时再保险人在按年度计算其再保险业务获得盈利的情况下,会按盈利的一定比例支付给原保险人作为报酬或奖励,原保险人获得的报酬或奖励称为盈余佣金。

3. 转分保

分保接受人在与原保险人签订分保协议后,也要根据自己承担风险能力大小来考虑自己是否应进行风险分散。如果分保接受人又将其接手的业务再分给其他保险人或再保险人,这种业务被称为转分保或再保险,双方分别为转分保分出人和接受人。图11-2是再保险的风险分散图示。

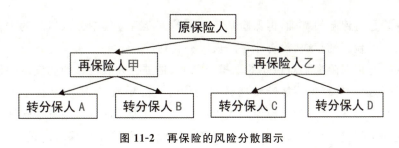

图 11-2　再保险的风险分散图示

(三)再保险的分类

再保险险种一般按直接保险划分,因此再保险险种较多。通常利用两类标准对再保险进行分类:一是按责任限制分类,二是按分保安排方式分类。

1. 按责任限制分类

按责任限制可以把再保险划分为比例再保险与非比例再保险。分保双方首先应明确划

分各自的责任额。责任额的划分依据可以是保险金额或赔款,以保额为分配责任基础的再保险为比例再保险,以赔款为分配责任基础的再保险为非比例再保险。比例再保险又可进一步划分为成数再保险、溢额再保险以及成数溢额混合再保险。非比例再保险主要包括超额赔款再保险和超过赔付率再保险。

2. 按分保安排方式分类

按分保安排方式可以把再保险划分为临时再保险、合同再保险以及预约再保险。临时再保险是分出公司根据业务需要临时选择分保接受人,经分保双方协商达成协议,逐笔成交的再保险方式。合同再保险是由分保双方事先订立分保合同,明确双方的权利和义务的再保险方式。预约再保险是介于临时再保险与合同再保险之间的一种再保险方式。

二、再保险与原保险、共同保险的比较

(一)再保险与原保险的关系

再保险与原保险都是保险,两者既有联系,又有区别。

1. 再保险与原保险的联系

(1)原保险是再保险的基础,再保险基于原保险人经营过程中分散风险的需要产生。因此,再保险与原保险相辅相成,没有原保险就没有再保险。

(2)原保险与再保险都是对风险的承担与分散,是进行分散转移的制度或手段。原保险是投保人以缴付保费为代价将风险责任转嫁给保险人的手段,实质上是在全体被保险人之间分散风险,互助共济;再保险是原保险人以缴付分保费为代价将风险责任转嫁给再保险人的手段,在它们之间进一步分散风险、分担责任。因此,再保险是原保险的进一步延续,也是保险业务的重要组成部分。再保险通过全球化的业务组合,实现风险分散的全球化,因此能够推动国内风险向国际市场合理有效分散。

(3)再保险是原保险的坚强后盾,提升了原保险的承保能力与范围。在现代保险经营中,再保险的地位与作用越来越重要,再保险可以反过来支持保险业务的发展,甚至对于某些业务,如果没有再保险的支持,保险交易难以达成,再保险已成为保险业的支柱。再保险拥有较雄厚的数据积累、技术能力和合作网络,对保险业创新产品设计、产品定价、条款设计、风险管理等均起到引领作用。再保险还可以依托承保能力、模型定价及全球化经验与优势对重大、巨额、特殊风险提供高层级、超额度保障,使得原保险可以承保超出自身资本及风

险管理水平的业务,并缓解重大风险、特殊风险对保险业乃至整体经济的冲击。①

2. 再保险与原保险的区别

(1) 合同主体不同。原保险合同的当事人是投保人和保险人,反映的是投保人与保险人之间的关系;再保险合同的当事人一方是原保险人,另一方是再保险人,与投保人或被保险人无关,反映的是保险人与保险人之间的关系。从事再保险业务的可以是专营再保险业务的再保险人,也可以是再保险集团,还可以是兼营再保险业务的保险人。

(2) 保险标的不同。原保险合同中的保险标的既可以是财产、责任、利益、信用,也可以是人的生命和身体;而再保险合同中的标的只是原保险合同的部分或全部风险责任。

(3) 保险合同性质不同。原保险合同中的财产保险合同属于经济补偿性质,人身保险合同属于经济给付性质;再保险人只是对原保险人所支付的保险金或赔款给予一定补偿,因此,再保险合同项下无论是人身保险责任还是财产保险责任都遵循经济补偿原则,再保险合同均为补偿性合同。

(4) 保险费支付方式不同。在原保险合同中,保险费是单向支付的,即投保人向保险人支付保费;在再保险合同中,原保险人向再保险人支付分保费,再保险人向原保险人支付分保佣金。

(5) 风险转移方式不同。原保险是投保人或被保险人将风险转移给保险人,是风险的第一次转移;再保险是保险人将已承保的风险向其他保险人转移,是风险的第二次转移。

(6) 再保险是有别于原保险的独立合同。再保险虽然是原保险业务的延伸,与原保险密切关联,没有原保险合同就没有再保险合同,但再保险合同是独立于原保险业务的合同。接受分入业务的再保险人与原保险合同中的投保人(或被保险人)、受益人之间不发生任何法律或业务关系,他们之间不存在保费收取与支付的权利与义务,原保险合同的被保险人或受益人也无权向再保险人提出索赔申请。同时,原保险合同中的保险人也不能因为再保险人不履行赔款分摊义务而影响自身根据原保险合同应履行的赔偿义务。

再保险与原保险的区别见表 11-1。

表 11-1 再保险与原保险的区别

区别对象	原保险	再保险
合同主体	投保人与保险人	保险人与保险人
保险标的	可以是财产、利益、责任、信用、人的生命和身体	原保险人承保的部分风险责任
合同性质	有补偿性质的,也有给付性质的	全部属于补偿性质的
风险转移方式	风险第一次转移	风险第二次转移
支付方式	单向支付	双向支付

---

① 袁临江.谱写中国再保险失业新篇章[J].中国金融,2021(13-14):50-52.

（二）再保险与共同保险的关系

1. 再保险与共同保险的联系

共同保险是由两家或两家以上的保险人在同一时期联合直接承保同一标的、同一保险利益、同一风险责任且总保险金额不超过保险标的可保价值的保险。共同保险的各保险人在各自承保金额限度内对被保险人负赔偿责任。共同保险与再保险均具有分散风险、扩大承保能力、稳定经营成果的功效。

2. 再保险与共同保险的区别

（1）保险合同的主体不同。共同保险合同的主体是投保人和多个保险人，再保险合同的主体都是保险人。

（2）保险标的不同。共同保险的保险标的通常是财产，再保险的保险标的是原保险合同的部分风险责任。

（3）风险转移的方式不同。共同保险仍然属于原保险，是原保险的特殊形式，是风险的第一次分散，因此，共同保险人仍然可以实施再保险。再保险是在原保险基础上进一步分散风险，是风险的第二次分散，可以通过转分保使风险分散更加细化。

（4）索赔方式不同。共同保险中，被保险人要同时向共保的保险公司提出索赔；再保险中被保险人只能直接向原保险人索赔，然后，由原保险人按分保比例向再保险人摊回赔款。

> **同步案例11-1**

共同保险为地铁建设工程项目提供风险保障[①]

根据宁波市城市轨道交通第三期建设规划（2020—2025年），宁波市地铁轨道交通三期工程规划建设6号线一期、7号线、8号线一期、1号线西延、4号线延伸等5个项目，总里程约106.5公里，估算总投资875.9亿元。宁波市公共资源交易网发布的《宁波市轨道交通第三期建设规划项目工程保险项目中标公示》显示，此次宁波市轨道交通第三期建设规划项目工程保险项目共有人保、太保、平安、浙商等9家公司预中标，项目总保费2.2亿元。

---

① 总保费2.2亿！浙江本土企业成为宁波地铁三期建工保险共同承保人［EB/OL］.（2021-10-12）. https://baijiahao.baidu.com/s?id=1713367267996599110&wfr=spider&for=pc.

> 地铁工程建设保险，具有保额高、风险大的特点，对保险公司的综合实力、风险管理水平等设置了较高的门槛，可以称得上工程保险皇冠上的明珠，向来为少数头部公司所把持。在建造地铁时，建设方一般会购买建筑工程保险，万一发生暴雨、工程事故，会有相应保障。浙江本土企业浙商保险有限公司，有幸成为此次共同保险承保人之一，将为本地工程建设项目提供风险保障。

三、再保险的作用

再保险将保险人所承担的风险在同业之间进行分散，以降低保险人可能遭遇的巨灾风险和巨额损失。

（一）促进风险分散，稳定业务经营

再保险的基本功能是分散风险，是保险业健康发展不可或缺的风险分散机制。再保险通过分保、转分保可以使巨大风险、巨额风险、特殊的巨灾风险一次又一次地被平均化，庞大的再保险网络可以实现风险在世界范围迅速有效地进一步分散。

保险经营的基础是大数法则，它发挥作用的前提条件是标的数量越多越有利于分散风险，同时要求保险公司的同类业务的损失率、赔付率相对稳定，保额均衡，不宜悬殊太大。但实际上保险人承保的大量业务中，保险标的的价值差异很大，难以满足保额均衡的要求，比如与大型飞机、人造卫星有关的巨额风险，地震、洪水这样的巨灾风险，一旦发生并造成保险标的损失，必将使保险赔付率骤然上升，严重影响保险公司财务的稳定。通过再保险将超过自身承保能力的风险责任转嫁给其他再保险人，以此拉平、降低保额差异，使分出公司自留的同类业务标的保额实现均衡化，达到分散风险、稳定业务经营的目的。

（二）控制风险责任，扩大承保能力

由于保险人的承保能力受很多条件的限制，尤其是资本金和总准备金等自身财务状况的制约，保险人承保的业务量如果超出自己的实际承保能力，不仅会危及保险人自身的经营，也难以保障被保险人的权益。因此，各国都以法律形式对保险人的经营行为进行限制。

我国《保险法》第一百零二条规定："经营财产保险业务的保险公司当年自留保险费，不得超过其实有资本金加公积金总和的四倍。"第一百零三条规定："保险公司对每一危险单位，即对一次保险事故可能造成的最大损失范围所承担的责任，不得超过其实有资本金加公积金总和的百分之十；超过的部分应当办理再保险。"

再保险通过控制风险责任既可稳定保险经营,又可扩大承保能力。通过再保险控制每个危险单位的自留额、每次巨灾事故的最高赔付额和全年责任积累额,使风险得以广泛分散,使原保险人的责任得到控制。保险人通常会依据相关法律与自身能力对每个风险单位的责任进行控制,确定自留额,并对超出自留额的部分责任进行分保,这就是险位控制,这样可以使所有风险单位的责任整齐划一,增强业务的同质性。保险人还需要控制一次巨灾事故的责任累积,通过确定一次事故责任累积的自留额,将超出部分进行分保,就是事故责任控制,这样就可以将巨灾风险的累积责任加以分散。此外,灾害事故有可能导致保险人年度间责任赔付的巨大差异,因此保险人还要通过分保确定年度累积自留责任限额,控制全年的责任累积,降低年度间责任的差异。

可见,保险人的业务发展是有限的。但是,如果不承保大量业务、大额业务,保险人则无法在竞争中取得优势。利用再保险业务,每一个保险人的保险业务总量和单笔业务的风险大小就不再受到限制,只要有分出能力,就可以接受任何保额的业务。这就是说,再保险人给保险人在不增加资本额的情况下增加业务量提供了可能,扩大了保险人的承保能力。历史上很多大灾巨灾正是因为有再保险的安排,才没有对各保险公司产生太大影响。

(三)降低营业费用,增加运用资金

再保险提高了保险公司承保能力,扩大了保险公司业务量,增加了保险公司盈利机会,利于保费增长,但营业费用并非按比例增加,所以相对降低了营业费用;且分出公司可以享有分入公司的分保佣金与盈余佣金,增加了收益。办理再保险需要提取未满期保费准备金和未决赔款准备金,准备金都有一定留存时间,等于增加了留存期保险人的可运用资金。

(四)获取技术支持,拓展业务范围

保险人出于占领市场的目的,要尽可能多地承保风险,但保险人的技术力量是有限的,如果遇到保险人本身实力难以承受的风险,保险人就会进退两难。在这种情况下,寻求再保险的支持是一种较好的途径。由于再保险承保的往往是原保险人难以承保的风险,所以与原保险人相比,再保险人有更雄厚的实力、更丰富的经验、更高效的管理水平。通过再保险,原保险人既能够获得一定保费收入,又能够获得保险人的技术支持,积累风险管理经验,提高自身的竞争能力。

随着社会经济的发展及科学技术的进步,新的风险不断产生。保险人在涉及新业务过程中,由于经验不足,往往十分谨慎,这既不利于整个社会经济的发展,也不利于保险公司的发展。有了再保险,原保险人可以通过再保险分散风险、控制赔付率或赔付额,使保险公司放下顾虑,积极运作,有利于新业务的拓展。

（五）密切国际合作，形成巨额基金

很多再保险业务是世界范围的跨境业务，这有利于密切国际合作，增强不同国家和地区保险经验的交流与保险业务的协作，促进保险技术的提高。再保险使保险公司联合起来形成广阔的风险分散网络，使保险资金突破地域与国界限制在更大范围集聚成巨额的保险基金，增强了保险公司的整体抗风险能力。

二维码 11-1 中再产险为中老铁路提供再保险保障

第二节　再保险的责任安排

一、比例再保险

比例再保险是以保险金额作为计算基础来确定分出公司自留额和分入公司责任额的再保险方式。在比例再保险中，分出公司的自留额和分入公司的责任额都表示为保险金额的一定比例，保费的分配和赔款的分摊也按此比例计算。比例再保险主要包括成数再保险、溢额再保险以及成数溢额混合再保险。

（一）成数再保险

成数再保险是指分保双方以保险金额为基础，对每一危险单位先确定最高责任限额，然后确定分保比率，不论分出公司承保的每一危险单位的保额大小、质量好坏，只要在合同规定的最高限额以内，均由分保双方按约定的比例分担责任，即确定自留额和分保额，并按此比例分配保费和分担赔款。例如，分出 60%、自留 40%，则称为 60% 的成数再保险合同。

【例 11-1】分出公司就海洋运输货物运输保险约定，每一危险单位最高责任限额 1000 万元，自留额 40%，分出额 60%。其中货物 B 最终须承担赔款 200 万元。该成数再保险合同的责任分配情况如表 11-2 所示。

表 11-2　成数再保险合同的责任分配情况(单位:万元)

货物	总额			自留额			分出额		
	保额	保费	赔款	保额	自留保费	自负赔款	保额	分保费	分摊赔款
A	300	0.3	0	120	0.12	0	180	0.18	0
B	800	0.8	200	320	0.32	80	480	0.48	120
C	1200	1.2	0	600	0.6	0	600	0.6	0

成数再保险的优势在于分保双方利益一致。不论业务质量优劣或保额高低，双方均按约定比例承担责任，无权选择，盈利共享，损失共担。这种方式手续简单，节省人力和费用。其缺点在于缺乏弹性，不能均衡分散风险。对分出公司来说，质量好的业务不能多承担自留额，质量较差的业务不能多分出额度。保额小的合同，分出公司有能力多承担责任，但要按固定比例分出，不能多做自留；保额大的合同，分保后自留额绝对数也大，有可能超出公司承担能力。一般而言，在成数再保险基础上，往往还要采取其他分保形式来分散风险。

（二）溢额再保险

溢额再保险是指分出人以保险金额为基础，规定每一危险单位的一定额度作为自留额，并将超过自留额即溢额的部分转给接受人，接受人按照所承担的溢额占总保险金额的比例收取分保费，分担赔偿款。自留额是分出公司的责任限额，保险公司确定自留额标准时受相关因素影响。一是保险公司财务状况：资本金越多，保险基金越雄厚，自留额就越大。二是承保业务质量：发生损失的风险越大，自留额就越小。三是保险人经营水平：保险人经营技术水平越高，对保险标的物情况掌握越充分、经验越丰富，就越能合理、准确地确定自留额。分出人对自留额以内的保险责任不分保，仅对超过自留额的责任进行分保。溢额再保险的接受人不是无限度接受分出人的溢额责任，通常以自留额的一定倍数即"线数"为限。例如，某溢额再保险合同自留额100万元，分保额为5线，即分入公司接受溢额责任的限额为500万元。

由于普通溢额保险合同往往无法满足大额或巨额保险业务的需要，分出人通常会根据业务发展的需要，在原有溢额基础上设置多层次溢额。因此，对于超出普通溢额合同分保限额的保险业务，分出人会安排第二溢额合同，甚至第三溢额合同作为补充，以增强自己的承保能力，满足保险市场的需要。第一溢额是指保险金额超出分出公司自留额以上的部分，第二溢额是指保险金额超出分出公司自留额以及第一溢额合同中各再保险人责任总额以上的部分，以此类推。

【例11-2】 某溢额再保险合同约定，分出公司自留额10万元，第一溢额合同限额10线，第二溢额合同限额15线，表11-3表示在保险业务A、B、C、D的保额、保费和赔款既定情况下分出公司与各再保险人之间的责任分配情况。

表 11-3　溢额再保险合同责任分配情况(单位:万元)

额度	保险业务	A	B	C	D	合计
总额	保额	5	50	200	250	505
	保费	0.05	0.5	2	2.5	5.05
	赔款	0	1	2	10	13
自留部分	保额	5	10	10	10	35
	比例	100%	20%	5%	4%	—
	保费	0.05	0.1	0.1	0.1	0.35
	赔款	0	0.2	0.1	0.4	0.7
第一溢额	分保额	0	40	100	100	240
	分保比例	0	80%	50%	40%	—
	分保费	0	0.4	1	1	2.4
	分摊赔款	0	0.8	1	4	5.8
第二溢额	分保额	0	0	90	140	230
	分保比例	0	0	45%	56%	—
	分保费	0	0	0.9	1.4	2.3
	分摊赔款	0	0	0.9	5.6	6.5

溢额再保险的优势在于其分散风险的功能更加突出,适用范围更加广泛。特别适用于业务质量优劣不齐、保额高低不均的业务。其缺点在于在编制分保账单和统计分析方面比较烦琐。

(三)成数溢额混合再保险

成数溢额混合再保险将成数再保险与溢额再保险组织在一个合同里,以成数再保险的限额作为溢额再保险的起点,再确定溢额再保险的限额,实际上是保险人在溢额分保合同的自留额基础上又以成数分保方式安排了再保险。成数溢额混合再保险可以弥补单一方式的不足,既解决成数再保险保费较高的问题,又能实现溢额再保险保费相对平衡的优势,对于缔约双方均有利。

成数溢额混合再保险并无一定的形式,可视分出公司的具体情况而定。可以是成数合同上的溢额再保险合同,也可以是溢额合同内的成数再保险合同。成数溢额混合再保险通常适用于转分保业务和海上保险业务,多在特殊情况下使用,以协调各方矛盾。

【例 11-3】 某成数溢额再保险合同约定,成数分保合同限额 20 万元,分出比例为 60%,溢额分保合同自留额为 20 万元的 4 线合同,即成数溢额混合分保合同总容量为 100 万元。现有 6 笔业务,其在该混合分保合同中的责任分配情况如表 11-4 所示。

表 11-4 成数溢额混合再保险合同的责任分配情况（单位：万元）

保险金额	成数分保金额		溢额分保金额
	自留额	分出额	
10	4	6	0
15	6	9	0
20	8	12	0
40	8	12	20
80	8	12	40
100	8	12	80

二、非比例再保险

非比例再保险以损失为基础来确定再保险当事人双方的责任，又称损失再保险，或超过损失再保险。它是分出人与接受人以赔款金额作为基础分担原保险责任的一种再保险方式，即预先约定分出人自负的赔款额，将超过该额度的赔款分保，接受人只对超过部分责任负责，故又称第二危险再保险，以表示责任的先后。非比例再保险的保费由双方协商，没有分保佣金和盈余佣金。根据计算赔款的不同基础，非比例再保险可分为险位超赔再保险、事故超赔再保险和赔付率超赔再保险，其中险位超赔再保险和事故超赔再保险合起来称为超额赔款再保险。

（一）险位超赔再保险

险位超赔再保险是以每一危险单位赔款作为计算自负责任额和再保险责任额的基础。当总赔款不超过自负责任额时，全部损失由分出公司赔付；当总赔款超出自负责任额时，超出部分由分入公司赔付，分入公司承担的责任额一般也有一定限额。责任的计算基础是危险单位。险位超赔再保险通常适用于一般小额业务，经常与比例再保险结合使用，以针对分出公司自留风险提供保障，或针对比例再保险合同双方的责任提供保障，以提升承保能力。其比较适合险种复杂的业务，如火险及海上运输货物保险等。

【例 11-4】 现有某超过 200 万元以后的 800 万元的火险险位超赔再保险，在一次事故中有 3 个危险单位遭受损失，如果每次事故对危险单位没有限制，则分出公司与分入公司对赔款的分摊情况如表 11-5 所示。

表 11-5　险位超赔再保险的赔款分摊(单位:万元)

危险单位	发生赔款	分出公司自负赔款	分入公司分摊赔款
A	400	200	200
B	300	200	100
C	250	200	50
总计	950	600	350

(二)事故超赔再保险

事故超赔再保险以一次巨灾事故所发生赔款的总和为基础计算自负责任额和再保险责任额,对一次事故中受损危险单位数量没有限制,是以一次事故中受损的全部危险单位所导致的总赔款作为计算基础。分出公司责任控制在一定范围内,其余赔款由分入公司承担,主要保障分出公司在遭受巨灾风险时不会受到太大冲击,分入公司也有责任限额。在事故超赔再保险中,最关键的问题在于对一次事故的界定。一次事故所选用的时间和地区界定标准不同,可能使分出人和接受人的赔款负担结果完全不同。事故超赔再保险在火灾保险、海上保险、责任险、汽车险和意外伤害险中都有广泛运用。

【例 11-5】　有一份超过 500 万元以后的 4500 万元的火灾事故超赔再保险合同,现有一次火灾事故,造成 3 个危险单位损失,损失金额、分出人自负情况和接受人分摊情况如表 11-6 所示。

表 11-6　事故超赔再保险赔款分摊(单位:万元)

危险单位	发生赔款	分出公司自付赔款	分入公司分摊赔款	其他
A	800			
B	1200	500	4500	2000
C	5000			
总计	7000	500	4500	2000

(三)赔付率超赔再保险

赔付率超赔再保险不是以单一危险单位的损失或一次事故造成的累计损失为提供保障的对象,而是按年度赔付率来计算自负责任额和再保险责任额的一种再保险方式,赔付率是指赔款与保费的比例。当某年度赔付率超过一定标准时,再保险公司就超出的部分分出。正确恰当地规定分出公司的自留责任赔付率和分入公司分保责任是赔付率的关键。上述标准既要能在分出公司赔款较多、遭受承保业务亏损时给予保障,又不能使分出公司借此牟利,损害再保险人利益。

【例 11-6】 某赔付率超赔再保险规定赔付率在 70% 以下由分出公司负责,超过 70% 以后的 50% 由分入公司负责,并规定了赔付金额最高为 60 万元的责任限制,两者以较小者为准。

假设该保险业务某年净保费收入 100 万元,当年总赔款 80 万元,则赔付率为 80%,分出公司承担 70% 即 70 万元,分入公司分摊 10% 即 10 万元。

又假设该保险业务某年净保费收入 100 万元,当年赔款 135 万元,则赔付率达 135%,分出公司承担 70% 的赔付率,即 70 万元,分入公司分摊 50% 的赔付率,即 50 万元。剩余赔款 15 万元仍由分出公司负责。

第三节 再保险合同的内容

一、再保险合同概述

(一)再保险合同的概念

再保险关系必须通过分保双方订立再保险合同而确立。再保险合同又称分保合同,是分出公司与分入公司确定双方权利义务关系的协议。再保险分出公司和分入公司所达成的任何有关义务方面的协议,都是再保险合同的组成部分。再保险合同是独立合同,但又以原保险合同作为基础。再保险合同的责任以原保险合同的责任为限,合同期限也不得超过原保险合同的有效期限。如果原保险合同解除、失效或终止,再保险合同也相应解除、失效或终止。但是再保险合同又是独立的,它有自己的当事人:原保险人和再保险人。

(二)再保险合同的基本原则

原保险合同中具有普遍意义的保险基本原则,也适用于再保险合同。但由于再保险合同自身特点,再保险合同所适用的基本原则又不同于保险合同的基本原则,呈现出再保险特征,反映了再保险制度内在要求。再保险合同的基本原则主要有最大诚信原则、保险利益原则和损失补偿原则。

1. 最大诚信原则

在再保险合同中，最重要的基本原则就是最大诚信原则。由于分入公司对风险责任的评估多依赖于分出公司提供的资料，所以分出人有责任以诚信态度对待双方签订的合同，对影响是否接受分保以及分保条件的实质情况要如实告知，否则应对由此造成的损失负责。告知不实与欺诈或者重大事项未披露，均违反最大诚信原则。

 2. 保险利益原则

再保险合同中的保险标的是原保险人在原保险合同下承担的保险赔偿责任，是非物质的保障合同。这种责任的存在与否，决定了原保险人的得失，又为法律所承认，所以构成保险利益。再保险合同的保险利益范围以原保险人在保险合同中的责任范围为限，而该责任范围取决于原保险合同的保险金额、承保的保险标的和承保的保险事故。

 3. 损失补偿原则

损失补偿原则是指保险人对于被保险人的赔偿责任不得超过保险标的的实际损失，被保险人不能由于保险人的赔偿而额外获利。在再保险合同中，保险补偿原则体现得更充分，不但适用于财产保险分保合同，也适用于人身保险分保合同。损失补偿原则要求再保险人的赔偿责任以原保险人的实际损失为最高界限，即原保险人不能获得超过其实际损失的赔偿。

二、再保险合同的安排方式

按照再保险合同的安排方式，可将再保险分为临时再保险、合同再保险和预约再保险。

（一）临时再保险

临时再保险是分出公司根据业务需要临时选择分保接受人，经分保双方协商达成协议，逐笔成交的再保险方式。分出公司是否安排分保、分入公司是否接受或按什么条件接受，双方完全可以自由选择。比例再保险和非比例再保险均可以采用临时分保方式进行安排。

临时再保险具有以下特点。

（1）对于业务，双方均有选择权，均无必须分出或分入的义务。因此，合同在尚未达成前对双方均无约束力。对分出公司而言，此时其处于无保障地位，可能丧失良机，影响业务的开展。

(2) 以个别保单或一个危险单位为分保基础,逐笔协商办理。因为不是所有保单或危险单位都需要分保,分出公司可以有针对性地对质量差、风险大的业务进行分保,有利于分出公司控制风险。

(3) 分出公司必须向分入公司申明业务的详细情况即业务交底。其优点是业务条件清楚、付费较快,缺点是不利于分出公司的业务竞争。

(4) 手续烦琐,再保险关系不稳定。由于业务是逐笔安排逐笔办理,所以手续烦琐,费用开支增大,再保险关系和业务来源也不稳定。另外,分出公司在承保前或刚承保时必须将分保条件及时通知对方供其选择,这可能延误争取业务的时机。如果在分保合同订立前发生损失,分出公司将承担全部责任。

临时再保险是再保险合同的早期发展形式,现在仍然被采用。主要应用的业务包括:超出分出公司承保能力的业务;合同分保规定的除外业务或不愿置入合同中的业务;新开办的业务(由于数量少、业务不稳定,尚无条件组织合同分保)。

(二) 合同再保险

合同再保险是由分保双方事先订立分保合同,将分保方式、业务范围、地区范围、责任范围、除外责任、自留额、合同限额、分保佣金、账单的编制与发送等各项分保条件固定下来,以明确双方权利和义务。凡属合同规定范围内的业务,分出公司自动分出,分入公司必须接受,对双方都有强制性。合同再保险是国际保险市场上普遍采用的主要再保险方式。

合同再保险具有以下特点。

(1) 合同再保险对分出公司和分入公司均具有约束力,订立双方无自由选择权,一切业务都按合同办理。相对于临时再保险缺乏自由灵活性。

(2) 合同再保险一般属于长期性合同,合同一经签订,将在一定时间内连续有效。当事人双方也有终止合同的权利,但需要在规定期限内通知对方。由于时间长、业务多,分保条件通常比较优越,业绩也较为稳定。

(3) 合同再保险以分出公司某些险种的全部业务为基础办理分保,分出公司不能有所选择,可以避免逆向选择问题。

(4) 再保险双方关系固定,可以保证原保险人及时转移风险,有利于稳定经营。对再保险人来说也能较均衡地得到数量多、风险较为分散的整批业务。同时也简化了手续,节约了成本。

合同再保险的安排与临时再保险基本相同,两者的比较见表 11-7。

表 11-7 临时再保险与合同再保险的比较

临时再保险	合同再保险
具有临时性,再保险人可以接受或拒绝	具有约束性,再保险人必须接受规定的业务
通常涉及单个风险	通常涉及大量风险

续表

临时再保险	合同再保险
必须告知风险的细节	不必详细告知风险细节,除非是特殊业务,或按合同规定提供报表
时间成本、经济成本较高	时间成本、经济成本较低
每一风险必须单独安排,没有市场承诺的分保保障	合同事先安排,保险人承保的业务将自动得到分保保障

（三）预约再保险

预约再保险是介于临时再保险与合同再保险之间的一种再保险安排方式,是在临时再保险基础上发展起来的,往往是对合同再保险的补充。预约再保险对分出公司没有强制性,业务是否要办理再保险或分出多少,完全可以自由决定。但对分入公司具有强制性,凡属预约分保范围内的业务,分入公司都必须接受。

预约再保险具有以下特点。

(1)预约再保险对于分出公司具有临时再保险的性质,对于分入公司具有合同再保险的性质。

(2)预约再保险较临时再保险手续简单,可以节省时间。分入公司有义务执行预约再保险合同,避免了临时分保的烦琐手续和反复磋商过程,有利于保障分出公司利益。

(3)分入公司对预约再保险的业务质量不易控制,具有一定风险。

(4)预约再保险常用于合同再保险的补充,当合同分保限额不能满足业务需要时,运用预约再保险分保限额作为补充,可以及时分散风险。

预约再保险通常是解决特定地区、特定风险、特别巨大责任事故的权宜之计,对分出公司有利,分入公司不大愿意接受。因此,预约再保险尚未被广泛运用,一般在业务关系密切且相互信任的公司之间运用。

（四）集团再保险

集团再保险与上述再保险业务分出与分入的做法不同,它是由多个保险人组成保险集团,共同分担成员分出的再保险业务。集团成员根据协定把各自承保的部分或全部业务分出到集团中,再由管理人员把集中起来的再保险业务以协商的比例分配给每个保险人承担。

集团再保险具有以下特点。

(1)参加集团的既是分出人又是接受人。

(2)往往是由某一个国家或某一地区的保险人组成再保险集团。

(3)集团再保险简约了再保险手续,节约了管理成本。

集团再保险是一个国家或地区内多个保险公司为达到一个共同目的而联合组成的、以增强承保力量的再保险方式。这种再保险集团有属于一个国家的,也有属于地区性或跨区域的。集团再保险可以利用集团力量,相互支持,既可以防止保费外流,又可抵御共同面临的巨灾风险,还有利于加强合作,因而集团再保险也是一种较好的再保险安排方式。著名的再保险集团包括美国核保险集团、英国超额赔款保险集团、瑞士自然灾害保险集团、亚非再保险集团、经济合作组织再保险集团、亚非再保险航空集团等。

第四节 再保险市场

一、再保险市场的概念与特点

(一)再保险市场的概念

再保险市场是指从事各种再保险业务活动的场所,或者指再保险交换关系的总和。再保险市场主要由再保险的买方、卖方和再保险中介人组成。再保险买方主要指直接承保公司,经营再保险业务的公司亦可成为买方。再保险卖方包括兼营再保险的直接承保公司、专业再保险公司、再保险集团、劳合社、专属保险公司与前台公司等。再保险中介人主要包括再保险承保代理人和再保险经纪人。再保险承保代理人可以是个人或组织,代理一个或多个保险人接受分保业务。再保险经纪人受分出人或分保接受人的委托,办理或接受分保业务,是联系再保险分出人和接受人的中介人,主要为双方建立再保险关系提供服务,包括提供市场行情、专业知识、实践经验,代委托人结算账务、收集赔款等。

(二)再保险市场的特点

1. 与保险市场紧密相连

当直接保险人对其承保的巨大风险或特殊风险不能承受时,有必要进入再保险市场进一步分散风险。所以再保险市场是从保险市场发展而来的,它与保险市场紧密相连,两者是相互依存的。

2. 具有国际性

由于再保险经常涉及大的或特殊的风险,当某个局部的市场不足以充分地分散风险时,往往要求在世界范围内分散风险,因此再保险交易具有国际性。

3. 逐步向国际再保险中心发展

世界性再保险公司在许多国家的重要城市设立分支机构或代理机构,吸收当地保险公司的再保险业务,逐渐形成了国际再保险中心,如伦敦、纽约、东京、苏黎世、慕尼黑和百慕大等。国际再保险中心有大量来自本国或国外的再保险业务成交。在有些市场,保险人和再保险人进行直接交易;在另一些市场,再保险业务主要通过经纪人来进行安排,特别是在伦敦,再保险业务大部分由经纪人组织。

二、再保险市场承保人的组织形式

(一)兼营再保险业务的普通保险公司

在19世纪中期专业再保险公司产生之前,通常有直接承保公司兼营再保险业务。因此,保险公司兼营再保险业务是再保险市场的最初形式,即原保险公司在经营业务的同时偶尔接受再保险业务,但更经常的是以互惠交换业务的方式获得再保险业务。例如我国以前的人保公司,1999年机构调整以前,就属于兼营再保险业务的普通保险公司。随着再保险业的发展,这类保险公司部分逐渐演变成专门经营再保险业务的专业再保险公司。

(二)专业再保险公司

专业再保险公司本身不直接承保保险业务,而是专门接受原保险人分出的业务,同时也将接受的再保险业务部分转分给其他再保险人。世界上最早的专业再保险公司是1846年成立的德国科隆再保险公司,最大的专业再保险公司为1880年成立的慕尼黑再保险公司与1883年成立的瑞士再保险公司。这些专业再保险公司历史悠久、资金雄厚,并拥有相当的技术力量。目前全球约有200多家专业再保险公司,主要集中在欧洲、美国和日本。专业再保险公司的形式包括国家再保险公司、区域性再保险公司以及全球性再保险公司。

（三）再保险共同体

再保险共同体又称再保险联合体或再保险集团，通常由多家保险公司联合组成，有些属于同一国家，也有区域性的，20 世纪中后期在发展中国家建立较多。再保险集团成立的目的主要是处理特殊性质的风险或者避免同业激烈竞争。再保险集团中的每个成员将其承保的业务部分或全部放入集团，各成员按商定的固定比例分担每一成员放入集团的业务。较出名的再保险集团包括亚非再保险集团、亚非再保险航空集团、经济合作组织再保险集团，以及英国、德国、日本、美国建立的原子能再保险集团，法国的特殊风险再保险集团等。

（四）劳合社承保人

劳合社是世界最大的再保险市场，成立于 1688 年，是许多大型再保险业务的主要承包者，也是许多保险市场的再保险首席承保人。劳合社本身并不直接经营业务，仅为其会员提供保险交易场所。在劳合社市场上，分入业务一般必须经过注册的劳合社经纪人来安排再保险，劳合社辛迪加组织的再保险业务遍布全球各个国际再保险市场。劳合社再保险业务绝大多数是国外业务，约 60％来自美国，其余来自世界上 100 多个国家和地区的 2000 多个保险公司。

（五）专属保险公司与前台公司

专属保险公司是大企业、大财团自设的保险公司，为其公司与子公司提供保险，并办理再保险，同时承保外界风险和接受分入业务。设立专属保险公司能够提高企业风险自保能力，同时由于有税收优惠政策，能够为企业风险处理节省成本。20 世纪中期，美国最早开始设立专属保险公司，随后专属保险公司在全球范围内蓬勃发展。专属保险公司为在各国开展业务，委托当事国中具有执照的保险公司签发保单并提供当地服务，其中被委托的当事国保险公司就是前台公司。前台公司收取签单费或代办费，自留部分费用后以再保险方式交给专属保险公司。

三、国际主要再保险市场

（一）国际主要再保险市场概况

主要的再保险市场基本位于发达国家，国际再保险市场主要是指欧洲再保险市场和北美再保险市场。欧洲再保险市场由英国伦敦再保险市场和欧洲大陆再保险市场组成，北美再保险市场以纽约再保险市场和百慕大再保险市场为主。

1. 英国伦敦再保险市场

英国伦敦再保险市场是世界再保险中心，由劳合社再保险市场和保险公司市场两部分组成，其中劳合社尤为瞩目，专业再保险公司参与较少。伦敦再保险市场的业务多来自国外，主要依靠保险经纪人来安排成交，经纪人在再保险市场上地位举足轻重。在世界保险市场中，航空航天保险和能源保险等的承保能力60%以上集中在伦敦市场。

英国再保险业务大部分由劳合社承保。近些年，市场竞争的加剧以及巨灾风险的频发，给劳合社再保险的发展带来困扰，造成市场疲软，业务供过于求，但它仍在世界再保险市场上占有重要地位。

2. 欧洲大陆再保险市场

欧洲大陆再保险市场主要以专业再保险公司经营为主，特点是完全自由化、商业化，竞争激烈。欧洲大陆再保险市场上拥有世界上最大的两家再保险公司——德国慕尼黑再保险公司与瑞士再保险公司。

1）德国再保险市场

德国再保险发展比较早，是欧洲大陆最大的再保险中心。德国拥有世界上最早的专业再保险公司——科隆再保险公司，以及世界上最大的专业再保险公司——慕尼黑再保险公司。德国作为世界上最发达的再保险市场，其集中化程度和专业化程度远高于其他国家。慕尼黑再保险公司多年来连续被美国标准普尔信用评级公司评为AAA级。

2）瑞士再保险市场

欧洲大陆第二大再保险中心是瑞士。瑞士的保险公司被誉为世界上最有效率的保险公司，其中尤以四大公司最为著名，分别是苏黎世金融服务集团、瑞士再保险公司、丰泰保险集团以及瑞士人寿公司。瑞士再保险公司于1863年成立于苏黎世，在全球30多个国家和地区设有70多家办事处，现有员工近万人。瑞士再保险公司核心业务是为全球客户提供风险转移、风险融资以及资产管理等金融服务。

3. 北美再保险市场

北美保险业发展相对较晚，对应的再保险业发展也相对较晚，但其实力不可忽视。北美再保险市场由纽约再保险市场和百慕大再保险市场组成。其中纽约再保险市场保费收入几乎占全球保费收入一半，其业务偏向于互惠交换、共同再保险和联营方式。百慕大再保险市场一直以再保险为中心，其再保险业务仅次于伦敦和纽约再保险市场，已成为国际责任保险和巨灾保险的新的分保中心。

4. 亚洲再保险市场

亚洲再保险市场主要包括日本再保险市场、新加坡再保险市场以及巴林再保险市场。日本再保险市场上专业再保险公司很少，仅有两家专业再保险公司——东亚再保险公司和杰西再保险公司，其他都是兼营再保险业务的保险公司。日本保险法中没有法定分保的规定，国内风险主要采取共保或分保的方式解决，从日本市场流向国际市场的业务主要是高风险和巨灾风险，主要通过与国外再保险公司的互惠交换业务进入世界再保险市场。新加坡是东南亚金融中心，新加坡再保险公司接受当地各家保险公司火险5%的法定分保，其他业务2.5%的法定分保。总部设在巴林首都麦纳麦的阿拉伯保险集团是阿拉伯国家共同投资的中东最大保险公司，现已跻身世界前100家最大的再保险集团。

（二）国际再保险市场发展现状

国际再保险业从14世纪产生以来，随着保险业的发展，越来越受到各国的重视，再保险业的发展速度曾一度超过同期保险业的发展速度。但经历了20世纪中期的黄金发展时期后，国际再保险市场不稳定性逐渐显现，连续出现了两次非常严重的行业危机。20世纪80年代，世界再保险市场由于总承保能力过剩、恶性费率竞争与高风险经营，出现第一次大衰退，使得全球保险费收入呈负增长趋势，赔付率不断攀升，相当数量的再保险公司破产，慕尼黑再保险公司、瑞士再保险公司等位列前茅的再保险公司出现巨额亏损。随后连续发生的5次全球性巨灾又一次使得刚刚经历短暂复苏的国际再保险市场蒙受沉重打击，伦敦再保险市场濒临崩溃，劳合社也元气大伤。为寻求复苏，再保险市场进行机构调整，同时注入大量资金，但国际再保险市场在表面繁荣下依旧暗藏行业危机。英国、美国、法国、德国和瑞士的再保险海外分支机构约占国际再保险公司的四分之三，西欧再保险业务保费收入约占世界总保费收入的六成。

全球再保险市场发展的新趋势主要表现在再保险市场由竞争向合作发展、再保险市场新格局逐渐形成、再保险形式越来越多样化、再保险市场组织形式呈现多元化、专属保险公司复兴、采取特殊措施分散巨灾风险以及科技发展带来新承保领域等方面。再保险市场合作发展能进一步分散风险并提供更为专业化的服务，同时能够获得和交换再保险商品相关信息，提高了地区或行业的综合利益，避免了恶性竞争。从再保险市场格局上看，以欧洲、北美、亚洲为基础的新格局正在形成，其中亚太地区经济发展相对稳定，能够吸引西方国家将保险业务重点转向该地区。从再保险形式上看，临时再保险和非比例再保险的发展势不可挡，再保险服务日趋专业化，复合再保险合同也进一步发展。从再保险市场组织形式上看，互惠交换业务已逐渐成为合同再保险的附带方式，同时共同保险再保险化以及再保险共同保险化趋势渐显。此外，专属保险公司在企业中的作用日益多元化，正成为再保险市场上的积极竞争者。

四、国内再保险市场

我国再保险的发展历史不长。新中国成立以后,我国保险业一直是独家经营,再保险业务由原中国人民保险公司(人保)专营。1988年以后,随着平安保险公司、太平洋保险公司以及其他保险公司的相继成立,国内再保险业务需求也随之扩大。1988年,国内开始办理30%法定分保业务,由人保再保部代行国家在保险公司中的职能。1996年,人保组建集团公司,成立了中保再保险有限公司。1999年3月,中保再保险有限公司发展成为中国再保险有限公司,成为独立一级法人,经营各类再保险业务。2003年,中国再保险公司实施股份制改革,并于2003年8月18日正式更名为中国再保险(集团)公司,由中再集团作为主要发起人并控股,吸引境内外战略投资者,共同发起并成立了中国财产再保险股份有限公司、中国人寿再保险股份有限公司、中国大地财产保险股份有限公司。我国加入WTO之后,一方面,随着外资再保险公司的进入,我国再保险市场竞争格局形成。2003年下半年,拿到中国保监会颁发的设立分公司许可证的慕尼黑再保险公司、瑞士再保险公司、通用科隆再保险公司相继开业。这三家均为国际再保险市场上位列前三名的再保险巨头,对中国再保险市场觊觎已久。随着其分公司的开业,中国再保险市场由中国再保险公司垄断的局面彻底宣告结束。另一方面,根据入世承诺,入世5年后,中国再保险公司不再享有20%的法定分保业务。随着法定分保业务的完全取消,内外保险公司在同等条件下展开竞争,我国再保险市场的竞争格局发生改变,再保险市场的国际化程度和竞争强度都大大增强。

总的来看,我国再保险市场竞争主体逐年增加,越来越多的再保险国际主体进入市场,同时国内再保险市场也不断发展和完善。目前,人保股份、平安产险以及太平洋产险保费收入占全部原保险市场的70%。随着中小企业的快速发展,再保险需求将呈现多元化趋势,客户资源集中度下降。由于我国再保险市场仍处在起步阶段,竞争水平较低,主要围绕价格展开,但再保险技术等非价格竞争手段将越来越重要。

为促进我国再保险市场业务发展,首先必须进一步完善再保险业务的准入和监管体系,加强境外再保险企业的间接监管,提高对再保险公司的立法层次,加快建设再保险信息化平台。其次,要强化再保险市场主体建设,

二维码 11-2
外资加快
在华再保险
市场布局

多元化、数量适宜的再保险市场经营主体能够推动我国再保险市场的良性发育。再次，要建立专业再保险经纪人队伍，减少对国外再保险经纪人的技术依赖，扩大国内再保险公司的市场占有份额。最后，要提升再保险企业的核心竞争力，完善内部风险管理体系建设，注重投资风险防范，学习国外再保险技术，通过多种政策激励我国再保险企业开展创新，巩固市场地位。

二维码 11-3　　二维码 11-4

第十一章　　第十一章练习与

练习与思考　　思考答案

第十二章 社会保险

◇ **学习目标**

知识目标：
1. 掌握社会保险的含义及特点；
2. 理解我国社会保险制度的内容，了解社会保险制度的发展。

能力目标：
了解社会保险制度的作用，能用相关知识分析保险案例。

情感目标：
充分认识我国社会保障制度的成就与中国特色，培养认同感、自豪感与社会责任感，深刻体会健全社会保障制度的重要意义。

◇ **学习重点**

1. 社会保险的相关概念；
2. 社会保险与商业保险的比较；
3. 我国各项社会保险制度的内容。

◇ **本章关键词**

社会保险 社会保障 社会养老保险 社会医疗保险 失业保险 工伤保险 生育保险 社会保险基金 现收现付模式 完全积累模式 部分积累模式

◇ 导入案例

未签订书面劳动合同的情况下是否属于工伤?[①]

徐某是某公司员工,公司一直未与徐某签订书面的劳动合同,也没有给徐某缴纳工伤保险费,但公司按时将每月工资发放给徐某。2013年8月25日,徐某在公司生产车间作业时,被铁水溅入双眼受伤,入院治疗诊断为眼角、结膜热烧伤,住院52天。后又于2013年10月16日入住另一家医院治疗,诊断为角膜烧伤、睑球粘连、角膜变性,住院19天,前后花费大量医疗费用。

■ 思考:

徐某是否属于工伤?他的医疗费用能否获得相应补偿?

第一节 社会保险概述

一、社会保险的产生及其特征

(一)社会保险的概念

社会保险是指国家通过立法形式,采取强制手段征收社会保险费(或社会保险税,以下统称社会保险费)建立社会保险基金,对劳动者在其发生年老、疾病、生育、伤残、失业或死亡情况下,由国家或社会提供基本生活保障的制度。

社会保险从广义上讲也属于保险范畴,与商业保险一样也要运用大数法则,以集合多数人的力量来分摊少数人的风险损失。商业保险所承保的是由特定因素引起的风险,即特定

---

① 5个典型工伤赔偿案例与分析[EB/OL]. (2017-07-10). https://www.chashebao.com/gongshangbaoxian/17763.html.

风险,社会保险所承保的往往是非个人原因所引起的、波及范围广泛的,且个人无法承担只能由社会来承担的风险,即基本风险(或社会风险)。社会保险制度就是处理这种基本风险的一种手段和机制。随着生产社会化的进一步深入,个人或家庭遭遇的风险逐渐演变成群体风险甚至成为社会风险,这种风险单凭个人或家庭无法承担,这就需要借助一种机制对劳动者提供保障,使其遭遇社会风险时能得到基本生活保障而不至于陷入困境,以达到保护劳动力再生产、维护社会稳定的社会目标。为此,国家凭借立法权,通过立法强制全体劳动者共同参与,运用保险的方式与大数法则原理,将风险在劳动者之间进行分散,借助多数人的力量来为少数遭遇风险的人提供基本生活保障,这就是社会保险制度的本质所在。

(二)社会保险的产生与发展

1. 社会保险制度的产生

社会化大生产的发展为社会保险制度的发展提供了客观条件。

(1)欧洲工业革命之后,伴随工业生产的社会化、规模化,劳动者与生产资料分离,家庭不再是自给自足的经济单位,越来越多的劳动者成为除劳动力以外几乎一无所有的雇佣劳动者。他们一旦失去劳动能力或工作机会,其生存便面临严重威胁。

(2)工业化的发展过程是高科技、新工艺不断更新与广泛运用的过程,工伤风险和职业伤害事故频繁发生,劳动者的生命安全与家庭生活得不到保障,威胁生产和社会的稳定。

(3)工业生产的社会化导致过去由家庭或个人承担的年老、疾病、工伤、失业等风险逐步演变成一种社会风险,迫使各国政府开始寻求新的制度来应对这些风险,以适应工业社会化发展的需要和保障社会稳定。

社会保险制度起源于德国。19世纪70年代,德国经济不景气,劳动者生活艰苦,劳动条件恶劣,劳动者因伤残、疾病、年老、失业等造成的损害得不到任何保障,导致劳资矛盾激化,工人运动不断兴起。执政的俾斯麦政府妄图通过制定压制工人的法案,禁止工人结社和罢工,结果进一步激化了阶级矛盾。俾斯麦政府被迫从镇压工人运动转向采取安抚政策,提倡通过国家立法建立社会保险制度来缓和阶级矛盾。1881年至1889年,德国先后制定了《疾病保险法》《工伤保险法》《老年与残疾保险法》等三项法案,建立了社会保险制度。三项法案的制定与实施,收到了良好的社会效果。继德国之后,其他西欧、北欧国家及部分东欧国家纷纷效仿,并于19世纪末到20世纪30年代先后建立了自己的社会保险制度。

2. 社会保险制度的发展

20世纪30年代,在经济大危机冲击下,资本主义国家的失业、养老问题成为社会矛盾的焦点。各国劳动者对政府提出抗议,要求进行社会改革。

为了从危机的泥潭中摆脱出来,美国总统罗斯福推行"新政",提倡社会福利计划,扩大政府支出,实现充分就业。美国国会于 1935 年正式通过《社会保障法》,建立了包括社会救助、社会保险、社会福利等各种现代保障措施在内的比较完善的社会保障体系。

二次世界大战结束后,在庇古的福利经济学和凯恩斯的国家干预经济的理论影响下,西方主要的资本主义国家十分重视社会保障制度的建设,并将其作为促进经济发展和维护社会稳定的基本国策。之后,社会保障制度迅速发展。英国实行"从摇篮到坟墓"的全面福利保障制度,欧洲、北美洲、大洋洲、亚洲的一些发达国家,也相继宣布实施普遍福利政策。随后,几乎所有的工业国家和一部分发展中国家,都建立了包括养老、失业、疾病等保险在内的社会保障制度,成为稳定社会的重要保障。

20 世纪 70 年代末至 80 年代以来,一些西方国家基于以往社会保障政策出现的一些问题,开始思考改革的办法,从而使社会保障制度进入改革、发展与完善时期。社会保险制度在 20 世纪 60 年代得到迅速发展与完善。进入 20 世纪 80 年代,随着西方发达国家经济停滞,一些国家的社会保险制度的高福利难以为继,纷纷陷入财务困境。为摆脱困境,许多国家开始探索制度改革之路,对社会保险制度进行调整。伴随人口老龄化趋势加剧,建立由社会基本养老保险、企业补充养老保险与个人商业储蓄养老保险三支柱构成的社会保险体系受到普遍重视。

(三)社会保险的特征

1. 社会保险实行强制性

社会保险区别于商业保险的显著特征之一就是采取强制性原则,国家通过立法强制实施,凡属于法律规定范围内的劳动者及其所在单位都必须无条件地参加社会保险,并按规定履行缴纳社会保险费的义务。依法强制实施能最大限度地促进社会保险在全社会范围内执行,确保保险基金有可靠的来源,为社会保险制度得以全面贯彻提供法律和经济保证。

2. 社会保险追求普遍性

社会保险制度对劳动者具有普遍的保障责任,全体劳动者都有享受社会保险的权利。只有社会保险制度覆盖到全体劳动者,才能体现公平原则,才能实现社会保险制度的"社会化"目标。这也是社会保险的本质要求。

3. 社会保险具有统筹互济性

社会保险基金由指定机构统一组织收入和统一安排支出,并在统筹范围内调剂使用、互助共济、分散风险、提供保障,统筹范围内的人员之间体现出"人人为我,我为人人"的经济互助特征。

社会保险虽然也讲求权利与义务的对等,但不像商业保险那样追求严格对等。个人收入越高,缴纳的社会保险费就越高,但社会保险基金的使用却是根据社会成员的实际需要进行调剂的,个人享受的权利与承担的义务并不是完全对等的。这使得社会保险在统筹互济的过程中可以实现对收入的再分配。这也是社会保险相对于商业保险的优越性。

4. 社会保险的基本保障性

社会保险的根本目的是保障社会成员的基本生活,以保护劳动力再生产,维护社会稳定。它只能以劳动者一定时期的基本生活需要为基准来提供经济上的保障,既不可能保证劳动者原有的生活水平不变,也不可能满足劳动者全面的高水平的生活需求。

5. 社会保险的非费性

社会保险是非营利性保险,不以追求盈利为目的。它是一项为全体社会成员提供福利保障的制度,属于为公众服务的社会公益事业,也是为达到一定的社会政策目标而实施的一种制度。虽然社会保险制度运行中的某些方面也讲求经济效益,但社会保险制度执行的最终效果并不以经济效益的高低来衡量,而是注重社会效益。因此,当社会保险基金出现入不敷出时,理应由国家财政来兜底,即国家财政提供最终的经济保障来确保社会保险制度的公益性与政策性。①

二、社会保险的构成要素

(一)社会保险的主体与对象

1. 社会保险的保险人

社会保险的主体是国家或社会,这是社会保险区别于商业保险的基本特征。这也决定了社会保险的保险人与商业保险的保险人有所不同。社会保险的保险人是具体执行国家的社会保险政策、履行社会保险义务而被授权的组织和专门建立的组织。主要有三种形式。

---

① 王贞琼. 保险学[M],北京:经济科学出版社,2010.

(1) 政府所属的社会保险机构。即由政府专设机构作为社会保险的保险人，专门办理社会保险事宜，比如由政府的劳动管理部门、社会保障部门等行政部门直接管理相关事宜。

(2) 国家委托的有关组织。即在各级政府监督下，国家委托有关团体或组织办理社会保险，比如由同业工会等接受政府委托和监督办理相关的社会保险项目。

(3) 法人组织。由工会、协会等办理社会保险事宜，比如德国各行业建立的社会保障理事会和美国医疗保障领域的"蓝十字"和"蓝盾"协会。

2. 社会保险的投保人与被保险人

社会保险的保障对象是劳动者。社会保险的投保人包括个人及其所在的单位：单位为劳动者集体办理社会保险的情况下，单位是投保人；个体劳动者自己购买社会保险的情况下，劳动者个人是投保人。社会保险的被保险人是各类劳动者。

（二）社会保险制度的主要内容

社会保险制度的内容一般包括有关法律文件、社会保险管理机构的设置、社会保险基金的筹集、社会保险的范围与项目、社会保险的资格条件、社会保险待遇标准与给付方法，以及社会保险的财务管理与监督等。

社会保险制度的宗旨是为社会成员提供广泛的基本保障，作为保护劳动力再生产、维护社会稳定的一项制度，被誉为社会的"稳定器"。世界各国尽管存在着经济、社会、政治条件的差异，各国社会保险所保障的内容与水平也有所不同，但是社会保险的项目或社会保险的险种基本相同，一般包括老年退休社会保险、医疗社会保险、疾病社会保险、伤残社会保险、失业社会保险、生育社会保险和死亡与遗属社会保险，这些社会保险险种构成了社会保险制度的主要内容。此外，有些国家还设有家属津贴制度，即对多子女、无职业收入的丈夫或妻子提供生活费用补贴。根据《社会保险法》规定，我国的社会保险制度包括社会基本养老保险、社会基本医疗保险、失业保险、工伤保险、生育保险。

三、社会保险与商业保险的关系

（一）社会保险与商业保险的区别

如表12-1所示，社会保险与商业保险的区别主要体现在：实施方式不同、实施目的不同、资金来源不同、经营主体不同、管理特征不同、保险关系建立的依据不同、权利义务关系不同、保障水平不同、保障对象不同。

表 12-1　社会保险与商业保险的区别

项目	社会保险	商业保险
实施方式	强制性原则	自愿性原则
实施目的	不以营利为目的	以营利为目的
资金来源	国家、企业、劳动者	投保客户
经营主体	国家专门机构	商业保险公司
管理特征	行政事业管理体制	自主经营、自负盈亏
保险关系建立的依据	社会保险法律法规、政策	保险合同
权利义务关系	不完全对等	完全对等
保障水平	提供基本的生活保障,水平较低	多投多保,可满足多样化需求
保险对象	全体劳动者	保险对象可选择

（二）社会保险与商业保险的联系

社会保险与商业保险有区别,也有共同点:都以风险的发生为前提,都运用大数法则来经营,都是具有经济互助性的风险分散机制。因此二者也存在密切联系(见表 12-2)。

表 12-2　社会保险与商业保险的联系

联系	社会保险	商业保险
互为补充	1.社会保险面向全体劳动者,尤其是没有能力参加商业保险的劳动者,补充了商业保险在保障范围上的不足; 2.非营利性特征下,社会保险补充了商业保险不宜开发的险种	1.商业保险的险种种类繁多,弥补了社会保险险种的不足; 2.商业保险可以实现充分保障,满足多样化需求,弥补了社会保险保障水平的不足
互相制约	社会保险的全面深入发展会对商业保险产生挤出效应	商业保险的高度发达也会影响社会保险的发展
互相促进	社会保险的政策、措施可以推动与商业保险的协同发展	商业保险的风险管理技术、资金运用技术可以在社会保险中发挥重要作用

综合表 12-2 所述,社会保险与商业保险的联系表现有如下几点。
(1)保障范围、保障项目、保险种类、保障水平等方面相互补充。
(2)在经济发展水平一定、保险资源有限的情况下,社会保险与商业保险其中一方的发展,会在一定程度上制约另一方的发展。
(3)商业保险在风险管理方面、资金运用方面拥有丰富经验与技术,可以在社会保险的发展中大有作为,社会保险政策与措施的出台应利于商业保险与社会保险的协同发展、相互促进。

四、社会保险与社会保障的关系

社会保障是国家依据一定的法律、法规，通过国民收入的再分配，对社会成员的基本生活予以保障的社会政策，是由社会救助、社会优抚、社会保险、社会福利构成的社会保障体系。其中，社会保险是社会保障的核心，如图12-1所示。

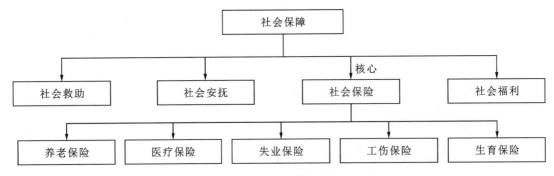

图12-1 社会保险与社会保障关系图

社会救助是指国家通过国民收入的再分配或社会群体采取物质手段，对因经济、社会或因自然灾害等原因无法维持最低生活水平的社会成员给予救助，以保障其最低生活水平的制度。社会救助属于社会保障体系的最低层次，是实现社会保障的最低纲领和目标。社会救助的对象主要是贫困者，资金来源于国家或社会，以扶贫为基本特征。

社会优抚是指国家依照法律形式和政府行为，通过抚恤、优待、安置等方式对有特殊贡献的军人及其家属提供的略高于当地平均生活水平的、带有褒扬性质的社会保障制度。社会优抚属于社会保障的特殊构成，是实现社会保障的特殊纲领。社会优抚保障的对象是军人及其家属，主要由政府提供资金保障。

社会福利是现代国家普遍追求的改进民生福利的制度，从广义上讲就是社会保障，从狭义上讲是指为改善和提高全体社会成员的生活而提供的资金帮助与优化服务的社会制度。社会福利是社会保障的最高层次，是实现社会保障的最高纲领和目标，社会福利基金的重要来源是国家和社会群体。

社会保险在社会保障体系中居于核心地位，它是社会保障体系的重要组成部分，提供基本性的保障，是实现社会保障的基本纲领。

社会保险又有别于社会保障，表现在如下几个方面。

(1)社会保险是社会保障的核心部分，社会保障在范围上涵盖社会保险。

(2)社会保障面向全社会成员，保障的对象是老弱病残又没有固定收入，或无依无靠、无法生活，或有固定收入但不能维持最低生活需要的城乡居民。而社会保险只面对有工资收入的劳动者，保障的对象是暂时或永久丧失劳动能力或失业者。社会保障的对象广于社会保险。

(3)社会保险经费来自国家、企业、个人三个方面,而其他社会保障的经费来自政府财政或社会援助。

(4)社会保险实行缴费制度,只有先履行缴费义务才能享受社会保险,而其他社会保障的享受并不需要承担劳动和缴费的义务。

社会保障制度是社会安定的重要保证,我国已经确立了以社会保险、社会救助、社会福利为基础,以基本养老、基本医疗、最低生活保障制度为重点,以慈善事业、商业保险为补充,加快完善社会保障体系的政策目标。

第二节 社会保险财务管理

一、社会保险资金来源与负担方式

(一)社会保险资金来源

社会保险与商业保险一样必须通过收取保险费的方式建立充足的保险基金,这是为参保人员提供保障的基础。社会保险的政策目标性及其非营利性特征,决定了其保险费的负担方式是多元化的,不仅仅是劳动者自己负担,劳动者单位和国家也要负担,这是社会保险有别于商业保险的显著特征。

从社会保险资金来源构成的角度看,尽管不同国家体现出一定差别,但绝大多数国家的社会保险资金主要来源于用人单位缴费、劳动者个人缴费和国家资助三个方面,或者单位与劳动者个人两方分担,只有极少数国家采取国家统包型或企业统包型或劳动者个人统包型方式。

从资金负担者各方的角度来看,用人单位事实上承担着最主要的供款责任,用人单位参与缴费体现的是一种单位福利,以利于形成和谐的劳资关系,增强企业内部凝聚力。劳动者个人参与缴费是其享受社会保障的前提条件,体现的是权利与义务的关系,有助于减轻国家和单位的负担,增强劳动者的责任感。政府对社会保险费的资助是对劳动力再生产的投资,有利于社会的稳定和经济的发展。政府对社会保险大多负"补亏"之责或"定额补贴"之责,但客观上要求社会保险基金具有自我平衡、持续发展的能力。

劳动者个人、单位和政府三方负担社会保险费作为社会保险制度的筹资机制,已被许多国家所采纳,但是三方负担的具体形式和数量比例,在不同的国家或不同的保险项目中会有所不同。

(二)社会保险费的征收方式和征收比率

1. 征收方式

社会保险费的征收方式包括缴税方式和缴费方式。缴税方式是指国家通过立法,设置统一的社会保险税,通过征税的方式筹集社会保险资金。各国根据自身具体情况,在税种、税目、税率的具体规定上有所差异。缴费方式是指国家对各种保险项目规定一定的缴费标准,通过征收保险费的方式筹集社会保险资金。

2. 征收比率

社会保险费的确定必须根据各种风险事故发生的概率和事先估计的给付支出总额,计算出被保险人所应负担的比率,作为保险费的征收标准。这是个非常复杂的计算过程。一方面,各种风险事故的损失概率相当复杂;另一方面,给付范围、给付标准、基金的收益率等重要的参数受人为因素影响较大,各方的负担能力、财富分配的状况等都会影响保险费率的确定。

对于社会保险费的计算,国际上通行的方式主要有筹资比例制和均一制两种。筹资比例制是根据劳动者的薪资按比例向企业与劳动者个人征收,包括企业与劳动者同等比例费(税)率制、差别比例费(税)率制,以及对低收入者少征费(税)、高收入者多收费(税)的累进费(税)率制;均一制则是对所有劳动者实行同样的社会保险费(税)率,与劳动者的薪资多少等无关。

二、社会保险的财务模式

(一)现收现付式

现收现付实际上就是以保费支出的总需求确定保费收入的征收总量,当期所收的保险费用于满足当期的支出所需,当期的保险收支保持大体平衡的一种财务模式。即仅从当年或近年的社会保险收支平衡角度出发,确定一个适当的费率标准向企业与个人征收社会保险费,不考虑以后年度的资金储备问题。

这种财务模式的收支关系简单清楚,管理方便,无资金贬值的风险与资金保值增值的压力。但是,因为不同时期实际支出需求的变化会影响保险费征收总量变化,因而会造成保险费率波动较大,给企业成本核算带来负担,甚至造成企业、个人、社会的沉重包袱。

(二)完全积累式

完全积累式又称为完全基金式,是指在对相关的社会经济发展指标如退休率、伤残率、通货膨胀率等进行宏观上的长期测算后,从追求社会保险收支的长期平衡角度出发,确定适当的费率标准,将社会保险较长时期的支出总和按比例分摊到整个期间并向企业与个人征收,同时对已筹集的社会保险基金进行有效运营与管理的一种财务模式。其主要目标是追求长期平衡,费率较为稳定。但是固定的费率标准往往难以适应经济的发展变化,基金保值增值的压力大。

(三)部分积累式

部分积累式是介于现收现付式和完全积累式之间的混合模式,它是根据分阶段"以支定收、略有节余"的原则确定征收的费率,确保社会保险的收入与支出在一定时期平衡,并为以后年度适当积累的一种财务模式。其特点是费率具有弹性,可以根据社会保险支出的需求分阶段地调整费率。优点是能满足一定时期的支出需求,并有一定积累,还能兼顾缴费者的经济承受能力以及根据需求分阶段调整的灵活性。在人口老龄化加剧的趋势下,这种财务模式逐渐成为各个国家的优选,我国社会保险采取的正是此种财务模式。

三、社会保险待遇支付的基本原则

为保证社会保险制度的执行达到目的,社会保险待遇支付应遵循以下原则。

1. 基本保障原则

基本保障原则强调社会保险对劳动者提供的是对基本生活需求的保障。保障待遇不宜过高也不宜过低,保障待遇过高不仅造成企业与国家的沉重负担,还会助长惰性;保障待遇过低又难以满足劳动者的基本生活需求,还会使社会保险制度失去应有之义。因此,社会保险应确定一个合理的支付水平,既满足劳动者的基本生活需求,又适应经济社会发展水平。

2. 公平与效率兼顾的原则

公平与效率兼顾的原则是指在社会保险方面,既要使每一个公民的权利与义务平等,又要调动被保险人的生产积极性，促进整个社会经济效率的提高。

3. 权利与义务结合的原则

权利与义务结合的原则强调劳动者既有享受社会保险的权利，又有承担缴费的义务，但是劳动者收入越高，缴费也就越高，支出上则倾向于低收入者，因此权利与义务又不是绝对的对等。

社会保险的待遇支付以现金给付为主、医疗服务为辅。尽管各社会保险项目性质一致，但在待遇给付方面存在较大的差异。比如，养老保险待遇包括养老金、丧葬补助及遗属津贴等；失业保险待遇包括失业保险金、医疗补助及技能培训等；医疗保险待遇包括医疗费报销或医疗服务；工伤保险待遇包括医疗、死亡与伤残抚恤和收入补助等；生育保险待遇包括生育津贴、生育及医疗费用等。

四、社会保险资金的运用

（一）社会保险资金的投资原则

通过不同的渠道对社会保险资金进行投资是重要环节，而保值和增值是社会保险基金管理与运营的核心问题。社会保险资金属于劳动者的公共利益，这一属性决定了它的投资必须遵循以下原则。

1. 安全性原则

安全性原则是指社会保险资金投资应尽量降低风险，以保证足额收回和取得预期效益，保障受益人的支付需求。安全性原则是一般投资活动应遵循的原则，也是社会保险资金投资的基本原则。

2. 流动性原则

流动性原则是指社会保险资金投资应注重投资的及时回收和融通、变现，以保证满足支付需求。社会保险基金的支付有一定的规律性，在留足一定时期的支付费用后的保险基金可以用于投资，但是投资时必须考虑其变现的灵活性和及时性，以便应付意外的支付。

3. 收益性原则

收益性原则是指社会保险资金投资应努力实现一定的收益，以实现社会保险资金的保值与增值。通过投资营利可以缓解通货膨胀产生的对社会保险的支付压力，并在一定程度上减轻国家的财政负担。

（二）社会保险资金的投资方向

社会保险资金的投资方向一般是风险小、见效快、回报率相对较高的项目，主要包括购买政府公债、银行存款、购买有价证券、投资不动产、直接经营获利、直接组建投资银行以放贷获利、对被保险人提供消费信贷和服务等。

1. 政府债券

政府债券是社会保险资金最普遍的投资项目。政府债券有政府的担保，信誉程度高，安全性好，如果政府予以干预，使公债利率高于同期通货膨胀水平和商业银行存款利率，可保证投资政府债券的基金获得一定水平的投资收益。

2. 金融资产

这里的金融资产是指银行大额存单、政府担保性债券、公司债券、抵押债券、股票等。银行存款因为风险小，是我国保险资金的主要投资工具，但由于收益率低，资金占比不宜太高。公司债券的收益率高于银行存款和政府债券，但其风险相对高些。我国的公司债券市场规模还比较有限，保险资金在此项上的投资也比较有限。投资股票可能获得较高收益，但是风险也较高。我国保险资金已经开始有限制地投资股票。一些国家往往会在投资规则和社会保险基金投资金融资产的比例上做一定的规定与限制，在保证社会保险资金安全性的前提下，允许社会保险资金部分地投资于金融资产，以期提高其投资的收益。

3. 各类贷款

这里的贷款主要包括住房贷款、个人贷款及工商业贷款等。比如，一些国家允许社会保险资金向个人提供住房贷款，这既可以拓宽社会保险资金的投资渠道，又能促进住房保障目标的实现。还有一些国家允许社会保险资金向个人或者企业提供贷款，既促进经济的发展，又使社会保险资金有了更多的投资渠道与收益。

4. 有形资产

一些国家允许社会保险资金投资于基础设施的建设、住宅建设等有形资产项目,虽然这种投资具有一定的安全性、收益性和社会性,但是由于基础设施建设项目所需的投资多、建设的周期长、投资的回收期也长,其流动性不是很好。因此,一般来讲,绝大多数国家社会保险资金投资于有形资产的份额都比较低。

总之,社会保险资金在投资过程中,必须遵循投资原则,在技术上注意投资项目在期限上的相互配合和投资比例上的合理选择。社会保险资金是专项基金,只能在保证支付的前提下,利用时间差异的组合,以及各种投资渠道和手段的组合,合理地分配投资资金,在尽量规避投资风险的前提下实现投资目的。

(三)社会保险基金的管理

1. 社会保险基金管理模式

社会保险基金管理模式一般分为信托基金管理模式、基金会管理模式、商业经营性管理模式。

(1)信托基金管理模式。这一模式以美国、日本等国为代表,它们将社会保险基金委托给某一专门机构管理,由其负责基金投资运营。这种模式往往与国家财政密切关联,或由财政部直接管理,或由财政部、社会保险部、劳动部及非政府人士组成的专门委员会管理。美国的公共养老基金在支付完当年的养老金后,剩余部分直接进入财政部下属的信托投资基金,由财政部负责基金的运营。日本的养老基金直接进入财政部下属的信托基金局,由其委托投资。

(2)基金会管理模式。如新加坡的中央公积金局,作为一个高度集中统一的基金会组织,既负责社会保险基金的日常支付,又负责实施基金管理和投资运营。

(3)商业经营性管理模式。主要代表是智利,由政府授权的多个私营基金公司按照商业竞争性原则对社会保险基金实施管理和投资运营,参保人可以在不同的管理公司之间进行选择。

2. 我国社会保险基金的管理

1)社会保险基金

我国的社会保险基金包括基本养老保险基金、基本医疗保险基金、工伤保险基金、失业保险基金和生育保险基金。生育保险并入基本医疗保险实行合并建账与核算,其余按险种分账核算,通过预算实现收支平衡。我国社会保险基金由劳动保障部门所属的社会保险经办机构管理,在管理方式上实行属地管理和分账管理。基本养老保险基金将逐步实行全国统筹,其他社会保险基金逐步实行省级统筹。

2) 全国社会保障基金

2000年,我国建立了主要由财政拨款形成的全国社会保障基金,作为应对老龄化高风险的养老保险基金的战略储备,并建立了管理基金的全国社会保障基金理事会。全国社会保障基金理事会属于国务院直属单位,是我国社会保障基金的管理主体。

全国社会保障基金理事会是财政部管理的事业单位,作为基金投资运营机构,不明确行政级别。全国社会保障基金理事会贯彻落实党中央关于全国社会保障基金投资运营工作的方针政策和决策部署,在履行职责过程中坚持和加强党对全国社会保障基金投资运营工作的集中统一领导。主要职责是:① 管理运营全国社会保障基金;② 受国务院委托集中持有管理划转的中央企业国有股权,单独核算,接受考核和监督;③ 经国务院批准,受托管理基本养老保险基金投资运营;④ 根据国务院批准的范围和比例,直接投资运营或选择并委托专业机构运营基金资产等。

3) 社会保险基金与全国社会保障基金的区别

全国社会保障基金性质上属于我养老保险战略储备基金,与社会保险基金有区别(见表12-3)。

表 12-3　社会保险基金与全国社会保障基金的区别

项目	社会保险基金	全国社会保障基金
资金来源	参与五项社会保险的单位与个人缴费	中央财政拨款、国有资本划转、基金收益等
用途	用于个人养老、医疗、工伤、失业和生育保险待遇的当期发放	人口老龄化高峰时期的养老保险等社会保障支出的补充、调剂
运营管理方式	由各地社会保险经办机构管理,按社会保险险种分别建账,通过预算实现收支平衡。目前,社会保险基金必须存入财政专户,投资运营范围和领域受到严格限制	由全国社保基金会管理运营,可投资配置于经国务院批准的固定收益类、股票类和未上市股权类等资产,可以在中国境内市场和境外市场投资运营

第三节　社会保险的主要险种

一、社会养老保险

（一）社会养老保险的概念

社会养老保险是指国家通过立法，使劳动者在因年老丧失劳动能力时，可以获得物质帮助以保障晚年基本生活需求的一项社会保险制度。根据《社会保险法》确定的社会保险制度坚持广覆盖、保基本、多层次、可持续的方针，我国建立的社会养老保险制度称为社会基本养老保险制度。

享受养老保险待遇通常需要满足一定条件，尽管各国的规定可能存在差异，但是被保险人缴足一定期间的保险费，达到规定的退休年龄并完全退休，是本国公民或居住满一定时间的居民等，是享受养老保险待遇的基本条件。

养老保险的待遇发放通常采取年金制度，养老保险金按月或按年支付而不是一次性支付。大多数国家包括我国是以工资作为基础，按照一定比例计算和给付养老金，强调工龄或服务年限的长短、缴费的工资基数的多少等。有些发达国家则是以生活费为基础来计算和给付养老金，基本做法是：按全国按统一标准给付，其数额随着生活费用指数的变动而调整，或者规定一个基础年金，在此基础上附加给付比例。①

（二）我国社会养老保险制度的发展概况

我国社会养老保险制度大体经历了以下几个发展阶段。②

1. 财政和单位统包统筹的社会保险

1951 年 2 月，政务院公布《劳动保险条例》，意味着新中国成立之初，我国就制定了比较齐全的社会保险制度，建立了相互独立的生育保险、疾病保险、工伤保险、养老保险、失业保

---

① 孙祁祥.保险学[M].4 版.北京：北京大学出版社，2009.
② 王贞琼.保险学[M].北京：经济科学出版社，2009.

险等险种。这些险种被称为"劳动保险"。当时社会保险待遇很高,受保人不缴纳任何保费,国家、企业承担全部社会保险支出。保险待遇与受保人的劳动贡献紧密挂钩,各级工会组织代表国家政权机构管理职工社会保险。1958 至 1966 年,我国社会保险工作在巩固已有成绩的基础上进行了一些调整和补充,得到了一定发展。

2. 社会保险转变为企业保险

"文化大革命"期间,社会保险工作受到严重破坏。社会保险管理机构被迫停止活动或撤销编制,社会保险事业陷入无人管理的混乱状态,多年来向国有企业实行的统一提取社会保险金的举措被迫取消,同时规定企业的各项社会保险支出一概由企业自己负担(在营业外列支),社会保险变成了企业保险。

3. 新型社会保险制度改革

20 世纪 80 年代初,开始了一场改变企业保险,实行地方社会保险的制度变革探索。从 1982 年开始,国家对城镇企业职工的养老保险进行社会统筹试点改革。养老保险费由企业、个人缴纳,国家财政资助,社会保险机构统一收缴、形成养老保险基金,再根据需要进行发放。经过试点取得经验后,1991 年 6 月 26 日,国务院颁布《国务院关于企业职工养老保险制度改革的决定》,在全国城市企业职工中全面推行。各地在探索中形成了各具特色的养老保险方案。1994 年 12 月 27 日召开了全国城镇企业职工养老保险制度改革试点工作会议,并下发了两个改革实施方案,由各地根据实际情况任选其中一项方案。结果造成了各地方案的差异较大,国家不得不花费较大时间和精力去寻找全国统一的方案。1997 年 7 月 16 日,国务院颁布了《关于建立统一的企业职工基本养老保险制度的决定》,该决定规定:新的养老保险方案是"社会统筹与个人账户相结合"的制度。2005 年 12 月 3 日,国务院制定《国务院关于完善企业职工基本养老保险制度的决定》,对养老保险制度做了新的调整。

(三)我国城镇职工基本养老保险

1. 城镇企业职工基本养老保险

1997 年 7 月 16 日,国务院颁布《关于建立统一的企业职工基本养老保险制度的决定》,提出在全国范围的城镇企业中建立统一的"社会统筹与个人账户相结合"的基本养老保险制度,其内容主要包括以下几个方面。①

(1)基本养老保险制度的目标是保障被保险人的基本生活,即参加这种养老保险只能使

---

① 王贞琼.保险学[M].北京:经济科学出版社,2009.

被保险人的晚年生活维持在基本需求上,若要保障更高的生活水平,还需通过其他形式的养老保险来补充。

(2)基本养老保险制度实行社会统筹账户与个人账户相分离,两个账户的资金不能相互挪用。社会统筹部分具有再分配的性质,个人账户的所有权属于个人,个人账户的资金可以继承,也可以随个人转移。

(3)基本养老保险制度实行由企业与职工共同缴费、国家财政资助的费用负担方式。制度规定最初的缴费方式是,企业按职工工资总额的20%缴费,个人按缴费工资的4%缴费。

(4)基本养老保险制度按本人缴费工资的11%的数额为职工建立基本养老保险个人账户,个人缴费全部记入个人账户,其余部分从单位缴费中划入,单位缴费的其余部分进入社会统筹基金。以后每2年将个人缴费比例提高1个百分点,直到达到个人工资的8%。

(5)养老金由基础养老金和个人账户养老金组成,即劳动者退休后,首先可以从个人账户中领取养老金,个人账户养老金月标准为本人账户储存额除以120。参加保险并缴费达到15年的人还可以享受基础养老金。基础养老金从统筹基金中支付,基础养老金月标准为各地上年度社会平均工资的20%。

(6)养老保险基金实行收支两条线管理,即养老保险计划的缴费收入要纳入财政专户储存,支出要专款专用,并要经过严格的审批程序。养老保险基金的结余除预留两个月的养老金开支外,其余主要购买国家债券或存入银行专户。目前,国家允许养老保险基金在保证安全的前提下尝试进行营利性投资。

由于制度本身存在的缺陷,基本养老保险制度在实施中逐渐暴露出一些问题,典型的问题包括个人账户空账运转、企业逃费、覆盖面不广以及缺乏激励机制等。为了进一步完善基本养老保险制度,2005年12月3日,国务院制定了《国务院关于完善企业职工基本养老保险制度的决定》,对基本养老保险制度做了一定的调整,主要包括以下内容。

(1)基本养老保险制度的个人账户的转入比例从11%降低为8%,全部由个人缴费。企业缴费部分全部进入统筹账户。同时加强国家财政的责任,个人账户不再为当期支付的养老金融资。这样做的目的是逐步做实个人账户。

(2)参加基本养老保险且缴费年限满15年的,基础养老金水平与缴费年限的长短、缴费基数的高低以及退休时间的早晚直接挂钩,每多交一年保费,基础养老金增长一个百分点,这样可以增强制度的激励作用。

2015年至2019年,为了推进供给侧结构性改革,减轻企业负担,我国先后三次降低社会保险费率。自2019年5月1日起,全国各地下调城镇职工基本养老保险单位缴费比例至16%。①

 2. 机关事业单位职工养老保险

国家机关、事业单位职工的社会保险,因历史条件等原因没有执行《劳动保险条例》,而

---

① 詹鹏宇,邓沛琦.降费约束下城镇企业职工养老保险基金长期收支平衡研究——以湖北为例[J].当代经济,2019(12):147-151.

是通过颁布单项法规和条例的办法逐步做出规定,同企业职工的劳动保险待遇、项目基本相同。

2015年1月14日,国务院印发《关于机关事业单位工作人员养老保险制度改革的决定》,从2014年10月1日起,摈弃过去实施的退休金制度,机关事业单位工作人员正式进入养老保险制度轨道。

(四)我国统一的城乡居民基本养老保险

1. 新型农村社会养老保险

为实现农村居民老有所养,我国于2009年起,按照"保基本、广覆盖、有弹性、可持续"的原则,针对农村居民开展新型农村社会养老保险(简称新农保)试点,2012年基本实现全覆盖。

1)参保对象

年满16周岁(不含在校学生)、未参加城镇职工基本养老保险的农村居民,可以在户籍地自愿参加新农保。

2)资金来源

新农保采取个人缴费、集体补助、政府补贴方式筹集资金,并为每个新农保参保人建立终身记录的养老保险个人账户,个人缴费、集体补助、政府补贴都进入个人账户。

(1)个人缴费。参加新农保的农村居民应当按规定缴纳养老保险费,在设定的缴费标准档次中自行选择,多缴多得。国家依据农村居民人均纯收入增长等情况适时调整缴费档次。

(2)集体补助。有条件的村集体应当对参保人缴费给予补助,补助标准由村民委员会召开村民会议民主确定。

(3)政府补贴。中央与地方政府对参保人缴费给予一定补贴。

3)养老金的待遇支付

养老金待遇由基础养老金和个人账户养老金组成,支付终身。

中央确定的基础养老金标准为每人每月55元。地方政府可以根据实际情况提高基础养老金标准,对于长期缴费的农村居民,可适当加发基础养老金,提高和加发部分的资金由地方政府支出。个人账户养老金的月计发标准为个人账户全部储存额除以139。参保人死亡,个人账户中的资金余额,除政府补贴外,可以依法继承;政府补贴余额用于继续支付其他参保人的养老金。

4)养老金待遇领取条件

年满60周岁、未享受城镇职工基本养老保险待遇的农村有户籍的老年人,可以按月领取养老金。

新农保制度实施时,已年满60周岁、未享受城镇职工基本养老保险待遇的,不用缴费,可以按月领取基础养老金,但其符合参保条件的子女应当参保缴费;距领取年龄不足15年的,应按年缴费,也允许补缴,累计缴费不超过 15 年;距领取年龄超过 15 年的,应按年缴费,累计缴费不少于 15 年。

2. 城镇居民基本养老保险

为实现城镇居民老有所养,我国于 2011 年 7 月 1 日启动城镇居民社会养老保险试点(也称为城镇居民基本养老保险),2012 年实现全覆盖。

1) 参保对象

年满 16 周岁(不含在校学生)、不符合城镇职工基本养老保险参保条件的城镇非从业居民,可以在户籍地自愿参加城镇居民养老保险。

2) 资金来源

(1) 个人缴费。参保人需要按规定缴纳养老保险费,从设定的缴费标准档次中自行选择,多缴多得。

(2) 政府补贴。中央政府与地方政府对参保人缴费提供一定补贴。

国家为每个参保人员建立终身记录的养老保险个人账户,个人缴费、地方人民政府对参保人的缴费补贴及其他来源的缴费资助,全部记入个人账户。

3) 养老金的待遇支付

养老金待遇由基础养老金和个人账户养老金组成,支付终身。

中央确定的基础养老金标准为每人每月 55 元。地方政府可以根据实际情况提高基础养老金标准,对于长期缴费的居民,可适当加发基础养老金,提高和加发部分的资金由地方政府支出。个人账户养老金的月计发标准为个人账户全部储存额除以 139。参保人死亡,个人账户中的资金余额,除政府补贴外,可以依法继承;政府补贴余额用于继续支付其他参保人的养老金。

4) 养老金待遇领取条件

年满 60 周岁、未享受城镇职工基本养老保险待遇的城镇有户籍的老年人,可以按月领取养老金。

"城居保"制度实施时,已年满 60 周岁、未享受城镇职工基本养老保险待遇的,不用缴费,可以按月领取基础养老金,但其符合参保条件的子女应当参保缴费;距领取年龄不足 15 年的,应按年缴费,也允许补缴,累计缴费不超过 15 年;距领取年龄超过 15 年的,应按年缴费,累计缴费不少于 15 年。

3. 城乡衔接:统一的城乡居民基本养老保险

为了打破城乡居民基本养老保障的差异化、碎片化,统一城乡居民基本养老保险制度,2014 年在总结新型农村社会养老保险与城镇居民基本养老保险经验的基础上,国务院决定将两项制度合并实施,在全国范围内建立统一的城乡居民基本养老保险制度(简称城乡居民养老保险)。2020 年,公平、统一、规范的城乡居民养老保险制度全面建成。

二、社会医疗保险

(一)社会医疗保险的概念

社会医疗保险是指劳动者因为疾病、受伤等原因需要诊断、检查和治疗时,由国家和社会为其提供必要的医疗服务或经济补偿的一种社会保险制度。这一制度建立的目的是为劳动者的身体健康提供保障,以促进劳动者尽快恢复劳动力,这无论对于劳动者个人家庭、单位和社会都具有重要意义。根据《社会保险法》确定的社会保险制度坚持"广覆盖、保基本、多层次、可持续"的方针,我国建立的社会医疗保险制度称为社会基本医疗保险制度。

1949年至20世纪80年代,在公有制基础上的国家计划供给体制下,我国建立起福利性、免缴费的医疗保障体系,包括农村合作医疗、劳保医疗和公费医疗,依靠这三项制度解决了农村居民、城镇职工(惠及家属)、机关事业单位职工(惠及家属)的医疗问题,总体满足了当时经济社会条件下人民群众的基本医疗保障需求,但是在惠及人群、筹资方式、保障范围、保障水平上存在明显差别,具有城乡分割、单位与集体封闭运行的特色。

改革开放后,原有的医疗保障制度陷入困局。农村实施包产到户之后,农村合作社被迫解体,农村合作医疗失去了资金来源,农村居民的医疗需求难以得到保障。经济体制转轨后,在市场经济的浪潮中,企业面临优胜劣汰的竞争,过去主要由企业负担费用的劳保医疗制度难以为继,由财政负担费用的公费医疗也已不适应时代的发展。于是医疗保险制度的改革势在必行,各地首先开始摸索城镇企业职工的医疗保险制度改革。改革的基本原则是实施社会统筹,保障基本需求。

(二)我国社会基本医疗保险制度的改革历程[①]

我国社会基本医疗保险制度的改革,可以说是分成几条线分步实施的。

(1)针对城镇职工即城镇就业人员,于1994年在江苏镇江、江西九江开展城镇职工医疗保险"社会统筹"试点;1998年底在全国全面推行城镇职工基本医疗保险制度改革,实现由公费、劳保医疗的单位福利制度向社会保险制度的转轨。

(2)针对农村居民,于2003年开展新型农村合作医疗制度试点,2008年在全国范围展开。

(3)针对城乡贫困户,分别于2003年、2005年建立农村和城市医疗救助制度,对低保户等困难群众进行救助。

(4)针对城镇居民即城镇非就业人员,于2007年开展城镇居民基本医疗保险试点,把学

---

① 胡晓义.我国基本医疗保障制度的现状与发展趋势[J].行政管理改革,2010(06):23-28.

生、儿童、老人等城镇未从业人员纳入保障范围,2009年在全国全面推开城镇居民医疗保险制度改革。

(三)我国社会基本医疗保险的框架体系

在不断探索、改革、完善的基础上,我国初步建立了具有中国特色的"三纵"与"三横"相结合的医疗保障体系,如图12-2所示。

所谓"三纵",即上述我国医疗保障体系中的城镇职工基本医疗保险制度、新型农村合作医疗制度、城镇居民基本医疗保险制度三项制度,这"三纵"是我国基本医疗保障的主要内容,构成我国基本医疗保障体系的主体,所保障的人群分别覆盖了城镇就业人员、农村居民、城镇非就业人员。

以上述"三纵"作为主体层,为所覆盖的人群提供基本的医疗保障;以城乡医疗救助和社会慈善救助制度作为兜底层,为困难群众提供医疗资助;以补充医疗保险和商业医疗保险作为补充形成更高层,用以满足群众更高的、多样化的医疗需求。上述保底层、主体层、更高层构成我国医疗保障体系的"三横",形成了我国多层次的医疗保障体系。①

随着我国经济社会不断发展,我国社会保障体系建设取得举世瞩目的成就,实现由城镇职工的"单位保障"向统筹城乡的"社会保障"的根本性转变。在短短20多年时间里,我国建立了世界上最大的基本医疗保障网,基本医保全民覆盖的多层次社会保障体系基本建立。基本医疗保险覆盖人数超过13.5亿人,基本实现全民参保。②

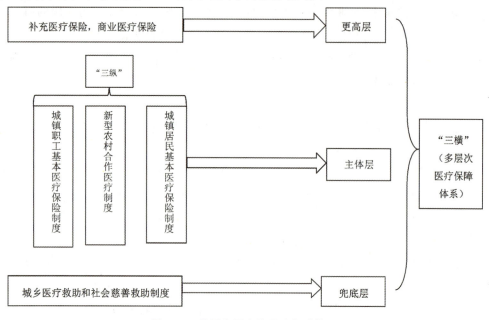

图12-2 我国多层次的医疗保障体系

---

① 胡晓义.我国基本医疗保险制度的现状与发展趋势[J].行政管理改革,2010(06):23-28.
② 人力资源和社会保障部党组.让改革发展成果更多更公平惠及全体人民——改革开放40年社会保障体系建设及其宝贵经验[J].求是,2018(19):36-38.

（四）我国社会基本医疗保险制度

1. 城镇职工基本医疗保险制度

城镇职工基本医疗保险试点开始于1994年，至1998年在全国推开。1998年《国务院关于建立城镇职工基本医疗保险制度的决定》发布，标志着我国城镇职工基本医疗保险制度在全国正式建立。

1）参保人群

城镇职工基本医疗保险面向城镇所有用人单位，包括企业、机关、事业单位、社会团体、民办非企业单位等。随后，原劳动部明确了关于灵活就业人员、农民工、非公有制经济组织的参保政策，大大促进了城镇职工基本医疗保险的覆盖面，实际上覆盖到城镇全体就业人员。2018年参加全国基本医疗保险人数为134459万，参保率稳定在95%以上，基本实现人员全覆盖[①]。

2）筹资标准

医疗保险费由用人单位和职工共同缴纳，单位按在职职工工资总额6%，个人按缴费工资2%缴费，退休人员不缴费。各地可根据实际确定缴费比例。

3）统筹层次

原则上以地级及以上行政区为统筹单位，也可以以县（市）为统筹单位，京津沪原则上在全市范围统筹。目前已基本实现省级统筹。

4）待遇支付

城镇职工基本医疗保障基金由统筹基金与个人账户组成。个人缴费全部进入个人账户，单位缴费的30%进入个人账户，其余进入统筹账户。个人账户主要用于支付门诊费用、住院费用中个人自付部分以及在定点药店购药费用。统筹基金用于支付符合规定的住院医疗费用和部分门诊大病医疗费用，起付标准为当地职工年平均工资的10%，最高支付限额为当地职工年平均工资的4倍。

城镇职工基本医疗保险制度实施之后，各地经济状况不一，实际执行中也存在一定差异，用人单位缴费率全国平均水平为7%左右，起付标准实际平均为当地职工年平均工资的5%左右，最高支付限额相当于当地职工年平均工资的6倍左右。基本医疗保险政策范围内住院医疗费用报销比例约70%。

2021年医疗保险制度做了重大调整，从当年5月1日起开始执行调整后的政策，主要包括：① 门诊费用可以实行跨省结算；② 医保个人账户中的费用允许家庭成员共用，如买药等；③ 单位缴费不再进入个人账户，全部进入统筹账户，以加强医保的统筹互助性，个人账户余额全部来自个人缴费；④ 统筹账户也可以用于大病门诊费用报销，以加强其互济性。

---

① 国家医疗保障局.2018年全国基本医疗保障事业发展统计公报［EB/OL］.（2019-06-30）.http://www.nhsa.gov.cn/art/2019/6/30/art_7_1477.html？from=timeline.

2. 新型农村合作医疗制度

新型农村合作医疗制度简称"新农合",是指由政府组织、引导、支持,农民自愿参加,个人、集体和政府多方筹资,以大病统筹为主的农民医疗互助共济制度。其采取个人缴费、集体扶持和政府资助的方式筹集资金。

2002年10月,《中共中央 国务院关于进一步加强农村卫生工作的决定》明确指出:"各级政府要积极组织引导农民建立以大病统筹为主的新型农村合作医疗制度","到2010年,新型农村合作医疗制度要基本覆盖农村居民"。2003年开始,本着多方筹资、农民自愿参加的原则,新型农村合作医疗的试点地区不断增加,在总结试点经验的基础上,新型农村合作医疗制度于2008年在全国范围推广,2010年基本覆盖全体农村居民。

1) 参保人群

所有农村居民都可以以家庭为单位自愿参加新农合。

2) 筹资和政府补助

强调政府责任,以政府资助为主,采取自愿原则,实行个人缴费、集体扶持和政府资助的方式筹集资金。

3) 待遇支付

主要解决参保农村居民住院医疗费用报销问题。

4) 统筹层次

以县(市)为单位统筹。

 3. 城镇居民基本医疗保险制度①

为解决城镇非就业居民的医疗保障问题,2007年7月,国务院印发《关于开展城镇居民基本医疗保险试点的指导意见》。2010年,城镇居民基本医疗保险制度在全国全面推开。城镇居民基本医疗保险简称为"城居保"。

1) 参保人群

城镇中不属于职工基本医疗保险范围内的学生、少年儿童和其他非从业城镇居民,都可自愿参加城镇居民医疗保险。

2) 筹资标准

各地根据当地的经济发展水平、成年人和未成年人等不同人群的基本医疗消费需求,并考虑居民家庭和财政的负担能力,恰当确定筹资水平。

3) 政府补助

城镇居民基本医疗保险以家庭缴费为主,政府给予适当补助。

---

① 国务院关于开展城镇居民基本医疗保险试点的指导意见[EB/OL].(2007-07-10). http://www.gov.cn/gongbao/content/2007/content_719882.htm.

4)待遇支付

城镇居民基本医疗保险基金重点用于参保居民的住院和门诊大病医疗支出,有条件的地区可以逐步试行门诊医疗费用统筹。城镇居民基本医疗保险基金的使用坚持以收定支、收支平衡、略有结余的原则。

5)大学生基本医疗保险

2008年,国务院办公厅发布《关于将大学生纳入城镇居民医疗保险的指导意见》,规定各类全日制普通高等学校(包括民办高校)、科研院所(以下统称高校)中接受普通高等学历教育的全日制本专科生、全日制研究生都可以按照自愿原则参加城镇居民医疗保险,实行属地管理原则。

大学生住院和门诊大病医疗,按照属地原则通过参加学校所在地城镇居民基本医疗保险解决,大学生按照当地规定缴费并享受相应待遇,待遇水平不低于当地城镇居民。同时按照现有规定继续做好大学生日常医疗工作,方便其及时就医。鼓励大学生在参加基本医疗保险的基础上,按自愿原则,通过参加商业医疗保险等多种途径,提高医疗保障水平。

4. "新农保"与"城居保"的整合——城乡居民基本医疗保险

为了打破城乡居民基本医疗保障的差异化、碎片化,建立统一的城乡居民基本医疗保险制度,在总结"城居保"与"新农合"运行情况及实践经验基础上,国务院于2016年发布《国务院关于整合城乡居民基本医疗保险制度的意见》[①]。根据该意见的精神,各地开始了城镇居民基本医疗保险制度和新型农村合作医疗制度两项制度的整合实践。建立统一的城乡居民基本医疗保险制度,有助于实现城乡居民公平享有基本医疗保险权益,促进社会公平与城乡协调发展。

5. 城乡医疗救助制度

城乡医疗救助制度是指通过政府拨款和社会捐助等多渠道筹资建立基金,对患大病的农村五保户和贫困农民家庭、城市居民最低生活保障对象中未参加城镇职工基本医疗保险人员、已参加城镇职工基本医疗保险但个人负担仍然较重的人员以及其他特殊困难群众给予医疗费用补助的救助制度。这是我国多层次医疗保障体系的兜底层,包括2003年建立的农村医疗救助制度与2005年建立的城市医疗救助制度。其救助对象主要是因病致贫的低收入者和贫困者,资金来源主要是财政资金和社会捐助。

---

① 国务院关于整合城乡居民基本医疗保险制度的意见[EB/OL].(2016-01-12). http://www.gov.cn/zhengce/content/2016-01/12/content_10582.htm.

三、生育保险

（一）生育保险的概念

生育保险是国家通过立法，在职业妇女因怀孕、分娩而暂时中断劳动时，由国家和社会给予生活保障和经济帮助的一项社会保险制度。

建立生育保险制度的宗旨是维护女职工的基本权益，通过向职业妇女提供生育津贴、医疗服务和产假，解决她们在孕产期或流产期间因生理特点造成的特殊困难，帮助她们尽快恢复劳动能力，重返工作岗位。

（二）我国的生育保险制度

1. 我国生育保险制度的发展历程

新中国成立初期颁布的《劳动保险条例》就对企业职工的生育保险作了具体规定，国家机关与事业单位的生育保险则遵循国务院颁布的《关于女工作人员生产假期的通知》。这形成了城镇两种不同的生育保险制度，但基本项目和待遇水平基本是一致的。

1988年，国务院颁布的《女职工劳动保护规定》统一了企业和机关事业单位的生育保险。1994年12月，劳动部颁布《企业职工生育保险试行办法》（1995年1月1日起执行），将生育保险的管理模式由用人单位管理逐步转变为由各地社会保障机构负责管理，实行社会统筹。

2019年3月16日，国务院办公厅印发《关于全面推进生育保险和职工基本医疗保险合并实施的意见》（下称《意见》），将生育保险与职工医疗保险合并实施，这并非取消生育保险，而是和职工医疗保险统一参保登记、统一基金征缴和管理、统一医疗服务管理、统一经办和信息服务，不增加单位和个人缴费负担，参保人待遇不变，手续进一步简化。《意见》提出了"保留险种、保障待遇、统一管理、降低成本"的总体思路，生育保险作为一项社会保险险种仍然保留。按照《意见》，生育保险与职工医疗保险合并实施，实行"四统一、两确保"的政策措施。"四统一"是统一参保登记、统一基金征缴和管理、统一医疗服务管理、统一经办和信息服务；"两确保"是确保职工生育期间生育保险待遇不变，确保制度可持续。[①]

---

① 我国生育保险与职工医保合并实施[N].人民日报，2019-03-26(6).

2. 生育保险的内容

1) 生育保险的对象

凡是与用人单位建立劳动关系的职工,包括男职工,都要参与生育保险。《社会保险法》第五十三条规定:"职工应当参加生育保险,由用人单位按照国家规定缴纳生育保险费,职工不缴纳生育保险费。"《社会保险法》第五十四条规定:"用人单位已经缴纳生育保险的,其职工享受生育保险待遇;职工未就业配偶按照国家规定享受生育医疗费用待遇。所需资金从生育保险基金中支付。"上述规定说明我国生育保险的范围覆盖了所有用人单位及其职工,并且扩大到了用人单位职工的未就业配偶。但是,我国各个地区的生育保险覆盖范围还存在一定差异。

2) 生育保险的缴费

用人单位按照规定缴纳生育保险费(不超过企业工资总额1%),职工个人不缴费,生育保险费实行社会统筹。近几年为减轻企业负担,下调了生育保险费率。

3) 生育保险的待遇

生育保险的待遇主要包括产假、生育津贴、医疗服务、独生子女补助、劳动和健康保护等。① 产假,是指女职工在分娩前后的一段时间内所享受的带薪假期,包括怀孕、生育、产后假期。除分娩的女职工有假期外,其丈夫也有一定带薪陪护假。② 生育津贴,是指女职工因生育暂时离岗致使收入中断,按期收入的一定百分比由社会给予一定期间的收入补偿,以维护其正常生活。③ 医疗服务,是指由医院、医生为职业妇女提供的妊娠、分娩、产后的医疗照顾,以及必要的住院治疗,涵盖孕、产全过程,提供基本保障,实行实报实销。④ 独生子女补助,是给予独生子女家庭的一定补助。⑤ 劳动和健康保护,是在女职工怀孕期、哺乳期提供的劳动强度和工作时间上的照顾。

◇ **同步案例12-1**

个人要缴纳生育保险费吗?

【案情】

46岁的刘先生,儿子考上大学后,重操旧业在一家出租车公司当上了司机,上班的第一个月,单位就要求他个人从每月工资中扣除几十元作为购买生育保险的保费。请问:单位的做法合理吗?

【分析】

① 生育保险对于男女来说都是一样的,生育保险基金原则上实行全市统筹,而生育保险费由单位缴纳,个人不需支付。因此,刘先生单位的做法是不对的。② 根据生育保险规定,男职工的配偶生育,男士还可享受一定时期的带薪陪护假。

◇ 同步案例12-2

未婚先孕能享受生育保险吗?

【案情】

吴女士与张某恋爱多年,感情稳定,同居三年,生活幸福,准备一年后结婚,但是两个月前吴女士突然发现自己怀孕了,双方都想生下孩子后再领证结婚,他们单位都参加了生育保险。

【思考】

吴女士生产能享受生育保险待遇吗?

【分析】

不符合国家、省市生育规定的,生育保险基金不予支付。没有结婚证是无法享受生育保险待遇的。吴女士必须先领取结婚证,再按生育保险申报流程办理,才能享受生育保险相关待遇。

四、失业保险

(一)失业保险的概念及我国失业保险制度概况

1. 失业保险的概念

失业保险是指国家以立法形式集中保险基金,对因失去劳动机会导致收入中断的劳动者在一定时期内提供基本生活保障的一种社会保险制度。失业是指劳动者虽有劳动愿望和劳动能力但得不到适当的劳动机会。

2. 我国失业保险制度概况

我国失业保险制度的历史最早可追溯到新中国成立初期。1950年6月,政务院颁布了《关于救济失业工人的暂行办法》,对解决旧社会遗留下来的失业问题起到了一定作用。1986年,国务院颁布《国营企业职工待业保险暂行规定》,为失业保险制度打下了基础。1993年,国务院又颁布《国有企业职工待业保险规定》,标志着我国失业保险事业发展到了新阶段。1998年12月26日,国务院第十一次常务会议通过了《失业保险条例》,从1999年1月22日起施行,同时废止1993年发布的规定。

（二）失业保险的给付条件

享受失业保险需要满足一定资格条件：① 失业者必须符合劳动年龄条件，即处于法定最低劳动年龄与退休年龄之间的劳动者，才能享受失业保险；② 失业者必须是非自愿失业，即属于非本人意愿、由非本人能力所能控制的各种社会或经济的客观原因所导致的失业；③ 参与失业保险缴费满足一定期限；④ 失业者具有劳动能力与就业愿望。

（三）失业保险的给付原则

失业保险的给付一般遵循的原则是：① 低于失业者在职时的工资水平，高于社会最低生活保障线水平；② 确保失业者及其家属满足基本生活需求，促进劳动者再就业；③ 享受失业保险待遇有约定的期限限制，不能助长惰性；④ 失业保险待遇与劳动者的就业年限、工资水平等挂钩。

（四）我国失业保险制度的内容

1. 失业保险的对象

我国城镇企业、事业单位失业人员都可依照《失业保险条例》享受失业保险待遇。

2. 失业保险基金

1）构成

失业保险基金来源于以下方面：① 城镇企业、事业单位及其职工缴纳的失业保险费；② 失业保险基金的利息；③ 财政补贴；④ 依法纳入失业保险基金的其他资金。

2）缴费标准

单位按工资总额的2%、职工按本人工资的1%缴纳失业保险费。各省、自治区可以建立失业保险调剂金。失业保险调剂金以统筹地区依法应当征收的失业保险费为基数，按照省、自治区人民政府规定的比例筹集。统筹地区的失业保险基金入不敷出时，由失业保险调剂金调剂、地方财政补贴。失业保险调剂金的筹集、调剂使用以及地方财政补贴的具体办法，由省、自治区、直辖市人民政府规定。

3）支出范围

失业保险基金主要用于下列支出：① 失业保险金；② 失业保险期间的医疗补助金；③ 失业保险期间死亡的失业人员的丧葬补助金和其供养的配偶、直系亲属的抚恤金；④ 失业保险期间接受职业培训、职业介绍的补贴，补贴办法和标准由各地人民政府规定。

3. 失业保险待遇

1) 领取条件

领取条件包括：① 按规定参加失业保险，所在单位和本人已按规定履行缴费义务满1年；② 非因本人意愿中断就业；③ 已办理失业登记，并有求职能力和意愿。

失业人员在领取失业保险金期间有下列情形之一的，停止领取失业保险金，并同时停止享受其他失业保险待遇：① 重新就业的；② 应征服兵役的；③ 移居境外的；④ 享受基本养老保险待遇的；⑤ 被判刑收监的或被劳动教养的；⑥ 无正当理由拒不接受当地人民政府指定的部门或机构介绍的工作的。

2) 相关手续

城镇企业、事业单位应及时为失业人员出具终止或解除劳动关系的证明，告知其按照规定享受失业保险待遇的权利，并将失业人员的名单从终止或解除劳动关系之日起7天内报社会保险经办机构备案。

失业职工应持本单位出具的证明及时到指定的社会保险经办机构办理失业登记。失业保险金自办理失业登记之日起计算。

失业保险金由社会保险经办机构按月发放。社会保险经办机构为失业人员出具领取失业保险金的单证，失业人员凭单证到指定银行领取失业保险金。

3) 待遇标准

失业人员失业前所在单位和本人按照规定累计缴费时间满1年不足5年的，领取失业保险金的期限最长为12个月；累计缴费时间满5年不足10年的，领取失业保险金的期限最长为18个月；累计缴费时间10年以上的，领取失业保险金的期限最长为24个月。重新就业后再次失业的，缴费时间重新计算，领取失业保险金的期限可与上次应领取而未领取的失业保险金的期限合并计算，但是最长不得超过24个月。

失业保险金的标准，按低于当地最低工资标准、高于城市居民最低生活保障标准的水平，由省、自治区、直辖市人民政府规定。失业期间失业人员死亡的，参照当地对在职职工的规定，对其家属一次性发放丧葬补助金和抚恤金。失业人员跨统筹地区流动的，失业保险关系随之转移。

近些年为了减轻企业负担，相继降低了社会保险费率，失业保险费率也适当调低。

◇ 同步案例12-3

赵某能领取失业保险金吗？

【案情】

2010年，赵某大学毕业后应聘到某企业做工艺设计技术工作，企业及个人都按规定缴纳失业保险费。2013年5月3日，企业以赵某设计的某款产品存在严重工艺缺陷造成企业重大经济损失为由,解除了与赵某的劳动关系。赵某失业后暂时没有找到合适的工作,想到曾纳失业保险费,于是向有关部门申请失业保险金。工作人员告知赵某要先进行失业登记,需要提供单位解除劳动关系的证明、原单位的用工登记及合同、个人档案等。赵某担心自己工作失误的问题被外界知道后影响再就业,不愿提供相关材料给失业登记处。

【思考】

赵某能获得失业保险金吗?

【分析】

本案涉及的问题是领取失业保险金的手续与条件。

领取失业保险金需要具备以下条件:① 失业人员符合劳动年龄条件;② 属于非自愿失业;③ 参加失业保险缴费满一年;④ 必须具有劳动能力和就业愿望,且已办理失业登记。以上条件都符合才可以领取失业保险金。显然本案中的赵某符合上述前3个条件,但是,赵某没有办理失业登记,因此无法获取失业保险金。

五、工伤保险

(一)工伤保险的概念及我国工伤保险制度概况

1. 工伤保险的概念

工伤是职业性伤害的简称,包括工作中的意外事故或职业病所致的伤残及死亡。工伤保险指劳动者因工作原因而受伤、患病、致残或死亡,导致暂时或永久丧失劳动能力时,从国家和社会得到一定经济补偿的制度。它是世界上实行最早、实施最广泛的,也是迄今为止最具普遍意义的社会保险制度。

现代社会中,工伤风险已经形成一种社会风险。高科技在生产过程中的广泛运用,不仅使生产过程和操作难度加大,也使各类工业伤害和职业病大量发生。因此,建立工伤保险制度,对于帮助劳动者恢复劳动力、保证其所供养的家属的基本生活、解决劳动者的后顾之忧具有十分重要的意义。

2. 我国工伤保险制度概况

我国工伤保险制度始建于1951年。1951年,政务院颁布全国统一的《劳动保险条例》,这是我国第一部包括工伤保险等社会保险在内的全国性统一法规。法规实施后,企业按国家规定对在劳动过程中发生事故伤亡和职业病的职工提供医疗、收入补偿和抚恤。1969年后,随着社会保险从统一模式转变为"企业保险"模式,工伤保险也改由企业直接管理。由于"企业保险"模式在实施过程中逐渐暴露出各种弊端,20世纪80年代,我国开始对社会保险制度进行改革。1996年,《企业职工工伤保险试行办法》出台,要求我国境内所有的企业和职工都必须参照执行。但由于这只是劳动部门的行政规章,权威性不够,没有引起足够重视。2003年4月27日,我国《工伤保险条例》正式公布,自2004年1月1日起正式实施。其明确规定,所有与用人单位存在劳动关系(包括事实劳动关系)的各种用工形式、各种用工期限的劳动者以及个体工商户的雇工,都有依照本条例的规定享受工伤保险待遇的权利。

(二)我国工伤保险制度的内容

 1. 工伤保险的对象

我国境内的各类企业、有雇工的个体工商户(称用人单位)应当依照规定参加工伤保险,为本单位全部职工缴纳工伤保险费。我国境内的各类企业的职工和个体工商户的雇工,都有依照《工伤保险条例》的规定享受工伤保险待遇的权利。

 2. 工伤保险的缴费及费率

工伤保险按照"以支定收、收支平衡"的原则,根据不同行业的工伤风险程度确定行业的差别费率,并根据工伤保险费使用、工伤发生率等情况,在每个行业内确定若干费率档次。用人单位按本单位职工工资总额的一定比例缴纳工伤保险费,职工个人不缴纳工伤保险费。职工个人不缴费是工伤保险与其他社会保险项目的区别。

 3. 工伤保险的基本原则

1)强制性原则

以国家立法强制实施,所有用人单位,不分所有制形式、不分用工形式一律参保。

2)保险与补偿相结合的原则

发生工伤后,在待遇支付方面,除了保证正常的生活待遇外,还要给予一次性的工伤保险补偿费用。

3)社会化管理原则

即实现覆盖范围的社会化、基金来源的社会化、管理的社会化。

4)工伤保险与工伤预防、康复相结合的原则

工伤保险基金中一定的费用转向改善生产环境、加强对劳动卫生与安全保护的科研,以及对防止重大伤亡事故人员的奖励等。

5)"补偿不究过失"原则

"补偿不究过失"又称无责任补偿原则,即工伤事故发生后,不管过失、责任在谁,都要给

予负伤者生活保障。但是这并不妨碍对有关事故责任进行行政追究,从而防止类似事故重复发生,教育群众,降低事故率。

4. 工伤的认定范围

职工有下列情形之一的,应当认定为工伤:① 在工作时间和工作场所内,因工作原因受到事故伤害的;② 工作时间前后在工作场所内,从事与工作有关的预备性或者收尾性工作受到事故伤害的;③ 在工作时间和工作场所内,因履行工作职责受到暴力等意外事故的;④ 患职业病的;⑤ 因工外出期间,由于工作原因受到伤害或者发生事故下落不明的;⑥ 在上下班途中,受到机动车事故伤害的;⑦ 法律、行政法规规定应当认定为工伤的其他情形。

职工有下列情形之一的,视同工伤:① 在工作时间和工作岗位,突发疾病死亡或者在48小时之内经抢救无效死亡的;② 在抢险救灾等维护国家利益、公共利益中受到伤害的;③ 职工原在军队服役,因战、因公负伤致残,已取得革命伤残军人证,到用人单位后旧伤复发的。职工有第①②项情形的,按照《工伤保险条例》的有关规定享受工伤保险待遇;职工有第③项情形的,按照《工伤保险条例》的有关规定享受除一次性伤残补助金以外的工伤保险待遇。

职工有下列情形之一的,不得认定工伤或者视同工伤。① 因犯罪或者违反治安管理伤亡的;② 醉酒导致伤亡的;③ 自残或者自杀的。

5. 工伤保险的待遇

职工因工负伤可享受工伤医疗待遇。

工伤职工因日常生活或者就业需要,经劳动能力鉴定委员会确认,可以安装假肢、矫形器、假眼、假牙和配置轮椅等辅助器具,所需费用按照国家规定的标准从工伤保险基金支付。

职工工伤医疗期间可享受相应的工资福利待遇。职工因工作遭受事故伤害或者患职业病需要暂停工作接受工伤医疗的,在停工期间,原工资福利待遇不变,由所在单位按月支付。停工留薪期一般不超过12个月。伤情严重或者情况特殊,经所在地的市级劳动能力鉴定委员会确认,可以适当延长,但延长不得超过12个月。工伤职工评定伤残等级后,停发原待遇,按照有关规定享受伤残待遇。工伤职工在停工留薪期满后仍需治疗的,继续享受工伤医疗待遇。生活不能自理的工伤职工在停工留薪期需要护理的,由所在单位负责。

◇ 同步案例12-4

抢救超48小时,能否认定为工伤?[①]

【案情】
梁某(丈夫)因公出差办完差事返程途中,突发疾病情况危急,紧急送医院抢救依旧深度昏迷,只能依靠呼吸机来维持呼吸和心跳,经过十多天的救治仍未见好转。医生认

---
① 邓铁军,罗永良. 抢救超48小时死亡,不能认定工伤吗? [N]. 检察日报,2021-07-07(5).

为梁某苏醒的机会渺茫,经过激烈的内心煎熬,妻子无奈选择放弃无谓的抢救,忍痛签下放弃治疗同意书后,梁某在医生撤走呼吸机5分钟后便离开了这个世界。处理完后事,在别人的提醒下,妻子向所在地人力资源和社会保障局提出工伤认定申请,但收到的却是一纸不予认定工伤的决定书,经过行政复议后仍不予认定工伤。妻子只好向法院提起诉讼。经过了一审、二审和再审,只有一审法院认为梁某的去世符合工伤认定情形,二审和再审都以病人抢救超过48小时为由,认定梁某的死亡不属于工伤,妻子最后向检察机关求助。

【思考】

梁某的死亡是否属于工伤?48小时的规定是否合理?

【分析】

本案中各方当事人对梁某因公外出返回途中突发疾病死亡的事实无争议,争论的焦点是抢救超过48小时究竟符不符合工伤界定的问题。

经过认真审查,承办检察官认为二审法院判决错误,应当提请自治区检察院抗诉,遂将案件提交检察官联席会议讨论。经过激烈讨论,最终参会的大多数检察官认为:虽然根据《工伤保险条例》第十五条相关规定,对于抢救超过48小时而死亡的,原则上不能认定为工伤,但也要结合个案具体情况和立法精神来运用。具体到本案,从梁某被送进医院救治至被医院认定死亡期间,一直靠机器维持生命体征,从未恢复意识,梁某家属及医院对其超过48小时的抢救,是基于社会伦理道德、亲情关系和医生"救死扶伤,绝不轻言放弃"的职业道德,体现的是对生命的尊重。二审判决认定对梁某的持续抢救超过48小时而不属于工伤是错误的,也不符合《工伤保险条例》的立法本意。

承办检察官经审查后认为,从彰显立法对劳动者的充分保护、弘扬社会主义核心价值观,以及本案中梁某即使经过抢救治疗也无法自主呼吸的实际情况出发,梁某符合《工伤保险条例》第十五条视同工伤的情形,本案符合抗诉条件。

高级法院依法撤销了二审判决,维持了一审判决。再审判决做出后,某县人力资源和社会保障局主动履行了再审判决,重新做出梁某属于工伤的认定,相关工伤保险待遇也已支付到位。

二维码 12-1
全面理解党的
十九大报告与
中国特色
社会保障
体系建设

二维码 12-2
中国何以
建成世界
最大社会
保障体系

二维码 12-3
第十二章
练习与思考

二维码 12-4
第十二章练习与
思考答案

后 记

本着"简练理论、突出应用、贴近实际、体现发展"的原则,本教材的编写在保险理论部分关注基本原理,不求全面深入,以"够用"为本;在保险实务部分突出基本应用,不求高难尖深,以"实用"为本。在内容安排上,引入大量鲜活的保险案例,促进保险理论、保险实务的内容贴近实际,体现理论与实际的结合及运用;吸收保险理论与实践的最新成果,追踪理论前沿,体现行业发展动态;设置多样化的特色栏目,延伸阅读广度,拓展知识深度,体现新颖性与趣味性;以2015年新修订的《保险法》条款结合相关理论与实务,体现法律性与应用性;以"学习目标""学习重点"及"练习与思考"等板块明确学习的目标,体现教材的适用性。基于以上特点形成面向应用型人才,内容科学、形式新颖、体系完整、结构合理的实用教材。本教材除了系统包含保险学科的基本理论外,还结合保险政策法规的变化和保险行业的新发展,贴近行业新背景,突出发展新热点,激发读者的学习兴趣。

本教材在编写过程中,参考了国内学者的大量研究成果,书后列出了部分参考书目,但限于篇幅仍有部分未能一一列出,在此一并致谢!本书出版受江汉大学"城市圈经济与产业集成管理"学科群资助,在此致以谢意!编写过程中,我们还得到了华中科技大学出版社编辑的热情指导和帮助,在此致以衷心的感谢!由于编者学识水平有限,书中错漏之处难免,敬请读者批评指正!

编　者

于武汉三角湖

与本书配套的二维码资源使用说明

本书部分课程及与纸质教材配套数字资源以二维码链接的形式呈现。利用手机微信扫码成功后提示微信登录,授权后进入注册页面,填写注册信息。按照提示输入手机号码,点击获取手机验证码,稍等片刻就会收到4位数的验证码短信,在提示位置输入验证码成功后,再设置密码,选择相应专业,点击"立即注册",注册成功(若手机已经注册,则在"注册"页面底部选择"已有账号? 立即登录",进入"账号绑定"页面,直接输入手机号和密码登录)。接着按照提示输入学习码,须刮开教材封面防伪涂层,输入13位学习码(正版图书拥有的一次性使用学习码),输入正确后提示绑定成功,即可查看二维码数字资源。手机第一次登录查看资源成功以后,再次使用二维码资源时,在微信端扫码即可登录进入查看。